COMO AMAM AS CRIANÇAS?

Blucher

COMO AMAM AS CRIANÇAS?

Sobre a psicanálise e o amor

Organizadoras

Michele Kamers

Ana Suy

Rosa Maria Marini

Como amam as crianças? Sobre a psicanálise e o amor

Publisher Edgard Blücher
Editor Eduardo Blücher
Coordenador editorial Rafael Fulanetti
Coordenação de produção Andressa Lira
Produção editorial Ariana Corrêa
Preparação de texto Mariana Naime e Ana Maria Fiorini
Diagramação Thaís Pereira
Revisão de texto Christiane Oóka
Capa Laércio Flenic
Imagem da capa Children's Games (1560), de Pieter Bruegel the Elder, via Wikimedia Commons

Blucher

Rua Pedroso Alvarenga, 1245, 4º andar
04531-934 – São Paulo – SP – Brasil
Tel.: 55 11 3078-5366
contato@blucher.com.br
www.blucher.com.br

Segundo o Novo Acordo Ortográfico, conforme 6. ed. do *Vocabulário Ortográfico da Língua Portuguesa*, Academia Brasileira de Letras, julho de 2021.

Dados Internacionais de Catalogação na Publicação (CIP)
Angélica Ilacqua CRB-8/7057

Como amam as crianças? : sobre a psicanálise e o amor / organizado por Michele Kamers, Ana Suy, Rosa Maria. Marini. -- São Paulo: Blucher, 2024.
272 p. : il.

Bibliografia
ISBN 978-85-212-2357-3

1. Psicanálise 2. Crianças I. Kamers, Michele II. Suy, Ana III. Marini, Rosa Maria

24-3258 CDD 150.195

Índice para catálogo sistemático:
1. Psicanálise

Conteúdo

Prefácio
Crazy little thing called love: como amam as crianças?

Rosa Maria Marini

> *Esse pessoal vai contando as coisas*
> *e pensa que criança acredita em tudo.*
>
> José Mauro de Vasconcelos, *Meu pé de laranja lima*

Nunca fui habilidosa com questões amorosas.

Há muitos anos, um menino que acompanhava me deu um abraço, e a julgar pela minha desajeitada acolhida me diz: "você não gosta de abraços, né, Rosa?"

Revisitando essa cena que nunca deixou de estar em cena, reconheço que talvez não soubesse ser abraçada, pois sei que foi uma experiência escassa durante os anos de uma infância boa, mas seca...

E toda vez que a temática sobre o amor, as crianças e infância surge, essa pergunta me toma de assalto: como uma criança aprende a amar? Ela aprende? Eu aprendi? Alguém me ensinou?

Acho difícil inventariar o que aprendi na minha infância, prefiro dizer o que li.

E nessa lista – no topo da lista – está e estará sempre você, Zezé, sentado em Minguinho, seu pé de laranja lima. Dele você teve consolo e curativo para as surras recebidas, até o dia em que dele só sobrou uma flor, que exalava sua dor.

E terá sempre o amor de um pai emprestado, o do Seu Portuga que lhe mostrou que a vida e a morte são faces da mesma existência.

É um livro de amor, de dor e de horror de uma criança que viveu uma infância. Pois toda criança é um pouco Zezé, assim como eu e você.

E quando da infância só nos resta o infantil, que possamos fazer dele textura para suportar certas tristezas incrustadas nos intervalos de felicidade.

Assim, a feitura dessa obra é resultado de alguns encontros e, especialmente, do meu desajuste em me ocupar do amor.

Em 2008, fui convidada a falar sobre a criança e o amor, tema pouquíssimo explorado até hoje. Fiz o que pude. E não foi lá grande coisa porque, como já alertei o leitor, falar de amor pra mim é caroço e falar de amor na infância é pedreira.

E justamente por isso essa coisa de amor na criança ficou lá – ou aqui – latente e latejando. Foi quando numa conversa informal em 2021 com Ana Suy, que se dedica incansavelmente sobre esse tema e com Michele Kamers, que se debruça incansavelmente em nos colocar à trabalho, que resolvemos unir forças, angústias, coragem e ousadia para tecer essa obra, tecida por muitos e por cada um em suas pesquisas, em suas práticas em suas experiências de vida e de amor.

O que um psicanalista que escuta crianças aprende sobre o amor?

Grosso modo, a questão da psicanálise gira em torno da relação do sujeito com a falta de objeto e as estratégias possíveis para se reaproximar do impossível. Neste sentido, as ditas "histórias de amor", apontam para a promessa de felicidade, ou afastando o impossível – uma das denominações do real para Lacan –, ou transformando-o em proibido.

Freud já observara que o amor tende a funcionar como modelo de busca da felicidade e reconhecera sua natureza ilusória no sentido de consolar e tornar tolerável o mal-estar próprio do desejo humano. Deste modo, o amor se descobre a partir do encontro sempre faltoso do sujeito com a sexualidade.

No que tange a essa discussão é necessário localizar as diferentes posições subjetivas diante do objeto amoroso e a dupla possibilidade do amor de manter ou apagar a falta viva do desejo.

Deste modo, a interrogação recai sobre a posição subjetiva típica da criança e as possibilidades do amor neste tempo. Não raro a discussão sobre o amor e a criança localizam as questões amorosas dos pais em relação aos filhos, ou melhor, dos adultos que elegem as crianças como seus objetos amorosos. Sobre isso, muito se tem discutido, principalmente sobre o amor materno. Mas, e as crianças? Elas são capazes de amar? Como elas amam?

Também sabemos que as relações amorosas de um adulto se estruturam nas experiências amorosas da infância.

Em 1931(1976b), Freud declara:

> *o amor infantil é ilimitado exige a posse exclusiva,* não se contenta com menos de que tudo. . . . *não tem na realidade objetivo sendo incapaz de obter satisfação completa, e, principalmente por isso, está condenado a acabar em desapontamento e a ceder lugar a atitude hostil.*

Este amor infantil – logo, da criança e do adulto também! –, se reconhece como um amor narcísico, um amor de si mesmo. Amor que vai, de todo modo fracassar, pois sucumbe à diferença.

Porém Freud acrescenta outro elemento interessante ao dizer que a criança "é capaz da maior parte das manifestações psíquicas do amor, por exemplo, a ternura, a dedicação e o ciúme" (Freud, 1907/1976a, p.139).

Neste sentido observamos a necessidade de circunscrever uma distinção que parece ser importante para reflexões sobre o tema: a face do amor pelo outro enquanto objeto; o amor pelo objeto do outro e o amor pelo objeto 'a' do outro.

Vamos lá chover um pouco no molhado…

O amor pelo outro enquanto objeto, ou o amor-paixão é aquele que se dirige ao outro como objeto, buscando complementaridade e revelando sua raiz narcísica, já indicada por Freud. Ou seja, o sujeito ama para ser amado. Nessa mesma lógica, a paixão (além do amor, o ódio e a ignorância) é, justamente, a alienação do desejo no objeto.

No entanto, há uma face imaginária deste amor que se revela nesse comentário de Freud: o ciúme. Um amor que se apoia no objeto do outro, despertando a criança para a cobiça e a inveja, típico entre irmãos. Aqui já podemos diferenciar entre o amor de uma criança em direção a um adulto e o amor entre as crianças.

Já a face simbólica do amor revela um esforço, sempre precário, de fazer frente ao real da falta. Nesse registro, diferentemente, o eixo do amor é situado, não no objeto, mas naquilo que o objeto não tem. Como *dom ativo*, o amor visa o ser, para além da captura imaginária, sustentando-se e equivocando-se na trama significante. Lacan (1972-1973/1985) sublinha que é, sobretudo, a falta de harmonia fundamental entre sujeito e objeto. O amor como efeito de discurso.

Outro aspecto digno de nota é articulação entre o amor, a castração, o gozo e o sexo.

A articulação entre amor e castração: O amor seria, então, uma tentativa de fazer desaparecer a falta original do desejo. Pois o amor alimenta sempre a esperança de completude, de restituição de uma perda primordial do objeto, essa ânsia por reencontrá-lo, fundamento do desejo. A situação paradoxal do amor, no entanto, também é reconhecida por Freud e por Lacan: se o encontro amoroso proporciona, por um lado, um certo apaziguamento ao alimentar a ilusão da completude perdida, por outro lado, implica sempre um efeito de logro, pois basta amar para que o sujeito se reencontre com essa hiância estrutural, como diz Lacan, na medida em que o que falta ao sujeito (amante), o objeto (amado) também não tem o sujeito busca, com o amor, fazer signo, suspendendo, ainda que provisoriamente, o deslizamento infinito do desejo.

Articulação entre amor e gozo: é a ordem do excesso, para além do prazer. Aqui, o sofrimento, embora relativamente comum no campo do amor, particularmente em sua vertente de paixão, revela uma possibilidade de enlace com o gozo e, portanto, de manifestar sua face mortífera, pois o prazer não mais o limita.

A articulação entre amor e sexo: para Freud, o termo "amor" é reservado para o movimento do eu na direção do objeto para além da relação de puro prazer. Ou seja, ainda que portando a marca do pulsional (sexual), o amor a ultrapassa. Lacan (1960-1961/1992) dirá que, quando se trata do amor, o que está em jogo é a suposição de um ser no outro. Iludido pelo significante (que sugere que haja ser).

Voltemos agora ao amor na condição de criança. O amor narcísico é, portanto, especular, o que nos leva pensar que a alienação é o fundamento do laço amoroso.

Sabemos justamente que o narcisismo é o modo como o sujeito vai superar e restituir a falta de amor do outro.

Mais do que amar, a criança ama ser amada e pode se tornar agressiva justamente para impedir de se separar desta condição: agredir para não perder seu amor.

Ora, uma criança pode amar quando ela pode oferecer ou recusar um objeto de DOM para o outro, que depois vai se transformar no que Lacan emblematiza com: amar é dar o que não se tem.

A mãe ama seu filho na medida em que este se torna seu objeto de amor. O outro é que está na direção do amor. Se fizermos um contraponto com o desejo há uma diferença, pois no desejo o que está em jogo é o objeto. Dito de outro modo, enquanto um mira o objeto, o outro quer acertar o outro. Assim, todo sujeito em estado amoroso é aquele que já foi marcado pela separação, o que novamente nos leva a pensar a questão do amor nas crianças.

Proponho então, considerar neste trabalho apenas dois aspectos da maneira como uma criança ama de um modo a depender de sua posição subjetiva no tempo psíquico em que se situa.

Inicialmente estaríamos diante de um amor oral – ou devorador. Incorporar ou ser incorporado e por isso amar e ser amado. Essa porção "oral" de um amor voraz que é capaz de destruir o objeto em nome do amor.

Inúmeros são os casos que recebemos de amores excessivos e, portanto, devastadores, cujo aroma psicótico pode ser sentido nos aposentos do bebê. Vale lembrar, porém, que todos os laços amorosos primordiais são orais e o que os mantem nas bordas da estrutura é o desejo que vem atravessar um amor que goza demais. Jerusalinsky (2003), apoiado em Barthes, define que "quanto mais direta é a relação do sujeito com o gozo – quanto mais se goza na relação –, menos o amor tem lugar" (p. 22).

É por isso que as crianças entram numa "fase do cocô" com alegria e esperança, já que é o que a liberta de ser tragada pelo outro materno. A condição amorosa anal seria, então, o deslocamento do objeto amoroso para os objetos de dom, em que o amar e ser amado se revela nesse peculiar jogo de demandas – sempre amorosas – entre pedir, dar, aceitar e recusar o objeto que produz, e não mais que é.

"Eu fiz uma merda pra você mamãe, porque te amo" ou "não vou cagar pra você porque tô cagando pra você". Essa presença simultânea e conflitante em um mesmo sujeito de sentimentos e tendências opostas em relação a um objeto ou a uma pessoa, denominado de ambivalência, liberta o sujeito de manter-se no cativeiro do amor materno por mais tempo, podendo amar e odiar com todo seu entusiasmo.

Que garantias uma criança tem de que é amada? Que garantias um adulto tem de que aquela criança vai lhe confirmar o falo na medida em que não se é ou tem?

Equações dificílimas de resolução quando na matemática do amor – em qualquer tempo – o x do desejo se coloca na equação.

Se o amor tem uma origem e destino essencialmente narcísicos, o desejo por sua vez vislumbra o horizonte da alteridade. Devem, portanto, caminhar de mãos dadas, embora desencontrados.

Zezé, nosso herói mirim, nos revela em sua narrativa que o amor se manifesta, sim, entre tapas e beijos, ou melhor, entre desejo e gozo.

Na melhor das hipóteses, será assim que uma criança vai aprender que amar é tão arriscado e necessário quanto existir, indo até as últimas consequências para ter uma garantia mínima de ser amado pelo outro.

Aliás, quanto mais o outro encarnado acenar de modo claudicante quanto ao lugar que o pequeno sujeito ocupa em suas tramas amorosas, mais a criança dirigirá demandas e fará declarações infinitas de amor.

E quanto mais esse amor primordial e até incondicional se abrir para o desejo, mais uma criança se sentirá amada e não devorada.

Continuo inábil para o amor, mas isso não me impediu de senti-lo.

This thing (this thing) called love (called love)
It cries (like a baby), in a cradle all night
It swings (woo), it jives (woo)
Shakes all over like a jellyfish
I kinda like it
Crazy little thing called love
(Queen, 1979)

Referências

Freud, S. (1976a). O esclarecimento sexual das crianças. In S. Freud, *Edição standard brasileira das obras psicológicas completas de Sigmund Freud* (Vol. 9, pp. 135-144). Imago. (Trabalho original publicado em 1907)

Freud, S. (1976b). Sexualidade feminina. In S. Freud, *Edição standard brasileira das obras completas de Sigmund Freud* (Vol. 21, J. Salomão Trad.). Imago. (Trabalho original publicado em 1931)

Jerusalinsky, A. (2003). O amor e o tempo na criança. *Revista da Associação Psicanalítica de Curitiba*, 7, 17-27 (publicação interna).

Lacan, J. (1985). *O seminário, livro 20: mais, ainda*. Zahar. (Trabalho original publicado em 1972-1973)

Lacan, J. (1992). *O seminário, livro 8: A transferência*. Jorge Zahar Editor. (Trabalho original publicado em 1960-1961)

Queen. (1979). Crazy Little Thing Called Love [Gravação]. *The Game*. EMI & Elektra.

Vasconcelos, J. M. de (1971). *Meu pé de laranja lima*. Melhoramentos.

Apresentação
A aposta no desencontro e a reinvenção do amor

Michele Kamers
Ana Suy
Rosa Maria Marini

O que acontece quando três mulheres psicanalistas tão diferentes entre si se propõem a fazer uma mesma pergunta tão pouco feita sobre as crianças e o amor? A resposta está neste livro. Cada uma de nós escreveu um pouco a partir de suas questões e elaborações clínicas e também convidamos colegas para enriquecer nossos desdobramentos acerca dessa temática, que consideramos tão valiosa, mas com a qual encontramos tão poucos escritos.

Para dividir com vocês o resultado provisório dessa nossa amorosa e infantil investigação, optamos por dividir o livro em duas partes, sendo a primeira intitulada "O amor e suas teorias – as teorias do amor" e a segunda "A clínica dos amores". Ao longo deste livro encontraremos psicanalistas de formações diferentes e experiências singulares que, a partir de uma mesma pergunta "como amam as crianças?" fizeram percursos muito sofisticados para construir seus artigos. Da clínica à parentalidade, da literatura aos bons encontros, do horror às mais belas invenções, encontramos aqui um acervo de textos que tangenciam um tema muito original para o nosso campo.

Na primeira parte encontramos textos de Alba Flesler, Ana Suy, Isabel Tatit, Malvine Zalcberg, Renata Udler Cromberg, Michèle

Benhaïm e Jean-Michel Vivès. Na segunda parte, contamos com escritos de Adela Judith Stoppel de Gueller, Celso Gutfreind, Leda Mariza Fischer Bernardino e Maria Cristina Kupfer, Esteban Levin, Rosa Maria Marini e Michele Kamers.

Em nosso primeiro texto, algumas especificidades do amor das crianças são bordejadas por Alba Flesler em "Os amores da criança". Nele, a autora propõe uma diferença entre sentimento e afeto, diferença essa que não é natural, mas consequência de um trabalho de linguagem, muito bem discutido por Ana Suy em seu artigo O a(mar) da infância em que retoma significantes primordiais que participam da constituição do sujeito, apostando no brincar como horizonte fundamental para que o sujeito criança possa se reinventar diante da condição de ser objeto privilegiado de seus primeiros Outros. Ao enfatizar que, no amor, o que está em jogo é sempre o infantil de cada sujeito, salienta a necessária renúncia ao amor idealizado, excessivo e totalitário que conduziria à morte. Possibilidade de subverter a lógica tirana e totalitária do narcisismo infantil, numa condição em que mãe e filho poderiam se perder e se reencontrar de inúmeras maneiras no campo do outro.

Pela via da arte, Isabel Tatit, no artigo intitulado "As condições para amar pelas lentes de Miguilim" escreve sobre *Campo geral*, romance de Guimarães Rosa, sobre Miguilin e Dito. Em seu texto, a autora discorre sobre o "amor de resistência" que eles vivem, uma vez que estranham seu meio hostil, sem deixar o amor se colonizar pelos fracassos do mundo daqueles adultos. A autora traz a compreensão freudiana de "infamiliaridade" para demarcar o amor infantil, que se faz orientado por algum não saber, marca de alguma novidade, ainda que não toda. Com uma aposta num laço amoroso horizontal, nos traz uma proposta de amor que vai para além e aquém da imaginária fantasia de completude, aparecendo por meio da função simbólica do semelhante e, assim, fazendo oposição à barbárie. Encontramos uma ideia muito original em seu texto, que nos fala do amor como um tratamento à falta, no qual o amor aparece como uma ética entre as crianças.

No texto "O que a criança demanda?", Malvine Zalcberg nos traz, utilizando recursos literários e cinematográficos, a crucial importância de que a criança seja recebida pelos pais não apenas com amor, mas também com desejo; e não apenas com desejo, mas com amor também. Com isso, destaca o dito lacaniano de que o modo com o qual a criança chega para os pais precisa encontrar uma maneira particular no desejo deles. Ela precisará encontrar com alguma opacidade no desejo do outro, mas também com palavras e com sua imagem antecipada na fantasia daqueles que a recebem no mundo, a fim de ter recursos para enfrentar a posição de desamparo com a qual chega à vida.

Em "O amor da criança do seio à linguagem", Renata Udler Cromberg traz o registro da pulsão oral, em sabores espetaculares, para falar dos primeiros encontros com o prazer e a importância de perder algo disso para adentrar na linguagem. Por meio de comentários sobre o filme *Lion*, escreve sobre o impacto de fixação que uma criança pode ter ao longo de sua vida, como consequências de suas primeiras experiências amorosas. Desdobra também as facetas do ódio como "braços do amor". Isso tudo fazendo jus às tão valiosas, embora pouco reconhecidas ainda, autoras pioneiras da psicanálise.

Ao evocar a questão do amor da criança, Michèle Benhaïm examina o amor à luz da nostalgia do sujeito com o objeto perdido refletindo sobre as condições necessárias à entrada da criança no campo do outro, cuja marca é a ambivalência. Ao assinalar a repetição como marca fundante da tentativa desse reencontro, a autora denuncia a dimensão do excesso assinatura que inscreve o amor da criança. Um amor excessivo, desmesurado e abusivo que visa à completude com o outro. Demanda paradoxal que desafia o fundamento essencial à entrada da criança no campo da civilização e do amor – a castração. Desilusão fundamental à realização do luto do objeto, desde sempre, perdido, condição para que o gozo possa condescender ao desejo. Decepção necessária vivenciada na relação com os primeiros objetos de amor da criança que servirá como modelo de todas as relações por vir. Entretanto, se o desamparo, a agressividade e a violência são as marcas fundantes da ambivalência que constitui o amor na experiência humana, será a renúncia ao narcisismo e ao egoísmo próprio da infância, que lançará à criança ao campo do amor: renunciar aos primeiros objetos de amor para se enlaçar com outros.

Fundamento discutido por Jean-Michel Vivès em seu artigo intitulado "A fratria: o outro amor da infância", em que o autor denuncia a primazia dada dentro da psicanálise em relação ao amor edipiano e o esquecimento das relações amódio estabelecidas no seio da fratria. Ao considerar o amor fraterno como um dos pilares fundamentais ao laço social, na medida em que implica na renúncia da condição de Majestade o Bebê para fazer laço com o outro, inicialmente tomado como intruso, Vivès aponta que a elaboração do desejo violento de eliminação do outro semelhante tomado como rival permite à criança não apenas construir relações de identificação e de cuidado com o outro semelhante. Contexto em que a renúncia à disputa pelo amor materno poderá participar da construção da alteridade, condição essencial para a construção de um laço social em que o sujeito possa se reconhecer no outro.

Na segunda parte do nosso livro, temos o artigo "Eu me amo. Tu me amas?", em que Adela Judith Stoppel de Gueller nos brinda com consistentes considerações sobre o amor nas crianças a partir de vinhetas clínicas e de obras de ficção. Discute o estabelecimento do laço amoroso entre pais e filhos, indicando que sobre essa questão é preciso se ocupar do brincar, do amar e desamar, do separar para poder amar advertindo que:

> *Um amor sem fim, um amor com garantia de permanência absoluta pode se tornar asfixiante e, definitivamente, ser para nós tão doloroso quanto o fim do amor. Um amor*

eterno não grita nem chora, mas conduz a uma perene e silenciosa espera e à mais profunda solidão.

Ameaça anunciada por Celso Gutfreind que, ao discutir um caso clínico, nos apresenta Joaquim, um menino que a partir do nascimento de um irmão se recusa a comer e a dormir capturado por questionamentos sobre o seu lugar diante do investimento de seus pais em direção ao recém-nascido. Ao situar quatro pistas fundamentais em relação ao amor da criança, o autor salienta que a condição para a criança amar é ser amada; o brincar como fundamento para a elaboração dos impasses próprios à infância; a inscrição de interdições e limites necessários para barrar a tirania infantil e, por último, a necessidade de realizar um luto dos ideais para que se possa amar para além das adversidades.

Temática aprofundada no artigo "A propósito da função do semelhante: amor e ódio entre irmãos", em que Maria Cristina Kupfer e Leda Mariza Fischer Bernardino lançam questões fundamentais sobre o amor e o ódio entre irmãos na contemporaneidade. Ao retomar elementos fundamentais sobre algumas distinções necessárias entre complexo do semelhante, função do semelhante, complexo familiar, entre semelhante e próximo e, finalmente, entre função do semelhante e laço fraterno, destacam que o laço social de uma criança com outra é feito pela falta, assinalando a diferença radical entre o laço da criança com o outro adulto e com o outro semelhante.

Ao enfatizar a importância do brincar, Esteban Levin em seu artigo "Amor nas infâncias em jogo: diagnóstico, autismo, amizade e comunidade", aborda a questão do diagnóstico propondo uma forma de diagnosticar a experiência infantil por meio da plasticidade envolvida no ato de brincar, destacando a subjetividade enquanto resultado do encontro amoroso sensível entre pais e filhos em que é possível o impensável ou indeterminado na experiência amorosa do adulto com a criança, cujas legalidades e limites depende a relação libidinal e instintiva do amor em que Amar o outro (voz ativa), amar a si mesmo (voz neutra) e ser amado pelo outro (voz passiva) constituem uma experiência fundadora.

A partir de um caso clínico, Rosa Maria Marini busca estabelecer uma articulação teórica sobre a relação mãe-bebê para Sigmund Freud, Melanie Klein e Jacques Lacan, discutindo a complexa ambivalência materna e sua função estruturante para o bebê em seu trabalho o ódio suficientemente bom: sobre mães que amam demais. Quem ama também odeia? Que dimensão o ódio materno alcança em determinados casos? Propondo assim a ideia de que a mãe "suficientemente cheia de ódio" permite o surgimento do sujeito no bebê.

No artigo "A violência materna e o traumático na infância", de Michele Kamers, encontramos a dimensão mais trágica e difícil do amor ao abordar as vicissitudes de quando o pior acontece na infância, quando a mãe não pode se desprender de seu filho, tomando-o como extensão de seu corpo. Com fragmentos de casos impactantes, tece considerações valiosas a respeito das amarrações desastrosas que o ódio pode promover, mesmo enquanto faceta amorosa.

Por fim, ao refletir sobre os impasses amorosos anunciados nos dias atuais, Gabriel Inticher Binkowski discute o lugar da criança e o desejo de filho anunciado no laço social contemporâneo, em que a idealização da criança e a promessa do filho vir a ser o que os pais não foram, se torna um imperativo superegóico que impede não apenas a instauração do narcisismo e do amor, mas a renúncia ao desejo de filho, agenciada pelo ideal de uma parentalidade que exclui não apenas as crianças do outro espelho, mas suas famílias, seus nomes, sua descendência, numa forclusão radical de uma alteridade anunciada.

1. Os amores da criança[1]

Alba Flesler

O amor é um grande tema. Não apenas porque há muito desperta o interesse de poetas e literatos, ou porque desperta reflexões filosóficas e estimula a investigação de suas razões que, vale dizer, bordejam tons enigmáticos. O amor e as suas labirínticas sendas produziram igualmente uma profusão de escritas psicanalíticas e absorveram tinta no desvelamento das reviravoltas que, na prática clínica cotidiana, não param de nos interrogar diante de suas enigmáticas manifestações.

Entre essas interrogações, uma nos chama hoje: como amam as crianças?

O amor, que abre seu olhar a múltiplos enfoques e faz as suas notas ressoarem na própria estrutura humana, faz essa pergunta se relacionar a outra à qual quero me referir: realçando-se os tempos da infância, que especificidade podemos apontar no amor das crianças?

Tal delimitação, que considera minuciosamente as dimensões do tempo, abre bem o viés que me interessa para abordar "os amores da criança" (Flesler, 2007). Uma proposta que intenta abrir duas perspectivas, baseadas no convite que o genitivo nos faz. Falo do genitivo

1 Tradução de Estanislau Alves da Silva Filho.

subjetivo, dos amores que a criança sente, e do genitivo objetivo, ou seja, dos amores que uma criança desperta nos outros.

Comecemos pelos amores que a criança desperta, já que acentua a dimensão temporal que precede o nascimento da criança, sua incidência permitindo delimitarmos os amores e os tempos da constituição na estrutura humana.

Para iniciar do ponto de vista da questão temporal, direi que a criança é sempre um objeto no fantasma do adulto e que uma criatura viva só é tida como criança se possuir algum valor para outro ser humano à época. Sem relação com o outro não há lugar para o sujeito.

Costumava-se dizer que os filhos vieram ao mundo porque os pais fizeram amor, mas bem sabemos que apenas alguns seres vivos recebem alojamento no amor do outro. O engendramento não requer amor para produzir vida, ainda mais em tempos de provetas e fertilizações. Dar vida não é o mesmo que dar existência.

Na tentativa de superar as barreiras que os sintomas atuais opõem à simplificação do tema, as leis buscam regular a função da maternidade criando coordenadas que definiriam uma mãe.

Assim, na Argentina, foi decidido que mãe é quem expressa a "vontade procriacional" (Ministerio de Justicia y Derechos Humanos, 2014). Não há dúvidas do valor existente no esforço para solucionar as disjunções oriundas da emergência das técnicas de reprodução assistida, entre mãe biológica, doadora ou portadora. A partir da psicanálise, nos parece necessário incluir outra variável que, não obstante, funciona como uma invariante na hora de indicar a função da mãe no mosaico que constitui a subjetividade. Trata-se do desejo materno, do desejo inconsciente que, apoiado no fantasma "materno", dará um lugar à criança, conferindo-lhe valor de objeto.

E por que trazer esse ingrediente para falarmos do amor e, mais especificamente, dos amores da criança (no plural, como nos cabe)?

Porque é pelo desejo da mãe que serão engendradas as consequências relacionadas à capacidade de gozar, de desejar e também de amar do vivente.

E que consequências serão impressas na criança se ela chegar à vida como objeto no fantasma (materno) que sustenta o desejo da mãe?

Em primeiro lugar, amparado no valor que a criança tem como falo imaginário do outro, se produzirá o suporte narcísico por meio do qual se configurará a imagem unificada do corpo do sujeito. Não será mais apenas um corpo orgânico, mas se constituirá como um corpo real, simbólico e imaginário. Corpo do sujeito que terá a sustentação de sua unidade no desejo da mãe (Lacan, 1974/1988). É desse desejo, pois, que se institui a ilusão do falo, ilusão que não é menos do que a cobertura imaginária de uma falta real. Sem ilusão, não haverá corpo capaz de sentir amor.

O sentimento, *Gefühl*, é uma expressão sensível que precisa da consistência imaginária do corpo para a sua manifestação. Difere do afeto, *Affekt*, que é do real (Vegh, 2022).

Uma vez que não é natural que isso ocorra, diremos que é no amor materno que se engendra o corpo do narcisismo necessário para se chegar a amar. Mas, essa criança amada, objeto do outro: como é que ela chega ao amor? Como é que se entrelaçam os fios do amor para tal sujeito?

Do amor do outro aos amores do sujeito será necessário que se recriem certas operações sem as quais não há progressão. Diz-se que há amores que matam, e podemos mesmo constatá-lo na clínica quando observamos que um amor materno nem sempre é possibilitador e que só possibilitará uma recriação amorosa se se enlaçar e amarrar bem.

E o que é que queremos dizer com esse se amarrar bem? (Lacan, 1973) Nos referimos a que se encontre um bom enlaçamento no nó do amor, do desejo e do prazer. O ponto é que a criança se insira nesse nó enquanto objeto. Fora essa a pontuação de Freud (1915-1917/1985, 1914-1916/1985, 1919/1985) quando fez da criança uma equivalência fálica, um objeto do narcisismo dos pais e objeto de gozo do fantasma "Bate-se numa criança". No nó do amor, do desejo e do gozo se engendra a criança como objeto.

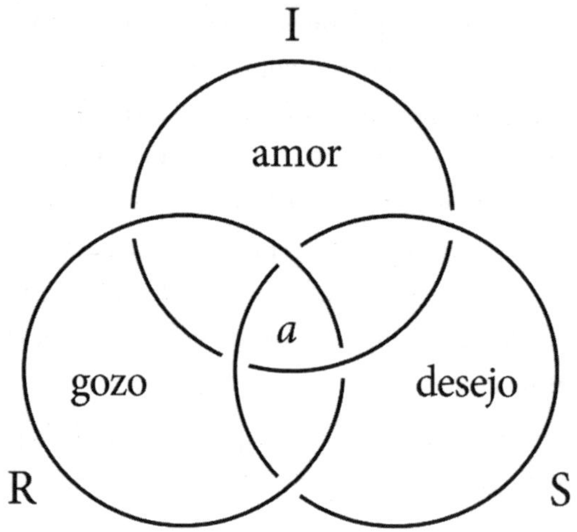

Figura 1.1 Nó do amor, do desejo e do gozo.

Mas a sua inserção no nó borromeu dos pais dependerá do bom enlaçamento dos três – um enlaçamento em que cada um encontrará limite nos outros dois (Flesler, 2007, p. 66). Nesse caso, o objeto se acomodará com seus dois funcionamentos: objeto falta, causa de desejo, e objeto mais de gozar, dando lugar a uma alternância benéfica que evita uma fixação estagnada e imóvel. Falar em bom enlaçamento é já admitir que somente se o amor, o desejo e o gozo da mãe admitirem a função fálica, capaz de conferir incompletude à estrutura, é que o lugar da criança poderá funcionar em alternância. Uma presença-ausência que dará origem a um intervalo propício à resposta do sujeito (Lacan,1986).

Lacan (1975) é explícito quanto a isso: é necessário um pai para realizar a subtração da presença do objeto no fantasma "materno". Sua função de transmissão da lei do desejo oferecerá borda ao gozo da mãe, tornando-a não toda mãe, privando o filho do gozo incestuoso e a si mesmo do gozo de sua perversão (*père-version*). O destino da criança depende dessas operações – do desejo da mãe e do nome do pai – na passagem de ser amado, desejado e gozado enquanto objeto para a existência como sujeito do desejo, do amor e do gozo.

Anteriormente disse que iria lidar com os amores da criança. Por que no plural?

Pois existem amores e amores:

O amor imaginário, que só quer transformar dois em um, sem admitir nenhuma falha. E o amor simbólico, que visa dar o que não se tem a quem não o é, baseado na falta que pode ou não se ligar ao amor real, aquele que por meio do amor-sublimação faz o gozo condescender ao desejo (Lacan, 1962-1963, 1959-1960).

O amor das crianças depende da doação da falta que, na pluralidade entrelaçada de amores, possibilitará à criança amar, desejar e gozar como sujeito.

Referências

Flesler, A. (2007). *El niño en análisis y el lugar de los padres.* Paidós.

Freud, S. (1985). Introducción del narcisismo. In S. Freud, *Obras Completas* (Vol. 14., pp. 87-88). Amorrortu. (Trabalho original publicado em 1914-1916).

Freud, S. (1985). Pegan a un niño. Contribución al conocimiento de la génesis de las perversiones sexuales. In S. Freud, *Obras Completas* (Vol. 17, pp. 177-200). Amorrortu. (Trabalho original publicado em 1919).

Freud, S. (1985). Sobre las transmutaciones de los instintos y especialmente del erotismo anal. In S. Freud, *Obras Completas* (Vol. 14, pp. 113-124). Amorrortu. (Trabalho original publicado em 1915-1917).

Lacan, J. (1959-1960). *Seminario VII*. Seuil.

Lacan, J. (1962-1963). *Seminario X*. Seuil.

Lacan, J. (1973) Los Nombres del Padre (Los no incautos yerran), clase del 11 de diciembre de 1973.

Lacan, J. (1975). Seminario XXII: R. S. I., clase del 21 de enero de 1975. Versión de M. Chollet.

Lacan, J. (1986). Deux Notes a J. Aubry. In J. Lacan, *Ornicar?* (Ornicar n. 37).

Lacan, J. (1988). La tercera. In J. Lacan, *Intervenciones y Textos II* (p. 88). Manantial. (Trabalho original publicado em 1974).

Ministerio de Justicia y Derechos Humanos. (2014). Art. 562 "Voluntad Procreacional". In *Código Civil y Comercial de la Nación*, Ley 26.994, Libro Segundo, Título V, Cap. 2.

Vegh, I. (2022). *Sentimiento, pasión y afecto en la transferencia*. Lugar.

2. O a(mar) da infância

Ana Suy

> *Seres falantes, sempre já potencialmente falantes, somos desde sempre igualmente clivados, separados da natureza.*
>
> Julia Kristeva, 2010, p. 19

Para começar, uma brincadeira:

amar,
há mar,
há mal,
há mãe,
há amor,
amor te,
há morte,
amo-te.

Felizmente, a língua portuguesa presenteia os seres falantes como se fosse um Lego possível de tantas invenções, embora não haja encaixes definitivos. Poderíamos ir ao infinito com os desdobramentos aos quais nossa língua nos convida, mas precisamos saber parar. Tenho um artigo para escrever (mas que se possa brincar um pouco ao longo dessa escrita, é uma excelente notícia dela).

Vale fazer aqui uma defesa à brincadeira, algo que a psicanálise faz muito bem, que é dar dignidade às brincadeiras, tão facilmente destituídas pelo nosso tempo (mal) pilotado pela tal da "produtividade", em que só se atribui valor àquilo que tem preço.

No texto "O poeta e o fantasiar", Freud (1908/2020) afirma:

> *A atividade que mais agrada e a mais intensa das crianças é o brincar. . . . Seria injusto então pensar que a criança não leva a sério esse mundo; ao contrário, ela leva muito a sério suas brincadeiras, mobilizando para isso grande quantidade de afeto. O oposto da brincadeira não é a seriedade, mas a realidade. (p. 54)*

Com tal afirmação percebemos, mais uma vez, que brincar é coisa séria. Assim, se começo este artigo brincando com as palavras é, em especial, porque algo do meu infantil se coloca seriamente em minha escrita.

Elenquei aqui alguns significantes: amar, mar, amor, mal, mãe e morte. Haverá algum fio condutor entre essas seis palavras? Minha aposta é de que sim, há. E de que se trata de um perigo constante que esses significantes tenham tanta intimidade entre si e conosco.

Para continuar, um trecho de uma conferência da Marie Helene Brousse, realizada na Nucep – Sección Clínica de Madrid (2021):

> *Vou falar da primeira verdadeira lembrança de infância que tenho. Não é uma lembrança contada, é uma lembrança inscrita na memória e no corpo. Minha mãe estava grávida, eu tinha dois anos e alguns meses, então não posso dizer se sabia conceitualmente que minha mãe estava grávida, mas algo em mim o sabia. Fomos o meu pai, a minha*

> *mãe e eu, quinze dias em junho a Cannes. Faz muito tempo, era na praia, e eu lembro ter feito algo todos os dias durante essa estadia na praia, com um gosto enorme, um projeto. Tinha um projeto que era esvaziar o mar, o que em francês se diz 'vider la mer', porque há um equívoco no francês entre mar (mer) e a mãe (mère), então eu com meu balde ia ao mar, pegava água, ia aos pés de minha mãe e o esvaziava, todo o dia, pegando água e jogando água aos pés de minha mãe. (tradução nossa)*

Uma mãe não deixa de ser o primeiro amar da criança. Mas, mais do que isso, se pensarmos no sentido da gestação, é também o primeiro mar da criança, fazendo uma referência ao líquido amniótico presente no útero, a primeira casa de cada um de nós.

Ainda que possamos pensar em todos os desdobramentos atuais que temos na cultura – no sentido do avanço do casamento da tecnologia com a ciência que, por exemplo, desemboca nas fertilizações in vitro, assim como as tantas possibilidades de gestação inventivas com relação aos gametas, nada disso retira até o momento (pode ser que um dia venha a retirar, mas esse momento ainda não existe) o imperativo de que cada um de nós precisa vir de um corpo vivo. Então, ainda que seja possível juntar o gameta de um com o gameta do outro (não necessariamente num encontro sexual), e que isso possa ser feito em laboratório, ainda assim precisa ser implantado num corpo feminino (também vale dizer que necessariamente os gametas precisam vir de um corpo vivo cada). Ainda assim, é preciso um útero. Ainda assim, precisamos, então desse primeiro a(mar).

O mar, o amar, o amor de uma mãe, é a primeira casa de cada um. O corpo de uma mãe é o meio de transporte que nos traz à vida e que, justamente por isso porta em si também, supostamente, o caminho de volta para a não vida, o que se traduz em nossas interpretações como a morte. Se uma mãe é um portal para o amor e todas as suas belezas, pode vir a ser também um caminho para o amor com todos os seus horrores, inclusive males e mortes. Mãe é, para fazer referência ao termo freudiano, "infamiliar".

Nas palavras do próprio Freud (1919/2019):

> *Ocorre, com frequência, que homens neuróticos declarem que o genital feminino seria, para eles, algo infamiliar. Mas esse infamiliar (unheimlich) é a porta de entrada para o antigo lar (heim) da criatura humana, para o lugar no qual cada um, pelo menos uma vez, encontrou-se. "Amor é a saudade do lar" (Heimweh), afirma um gracejo, e se o sonhador ainda no sonho pensa num lugar ou numa paisagem: isso me é conhecido, aqui já estive pelo menos uma vez, então a interpretação para isso remete ao genital ou ao corpo da mãe. O infamiliar é, então, também nesse caso, o que uma vez foi doméstico, o que há muito é familiar. Mas o prefixo da negação "in" [Un-] nessa palavra é a marca do recalcamento. (p. 95)*

O amor, então, flerta com a morte – daí a necessidade de que haja um tratamento a ele, a fim de que não seja engolidor e mortífero. A isso, Lacan chamou por extração do objeto a: é preciso que algo seja extraído do corpo materno, tão totalitário em seu amor, a fim de que a criança seja lançada à vida, o mais definitivo o possível (afinal, a morte está sempre à espreita, mas não é preciso que nos lancemos em sua direção mais rápido do que o necessário).

De acordo com Lacan, será a inscrição da metáfora paterna que possibilitará que a criança possa neutralizar o desejo tão voraz de sua mãe. Dito de outro modo, o significante do nome-do-pai será uma espécie de prancha, que possibilitará que o sujeito surfe nas ondas do desejo materno, caso ele saiba o que fazer com a prancha. Há sempre um risco de afogamento, de que as ondas sejam demasiadamente fortes, mas já é um risco muito menor do que se lançar em águas des-conhecidas sem recurso algum.

Ainda nesse deslizamento, nessa onda do mar, a(mar), mãe, cabe trazer as palavras de Freud (1930-1936/2010) no texto "Mal-estar na civilização", quando ele vai se referir a um termo que entra nessa onda, o "sentimento oceânico".

> *Originariamente o eu contém tudo; mais tarde ele separa de si um mundo exterior. Portanto, nosso atual sentimento de eu é apenas um resto atrofiado de um sentimento muito mais abrangente, na verdade – de um sentimento que tudo abrangia e que correspondia a uma ligação mais íntima do eu com o mundo ao seu redor, como uma espécie de contraparte, ao lado do sentimento do eu da maturidade, mais restrita e claramente delimitado, e os conteúdos representacionais adequados a eles seriam justamente aqueles de um caráter ilimitado e de uma ligação com o todo, os mesmos com os quais meu amigo explicou o sentimento "oceânico". (Freud, 1930-1936/2010, p.10)*

Podemos pensar que antes éramos tudo: o surfista, as ondas, a prancha, o mar, o horizonte, o céu, a areia. É na medida que o bebê vai se constituindo psiquicamente que vai se separando desses objetos e investindo em seu eu como um objeto separado dos outros, eis o narcisismo primário. Uma mãe é alguém que porta notícias de um modo de amar que não conhece essas fronteiras que separam e diferenciam. Nesse mesmo texto, também Freud afirmará:

> *normalmente, nada nos é mais seguro do que o sentimento que temos de nós mesmos, de nosso próprio eu. Esse eu aparece para nós como autônomo, unitário, bem posicionado em relação a todo o resto. Que essa aparência seja*

> *um engodo, que o eu, pelo contrário, sem fronteira nítida, tenha continuidade para dentro em uma entidade anímica inconsciente do que chamamos de Isso, ao qual, por assim dizer, serve de fachada, isso foi o que somente nos foi ensinado pela investigação psicanalítica, que nos deve ainda muitas informações sobre a relação do eu com o Isso. Mas, ao menos para fora, o eu parece manter linhas de fronteiras clara e nítidas. Apenas em um estado, na verdade, em um estado extraordinário, que, no entanto, não podemos condenar como doentio, isso é diferente. No auge do enamoramento, a fronteira entre o eu e o objeto ameaça se sobrepor... as fronteiras do eu não são estáveis. (Freud, 1930/2020, p. 308)*

No amor, então, as fronteiras entre o eu e o objeto podem titubear, o que pode levar o amante a levar um "caldo" e se confundir com prancha, mar, mãe e tudo o mais. Em última instância, essa modalidade primeira de amar, misturada e caótica, sempre nos habitará, ainda que inconscientemente. Freud afirmará nesse texto também que "na vida anímica, a conservação daquilo que é passado é antes a regra do que a estranha exceção" (p. 315). O inconsciente, para o pai da psicanálise, é essa temporalidade que diz respeito a outro tempo, que não o cronológico. Ainda que desenvolvamos algo de uma maneira mais sofisticada de amar, com a chegada do desejo, que nos insere a falta, ainda assim, o amor será o lugar no ser falante que insiste em fazer um com o outro e não saber da falta.

Em seu célebre texto "Três ensaios sobre a sexualidade", Freud (1905/1996) nos dirá que um encontro é sempre um reencontro. O amor é sempre pelo primeiro objeto, e por isso ele é sempre pela mãe, em alguma medida – em especial, considerando "mãe" como a pessoa que ocupou o lugar de primeiro amor. É certo que, se houver pranchas e o dreno do nome-do-pai, esse amor será modificado e se tornará mais elegante, mas como amamos com o inconsciente, ninguém está a salvo de sua primeira modalidade amorosa, tão desamparada, dependente e desajeitada.

Em seu livro *Narcisismo, amor e gênero*, o psicanalista argentino Luciano Luterau (2021) afirma que as crianças não amam, porque a posição delas é a de ser objeto de amor, e não a de amar. Em *O seminário, livro 11*, Lacan (1985/1964) dirá que amar é essencialmente querer ser amado, enfatizando o caráter narcísico do amor. Podemos pensar aqui, que, além de narcísico, também é infantilizante o amor.

No amor, então, é sempre a criança em cada um que se faz presente. Talvez por isso os amantes falem, por vezes, até mesmo usando *mamanhês* um com o outro, causando repulsa em quem está de fora e não quer saber dessa cicatriz incestuosa da qual o amor pode trazer notícias. Apelidos infantis, cuidados maternos e paternos fazem parte da rotina dos amantes, enquanto ela durar.

Por falar nisso, há uma passagem de Freud (1933/2020) em sua conferência "Feminilidade", na qual ele aponta que um casamento não estará assegurado até que uma mulher não possa agir como mãe em relação em seu marido. Pode ser que essa afirmação estivesse correta nos anos 1930, quando Freud a proferiu, num tempo em que era esperado que um homem se relacionasse sexualmente com uma mulher e amorosamente com outra, sua esposa e mãe dos seus filhos. Mas nos dias de hoje arrisco afirmar que essa é a fórmula para o fracasso. As mulheres e os homens têm trabalhado muito (não todos, é claro) para separar o que é uma mãe do que é uma mulher. No entanto, se mantém a premissa freudiana de que no inconsciente só há a "mãe" ou a "puta" – "a mulher" não encontra inscrição, pendendo o significante para um lado ou para o outro.

Quando falamos de amor, tendemos a nos inclinar para o lado da "mãe". Ao falarmos de sexo, para o lado da "puta". Juntar as duas em uma não é algo que façamos espontaneamente. Freud e Lacan apontarão que não há inscrição psíquica para a mulher; "A mulher não existe", dirá Lacan (1972-1973/2008) em seu famoso aforisma. Com isso, podemos entender que ou há a mãe (santa) ou há a puta. Mas "A mulher", que uniria essas duas vertentes e mais um pouco (ou muito), não cabe em nosso psiquismo.

Não é nada raro que declarações de amor de mulheres contenham ditos como "amo como se fosse meu filho", em especial, quando tratamos de crianças e até pets ou mesmo plantas. Parece muito difícil legitimar o amor de uma mulher, é sempre preciso que ela se nomeie como mãe para dar credibilidade à veracidade do seu amor. Já as "putas"... seriam aquelas que não amam, apenas se divertem. Como se amor e diversão, ou amor e sexo, fossem necessariamente antíteses. Nossa cultura sustenta o dito "ser mãe é padecer no paraíso". O estereótipo de mãe que carregamos é daquela que faz renúncias por amor numa posição sacrificial.

Não é por acaso que "Dona Herminia", personagem interpretada por Paulo Gustavo (1978-2021), um artista brasileiro tão amado, fez sucesso com filmes, peças de teatros e vídeos (que infelizmente nos deixou na pandemia de coronavírus). O talento do ator certamente esteve em capturar algo de muito familiar do que as mães têm em comum, e condensar em sua personagem. Dona Herminia é uma mãe que se satisfaz se queixando da maternidade, o perfeito estereótipo da mãe histérica, que aponta para um amor tão intenso que é, ao mesmo tempo, assustador. Assim, a posição histérica trata de colocar a falta em evidência, numa tentativa de salvar o objeto amado. É certo que o tratamento que Paulo Gustavo dá à sua personagem nos faz rir e amá-la, mas, na vida real, são muitos os filhos e filhas que precisam fazer estripulias para se afastar de suas donas hermínias.

É justamente a um amor idealizado, excessivo e mortífero que criança e mãe precisarão renunciar para que daí possa advir uma forma de amar mais vitalizante e próxima de um entusiasmo com a vida.

Para ilustrar

O filme Carol (2015) é muito bonito para considerar essa perspectiva de um amor menos idealizado. Nele, acompanhamos uma mulher, interpretada por Cate Blanchett, que está se divorciando de seu marido Harge, com quem vivia um casamento de aparências, fim esse que se dá diante da descoberta de um caso de Carol com sua melhor amiga. Nesse ínterim, seu marido descobre que Carol está envolvida com outra mulher ainda, o que o leva a ameaçar retirar a guarda de sua filha.

Diferentemente do que se poderia pensar, de que uma mulher renuncia a tudo por seus filhos, Carol sustenta sua posição desejante, correndo o risco de perder o contato de sua filha – e demonstrando que o amor de uma mãe por um filho não necessariamente é soberano, como do alto de nossa posição narcísica infantil nos agrada pensar.

O há-mar da infância está perdido, resta-nos reencontrar algo dele pela perspectiva mais inventiva que pudermos. Talvez seja algo disso do que Lacan chamou de "novo amor".

É na medida em que uma mãe não se satisfaz em demasia com seu filho-bebê que abre brecha para o exercício do seu desejo enquanto mulher – e por consequência, acaba por ajudar seu filho a abrir as portas para fazer o mesmo também com sua própria vida.

Se isso fere nosso narcisismo, isso diz respeito a um "dodói" que é constituinte da neurose, justamente, advindo do fato de que ninguém de nós, nos melhores casos, curou a mãe de ser uma mulher antes, durante e depois de nós.

Essa fenda entre mãe e mulher, que anuncia um espaço entre mãe e filho que não será preenchido um pelo outro, é justamente o que pode propiciar a inscrição do significante do nome-do-pai. Essa brecha entre mãe e mulher tem, como efeitos na criança, a invenção de uma prancha e a possibilidade até mesmo de aulas de surfe.

Ninguém é apenas um "filho da mãe", somos filhos do pai também. Mesmo ao falarmos de mães "solos", ainda assim, é melhor que haja mais gente na vida de uma criança. Avós, tios, amigas, babás, professoras e assim vai. Como afirma o provérbio africano, criar uma criança é tarefa de uma aldeia. Assim, é importantíssimo que mais do que uma pessoa se ocupe de amar essa criança e se responsabilizar por sua existência. Essas outras pessoas, que aparecem como "pai" – ou como já dizia o personagem "baby", da Família Dinossauros "não é a mamãe!" –, irão dar recursos para que a criança possa aprender a surfar.

Para para(r)

Ainda que a criança consiga encontrar uma prancha que sirva de rolo de pedra para colocar na boca do crocodilo que é o desejo da mãe, marcou-se nela um tempo de uma experiência amorosa ameaçadora. Nunca se sai ileso da condição de desamparo com a qual se chega na vida. Assim, ainda que essa sensação esteja neutralizada, aparentemente, ora pelo efeito do recalque, ora pelo efeito do nome-do-pai (e por que não dizer, que uma depende da outra), ela não deixa de estar fermentando em cada um de nós. De acordo com as contingências da vida isso virá a explodir ou não, mais cedo ou mais tarde. Não há como saber previamente.

Ao nos referirmos ao amar da infância, não estamos falando do amar da criança, mas, sim, do mar de cada um que tem a ver com a criança, que se mantém em nós viva, vivíssima, mesmo na vida adulta. Em *O Seminário, livro 1*, Lacan (1953-1954/2009) afirma: "A história não é o passado. A história é o passado na medida em que é historiado no presente – historiado porque foi vivido no passado" (p. 21). Com isso, vemos que o infantil do a/mar não cessa de se atualizar. Amar é sempre bagunçar nossa noção de temporalidade.

É tempo de a-mar!

O que acontece de verdade só acontece aquela vez. O que não aconteceu nunca, entretanto, acontece sempre em todos os lugares.

Rubem Alves, 2021, p. 52

Se o tempo é uma questão valiosa para a psicanálise, certamente não é por acaso. Não se trata de pensar passado, presente e futuro de maneiras desvinculadas, mas de maneiras em que um tempo depende radicalmente do outro. Não há passado ou futuro se não houver presente, por exemplo. E não há presente ou futuro se não houver passado. Para além disso, ainda, o futuro não chegará, se não for o passado e o presente. E, ainda, em última instância, o futuro nunca chega, pois tudo o que temos é sempre o presente. No inconsciente, nos ensinará Freud, todos os tempos podem acontecer ao mesmo tempo. Podemos sonhar que somos crianças sendo adolescentes, adultos e até tendo morrido ao mesmo tempo, sem que nada disso seja vivido como esquisitice, visto que o inconsciente é atemporal. Freud (1930/2020) afirmou: "na vida anímica, a conservação daquilo que é passado é antes a regra do que a estranha exceção" (p. 315).

Posteriormente, com Lacan, encontraremos uma camada a mais de complexidade no manejo de tempo por meio do que ele chamou por "tempo lógico", fazendo uso disso no andamento das sessões. Para Lacan, se o tempo é o do inconsciente, e não o do relógio, então, é ao inconsciente que devemos nos atentar, e não aos quarenta, cinquenta ou sessenta minutos que supostamente seriam o norte do tempo de uma sessão de análise.

É a partir dessa noção de tempo, como a de outro tempo, que nos é desconhecido e não balizado pelo tempo cronológico, que se dá o amar, que se dá o mar, que se dá o mal, que se dá a mãe, que se dá a morte. É nessa mistureba de significantes que o amor condensará suas lindezas e também seus riscos. Isso tudo será vivido de modo escancarado pela criança, que ainda não tem acesso a pranchas, recalques, drenos ou escolhas diante daquilo que irá interessar-lhe na vida.

No amor, tendemos a viver algo do passado no presente, na tentativa de restituir algo do futuro que sequer chegou, ou seja, no amor há uma tentativa de repetir questões do passado como se fossem novidades. Por isso, o amar da infância se faz presente, mas muitas vezes pode, em vez de uma prancha, aparecer como um barco furado.

As vertentes amorosas sugeridas por Freud que caminham no sentido de se restituir do amor supostamente perdido ao conquistar um amor, por exemplo, apontam bem para esses furos. Repetir uma forma de amor já conhecida e fracassada é um atalho para chegar ao fracasso também já conhecido. Não é por acaso que tantos seres falantes namoram ou se casam com representantes maternos ou paternos, ainda que se queixem disso por toda uma vida.

O próprio Freud (1931/2020), já em seu tempo, afirmou que uma mulher poderia fazer a escolha do marido de acordo com traços paternos, na tentativa inconsciente de repetir o bom relacionamento que tinha com o pai, mas que, com frequência, acabava por repetir o mau relacionamento com a mãe. Assim, Freud afirmava que as mulheres teriam uma tendência a serem mais felizes no segundo casamento. Nos primeiros repetiriam o mau relacionamento com a mãe e no segundo alcançariam algo de um bom relacionamento com o pai. Munida por meu atravessamento pela teoria lacaniana, entretanto, arriscaria dizer que talvez as mulheres possam ser mais felizes no terceiro casamento – nos quais, então, finalmente poderiam se desprender dos ideais maternos e paternos, podendo alcançar algo de uma novidade no campo do amor. Felizmente, nos dias de hoje, não é preciso casar para alçar relacionamentos profundos. Felizmente, também sabemos que no amor, não apenas nós nos modificamos, mas também o outro. Felizmente, ainda, podemos contar com o que se aprende em uma experiência analítica!

Há mares que vêm para o bem... por fim!

Enquanto formos crianças – e quem conseguiu deixar de ser completamente? – precisaremos da transferência, sinônimo de amor e fé.

Julia Kristeva, 2010, p. 71

É importante dizer que o amor transferencial é também uma modalidade amorosa. Aliás, uma digna modalidade amorosa! Ainda que, contrariando o senso comum, não seja repleta por encontros sexuais ou reciprocidade. A transferência é uma forma altamente privilegiada de viver o amor na relação com algum outro que não esteja tão tomado por se satisfazer narcisicamente com alguém.

Seja ao nos referirmos ao tratamento com adultos ou ao tratamento com crianças, aquele que se ocupa da função analista precisa sustentar um certo vazio em relação à demanda que o outro lhe faz, sob o risco de obstruir o que há de mais precioso em uma análise: o circuito do desejo.

É porque algo fica de fora que supomos que há um dentro. Dito de outro modo, a noção de objeto perdido, de *objeto a* tomada por Lacan, nos demonstra que não é que se tenha perdido algo e então fiquemos procurando esse algo. É o fato de encontrarmos algo que não procurávamos que nos dá a noção de que algo foi perdido. O encontro, que é sempre reencontro, de acordo com Freud, nos demonstra isso. Há a primeira imagem, de completude, de amor pleno – produto da fantasia, só depois da experiência de perda.

Minha filha, que tem 5 anos de idade, a cada vez que vê uma foto sua na qual era bebê, pergunta se posso comprar para ela a mesma roupa que ela vestia na foto, levá-la ao mesmo lugar, com as mesmas pessoas... demonstrando se tratar de uma tentativa, pela via da fantasia, de promover um reencontro com aquilo que se supõe perdido. Rio e digo que sim, e isso se torna uma brincadeira nossa, na qual a cada foto já sei o que ela perguntará e amorosamente rio, digo sim, ela ri também, com a previsibilidade desse diálogo. Não se trata de promover, de fato, um reencontro com aquilo que nunca houve, senão na fantasia, mas se trata de uma reinvenção do amor: com suas faltas, impossíveis e risos. Ao menos na minha fantasia, enquanto mãe, é disso que se trata.

Ainda que saibamos que fazer um com o outro no amor é impossível, isso não quer dizer que abramos mão de bom grado da nossa posição esperançosa. Ainda que novas experiências cheguem em nós e nos tornemos adolescentes, adultos e velhos, nada disso nos livra do infantil em nós, nome esse para nossa capacidade de amar.

Uma análise é um espaço mais ou menos seguro para nos lembrarmos ou para aprendermos que somos separados do outro – o que se traduz em efeitos de liberdade, mas que, ao mesmo tempo, marca seus limites. Nossa posição amorosa diante da vida é sempre efeito de alguma ligação nossa com o outro.

O amor tem algo a ver com o mar da mãe, mas com toda a ambivalência que cabe nessa frase, amar da mãe, há mal da mãe, há bem da mãe também, e há, ainda, rio e risos da mãe: efeitos esses de alguém para além da criança na vida da mãe.

Para ser bastante direta, o que abre caminho para as vias de amor da criança é que a mãe não dependa unicamente do amor do filho por ela. E se depender, não é que a criança necessariamente estará aprisionada à mãe e à infelicidade, mas, sim, que ela precisará de mais do que prancha para surfar no a-mar, talvez de aulas de surfe, talvez de colegas de surfe, talvez até de um tempo bom. A psicanálise está nesse horizonte, como uma maneira de inventar pranchas e movimentos que nos permitam brincar com as ondas, em vez de sermos engolidos por elas.

Referências

Alves, R. (2021). *Ao professor, com carinho*. Planeta.

Freud, S. (1996). Três ensaios sobre a teoria da sexualidade. In S. Freud, *Edição Standard Brasileira das Obras Psicológicas Completas de Sigmund Freud* (Vol. 2, pp. 119-231). Imago. (Trabalho original publicado em 1905)

Freud, S. (2010). O mal-estar na civilização, novas conferências introdutórias à psicanálise e outros textos. In S. Freud, *Obras completas* (Vol. 18, pp. 13-122). Companhia das Letras. (Trabalho original publicado em 1930-1936)

Freud, S. (2019). O infamiliar. In S. Freud, *O infamiliar [das unheimliche]* (pp. 26-126, edição bilíngue). Autêntica. (Trabalho original publicado em 1919)

Freud, S. (2020). O mal-estar na cultura. In O mal-estar na cultura e outros escritos. (pp. 305-410). Autêntica. (Trabalho original publicado em 1930)

Freud, S. (2020). O poeta e o fantasiar. In S. Freud, *Arte, literatura e os artistas* (pp. 53-66). Autêntica. (Trabalho original publicado em 1908)

Freud, S. (2020). Sobre a sexualidade feminina. In S. Freud, *Amor, sexualidade, feminilidade* (p. 285-311). Autêntica. (Trabalho original publicado em 1931)

Freud, S. (2020). A feminilidade. In *Amor, sexualidade, feminilidade* (pp. 313-345). Autêntica. (Trabalho original publicado em 1933)

Haynes, T. (Diretor). (2016). *Carol* [Filme]. Elizabeth Karlsen; Stephen Wooley; Christine Vachon.

Kristeva, J. (2010). *No princípio era o amor: psicanálise e fé*. Verus.

Lacan, J. (1985). *O seminário, livro 11: os quatro conceitos fundamentais da psicanálise*. Jorge Zahar. (Trabalho original publicado em 1964)

Lacan, J. (2008). *O seminário, livro 20: mais ainda*. Jorge Zahar. (Trabalho original publicado em 1972-1973)

Lacan, J. (2009). *O seminário, livro 1: os escritos técnicos de Freud* (2. ed.). Jorge Zahar. (Trabalho original publicado em 1953-1954)

Luterau, L. (2021). *Narcisismo, amor e gênero*. Ares editora.

Nucep-Sección Clínica de Madrid. (2021). *Lo feminino más allá del organismo y el género. El goce como vacío. Con Marie-Hélène Brousse*. [Vídeo]. YouTube. Disponível em: https://www.youtube.com/watch?v=WkYLN-_oQoU

3. As condições para amar pelas lentes de Miguilim

Isabel Tatit

Miguilim não tinha vontade de crescer, ser pessoa grande, a conversa das pessoas grandes era sempre as mesmas coisas secas, com aquela necessidade de ser brutas, coisas assustadas.

Guimarães Rosa, 1972, p. 24

Como ama *uma* criança? *Todas* as crianças amam? O que psicanalistas poderiam dizer sobre o amor das crianças? Poderiam? O que *elas* diriam sobre suas formas de amar? Como o amor na infância interroga a psicanálise? Qual criança estamos interessados em ouvir e deixarmo-nos interrogar, quando falamos de amor?

Com essas questões e por meio delas escolhemos a forma de amar de *uma* criança fictícia (com todo o impacto de verdade que só a ficção é capaz) que nos interpelou como psicanalistas e, principalmente, como adultos responsáveis pelo mundo que construímos.

Campo Geral é uma novela escrita por Guimarães Rosa, publicada em 1956, e gira em torno do núcleo familiar de Miguilim, um menino e oito anos. A narrativa é em terceira pessoa e, ao mesmo tempo, traz o ponto de vista dessa criança, o que já torna o estilo do texto muito significativo para nós. Um narrador-sujeito, que também é narrador-outro, produz efeito moebiano na leitura de *Campo Geral*. Miguilim responde ao seu meio, mas, também, separa-se e resiste à violência já banalizada em Mutúm. A perspectiva emblemática da narrativa, que parte de dentro da criança e, concomitantemente, a descreve de fora, reflete os tensionamentos dialéticos de alienação e separação na constituição de seu olhar. O que podemos aprender de Mutúm pelas lentes de Miguilim? E, ao mesmo tempo, quais inscrições essa criança faz em seu meio?

Muitas análises sobre o texto sugerem que se trata de uma história de amadurecimento: da inocência infantil à vida adulta. Ao longo de toda narrativa, o garoto não enxerga bem, é inseguro e cheio de dúvidas, mas, ao final, ganha óculos, passa a enxergar melhor e a tomar decisões mais assertivas. Há quem entenda que Miguilim vai deixando de ser totalmente influenciado pela perspectiva dos adultos, ao ganhar mais sabedoria e autonomia em seu processo de desenvolvimento. O curioso é que parte da família do garoto – digamos que a parte mais mortífera e desagregadora –, também o coloca como uma criança medrosa, inocente e que precisa crescer.

Tais análises desenvolvimentistas de *Campo Geral* negligenciam, no mínimo, a posição ética e política sustentada pelo texto. A crise de Mutúm descrita por Guimarães Rosa em 1956 é também a das favelas, periferias, ou a que assistimos no começo de 2023, na Terra Indígena Yanomami. São comunidades relegadas à desassistência social e sanitária. Em Mutúm, não há matança ativa do povo pelas instituições, mas, ali, deixa-se matar. Guimarães retrata as tão antigas quanto contemporâneas tensões sociais em um sertão brasileiro alheio ao governo. E mais: a história de Miguilim está longe de representar uma linha evolutiva de maturação de um indivíduo, aos modos de um *self-made man*. É o que tentaremos desenvolver adiante.

O contexto histórico de *Campo Geral* é o da República Velha, no qual oligarquias tomavam o poder. Eram coronéis e proprietários de terra que acumulavam riquezas, enquanto a maior parte da população vivia na pobreza. Os pais de Miguilim, Nho Bernardo e Nhanina, herdam o vocabulário escravagista de "senhor" e "senhora" em seus nomes. Bernardo, nome de origem europeia, também traz o autoritarismo e a hostilidade do poder soberano colonialista. Há, ainda, a preta velha Mãitina, trabalhadora na casa da família e, provavelmente, uma pessoa em situação de escravidão. Talvez, essa família pudesse ter vivido melhores condições de vida em outro momento. O que a narrativa revela, no entanto, é a crise profunda daquele modelo – uma comunidade desassistida e isolada, que vive da terra, totalmente suscetível às intempéries climáticas, à falta de recursos financeiros e de medicações.

Nesse cenário, acatar a interpretação comum de que, ao superar mortes, doenças e violências, Miguilim amadureceria e passaria a enxergar a vida como um adulto é destituir a obra de Guimarães Rosa de sua potência crítica e anticolonial. Ao longo da narrativa, fica evidente todo o poder de *enfrentamento às violências contido na posição de mal-estar daquela criança*. Ela sofre, questiona, freia o tempo dos adultos para perguntar sobre morte, violência e, fundamentalmente, sustenta sua delicada existência em um laço amoroso fraternal. Um ponto a sublinhar: Miguilim não é um herói autossuficiente, forte e desafiador. Ele é frágil, sensível demais e, de forma contraintuitiva, elenca um outro para ser seu próprio herói: seu irmão *mais novo*. A resistência à violência daquele meio não é produzida exatamente por uma personagem implacável e, sim, *no* laço entre duas crianças que apenas *estranham* seu meio e, assim, continuam existindo como sujeitos, sustentando as condições para amar. O amor entre Miguilim e Dito resiste por contraste ao isolamento daquele povoado que está apartado pelo morro e relegado economicamente. Lembramos do convite feito por Françoise Dolto (2005):

> *é preciso olhar esse pequeno, esse futuro, esse que se torna, não sob o ângulo da fragilidade e da fraqueza, mas sob o*

> *ângulo daquilo que ele tem de novo, de criador, de dinâmico e de revelador de si mesmo e dos outros em contato com ele. (p. 110)*

É nesse sentido que a criança é o calcanhar de Aquiles do adulto, segundo a autora, pois este, que aparentemente é mais forte, tem medo de ser desarmado por aquela, ser de verdade, reveladora de uma realidade ultrapassada e opressora. Como leitores, na melhor das hipóteses, sentimo-nos cúmplices do amor entre Miguilim e de Dito, denunciantes dos não ditos, das cegueiras e dos fracassos da civilização.

Alguém poderia dizer que por retratar uma família da República Velha estaríamos distantes das questões relativas às infâncias de hoje. Entendemos, no entanto, que Miguilim nos interessa e muito por ser representante de uma infância pobre na área rural brasileira, privada de direitos básicos, como é fato para pelo menos 4,4 milhões de crianças no Brasil ainda hoje.[1] Além disso, uma personagem literária infantil que fundamentalmente transborda amor por meio do seu olhar, ainda que envolta em relações tão desiguais e destrutivas, transmite-nos muito sobre o acontecimento do amor como contingência mobilizadora de novos enlaçamentos em tempos hostis.

Guimarães Rosa busca recriar o mundo elegendo o olhar de uma criança como perspectiva fundamental. O texto é especialmente lírico, transmitindo, assim, a sensibilidade inegociável de Miguilim diante das relações autoritárias que o rodeiam. Falar das infâncias de hoje como se fossem mais protegidas, alheias às tensões sociais e conflitos internos não só é antipsicanalítico como ideológico. Entre as diversas infâncias, há as que têm seus direitos garantidos e consequentemente a possibilidade de fazer escolhas e outras que sobrevivem bravamente

---

1 Levantamento do Instituto Brasileiro de Economia da Fundação Getúlio Vargas (Ibre/FGV). Cf. https://www2.senado.leg.br/bdsf/bitstream/handle/id/573412/noticia.html?sequence=1&isAllowis=y

e conquistam a duras penas condições para amar e escolher seus objetos. Em um mundo tão desigual, infelizmente, Mutúm (ainda) é aqui.

Olhar além da cena familiar: estranhar para poder amar

Estou sempre pensando que lá por detrás dele acontecem outras coisas, que o morro está tapando de mim, e que eu nunca hei de poder ver... [Nhanina, mãe de Miguilim].

Guimarães Rosa, 1972, p. 6

– Miguilim, êste feixinho está muito pesado para você? – Tio Terêz, está não. Se a gente puder ir devagarinho como precisa, e ninguém não gritar com a gente para ir depressa demais, então eu acho que nunca que é pesado... – Miguilim, você é meu amigo. – Amigo grande, feito gente grande, Tio Terêz? – É sim, Miguilim. Nós somos amigos. Você tem mais juizo do que eu...

Guimarães Rosa, 1972, p. 23

Mais do que de denúncia parece-nos que é de estranhamento a posição que melhor corresponde à da dupla Miguilim-Dito diante da comunidade de Mutúm. Ou ainda, como avançaram Pedro Heliodoro Tavares e Ernani Chaves na tradução desse conceito Freudiano intraduzível, o efeito de Mutúm em Miguilim é de infamiliaridade, pois não corresponde nem à função do estrangeiro, como negação positiva do familiar, tampouco ao estranho como alheio ou indiferente (Dunker, 2020). Miguilim faz oposição parcial, e não de toda "alheiedade" em Mutúm, remetendo às experiências de indeterminação angustiantes, pois desestabilizadoras de realidades.

O infamiliar seria propriamente algo do qual sempre, por assim dizer, nada se sabe. Quanto mais uma pessoa se orienta por aquilo que se encontra a sua volta, menos é

> *atingida pela impressão de infamiliaridade quanto às coisas ou aos acontecimentos.* (Freud, 2020)

Não aceitar a defesa da "maturidade da razão" do mundo adulto versus o olhar ingênuo da criança é dar espaço para que o que não se sabe seja condição de possibilidade de um futuro diferente e, portanto, de uma realidade menos injusta. Nesse sentido, o inconsciente é a própria possibilidade de transformação. A posição de Miguilim é analítica, pois adverte que nos repetiremos por gerações caso nos orientemos apenas pelo que já encontramos a nossa volta e não topemos nos aventurar pelo insabido. Miguilim se deixa interpelar pelo que é banalizado por quase todos a sua volta e fica aterrorizado com o que é cotidiano. Como se seu olhar transformasse o familiar em infamiliar, produzindo e problematizando seu meio a partir de seus estranhamentos.

A criança muitas vezes é quem nos aponta sobre a banalidade do mal, não por ser naturalmente boa, mas por ter menos certeza identitária e um olhar fresco sob o mundo. O adulto que não teme a própria infância, o próprio desamparo, consegue escutar nelas os próprios medos sem subjugá-las (Dolto, 2005). Como em Mutúm os adultos não colocam em dúvida, não expõem seus medos e não querem saber sobre as possibilidades de mudança, a matança é compulsiva e resta às duas crianças se acolherem no próprio desamparo.

Ao implodir as fronteiras entre a singularidade de Miguilim e a coletividade da qual faz parte, Guimarães denuncia o "mundo dos adultos" como está dado em suas condições bárbaras de pobreza e desamparo à infância. Não há nessa cena social uma rede de proteção à infância gerida pelo Estado, tampouco a criança ocupa o lugar de objeto de amor idealizado e central dentro da família. A complexidade do olhar de Miguilim é perceptível desde a primeira linha e revela uma posição que problematiza a cena social em que pessoas grandes têm necessidade de serem brutas. Os movimentos de alienação e separação no processo constitutivo de sua subjetividade é espiralado, não se trata de uma reta evolutiva da imaturidade à maturidade. Há, a todo momento, um processo (*work in progress*) árduo, ora de identificação, ora de descolamento daquela realidade.

A história é uma aula acerca do efeito de elaboração que as relações horizontais produzem em um ambiente marcado por relações verticais muito hostis. As brincadeiras, as conversas, a cumplicidade e a solidariedade entre os semelhantes produzem uma gramática diferente que faz oposição ao autoritarismo dos laços hegemônicos. Será que a cegueira é de Miguilim, ou de quem vê a segregação e a reprodução das condições violentas e desumanas em Mutúm como destino inevitável para parte da população?

Campo Geral nos lembra o alerta de Ilana Katz (2022) em relação à importância de escutarmos "a resistência que as infâncias, como fenômeno político (porque perspectivadas em diversidade), e também cada criança, como acontecimento", na medida em que há uma "potência da infância em apontar a parcialidade das ficções sobre o viver".

Parece-nos evidente, desde o começo, que a posição de Miguilim é singular, carrega uma potência transformadora e crítica dos acontecimentos à sua volta. Talvez, o lugar mais questionador que o garoto ocupe é nas longas conversas *com* seu irmão, nas quais estabelecem uma modalidade de linguagem afetiva e que faz função de barreira contra a violência vivenciada no dia a dia. Há violências de todos os tipos em Mutúm, da vulnerabilidade social à violência física. O estilo literário de Guimarães Rosa transmite uma posição de resistência à segregação por meio do movimento pendular na narrativa entre as temáticas do amor e da morte. O texto revela, assim, a ambivalência dos afetos vividos ali. Se por um lado, a partir do olhar infantil, acompanhamos a descrição de cenas idílicas da vida no sertão de Minas Gerais e seus saberes sobre a terra, a floresta, cultura religiosa, e os animais, encontramos também suas antíteses, o medo, a violência dos animais, a chuva que castiga a terra, a matança entre os homens, as doenças e a falta de assistência à educação e à saúde. Enquanto a maior parte dos adultos responde em ato às violências sofridas (diversas vezes as reproduzindo), as crianças *conversam*, problematizam, resistem e revoltam-se.

Embora os protagonistas do enredo sejam crianças, não há sequer uma menção à escola na narrativa. Elas estão à espera de serem plenamente úteis ao trabalho na roça. As primeiras tentativas de se pensar a Educação foram durante a República Velha, mas essas ainda não chegavam às camadas populares. Como não há uma prática pensada coletivamente para as crianças, fica evidente como deseja-se apenas que cresçam e, enquanto isso não acontece, elas "atrapalham" um tanto a vida dos adultos.

Como bem pontua Braunstein (2007), a respeito da frase célebre de Lacan – "somente o amor permite ao gozo condescender ao desejo" –, para que tal milagre da conciliação de opostos aconteça, o sujeito precisa ocupar uma posição desejante. Mas não só. Representando a causa de seu desejo, se verá instigado a desafiar os impedimentos externos, os diques da presumida impotência interna. Se interpretarmos o olhar embaçado de Miguilim como impotência individual, ou inocência infantil, deixamos de lado o ponto fundamental do texto: os desencontros frutos, ou não, da vulnerabilidade social tornaram os morros de Mutúm ainda mais altos, mas foi exatamente por enxergar diferente e *por contar com alguns outros* que Miguilim transformou o rumo daqueles laços e inscreveu uma gramática amorosa onde não havia. Do encontro faltoso com suas figuras parentais primordiais, mas principalmente com o que elas representavam (a violência do pai e a insatisfação lamentosa e impotente da mãe) nasceu o amor fraternal daqueles que olharam para além do funcionamento já estabelecido. Ali, amar era quase pura invenção, já que referências imaginárias e simbólicas relativas a esse afeto era raras ou pouco valorizadas.

Aprendemos com Rosa e Lacet (2012) que o nascimento de uma criança é um acontecimento que transcende o público ou o privado, pois tem uma dimensão traumática que toca o real e produz efeitos simbólicos e imaginários. Assim, a cada nascimento de uma criança deveriam ser postas em jogo as coordenadas que sustentam o grupo social em torno delas. No entanto, em contextos de crise social e humanitária, há um efeito de negação desse acontecimento, ou ainda, de recusa desse novo olhar. O olhar embaçado de Miguilim para nós é, portanto, representante de um sintoma social e não individual. Uma mensagem que diz do adoecimento das modalidades de enlaçamento daquele povoado.

O olhar de Miguilim, foi como um dique, seu saber fazer necessário até a morte de seu pai. Nho Bernardo era o representante mor das pobrezas vividas em Mutúm, não só da crise financeira, mas do encurtamento das possibilidades de subjetividade. Ao seu ver, um homem serviria apenas para trabalhar, não poderia ter medo ou seria motivo de chacota, os conflitos se resolveriam na bala ou na surra e um homem teria sempre poder sobre a mulher que, por sua vez, deveria simplesmente obedecê-lo. Em raras ocasiões na narrativa, a personagem ocupa um lugar diferente. Do ponto de vista desse pai movido à urgência da sobrevivência e pouco amparado simbolicamente, o olhar de Miguilim, em suas diversas significações (poético, vulnerável, cuidadoso, embaçado e cheio de dúvidas) era um problema, pois o menino "não daria pro trabalho", colocando suas precárias referências imaginárias em cheque.

Há, no entanto, um poder subversivo na relação entre Miguilim e o irmão que resiste à ordem de Mutúm. A cada diálogo, vemos a busca de um descolamento subjetivo, principalmente de Miguilim, das categorias pré-existentes daquele ambiente às quais estava aderido. Como se o laço com Dito promovesse uma revisão crítica daquela coletividade como estava sendo subjetivada, conquistando pequenos espaços/tempos de recriação de si mesmos, sempre coamparados.

Assim, *Campo Geral* nos parece a saga de Miguilim pela conquista e preservação da sua condição de amar, num contexto de profundo desamparo. Mutúm é cercada por um morro, para nós, representação da segregação social imposta pela falta de recursos àquela população.

As histórias das personagens giram sempre em torno das limitações da pobreza econômica e cultural, da dificuldade de sair, de se desenvolver e de sobreviver às intempéries da natureza sem suporte do Estado.

Ficamos sabendo, no entanto, que Miguilim não nasceu em Mutúm, nasceu ainda mais longe, em um "buraco de mato" chamado Pau-Rôxo. De lá, a lembrança quase mítica da causa de seu enxergar embaçado: Miguilim queria brincar com um menino mais velho e repetia o que este falava, só para agradar. O meninão se equivoca ao interpretar o apelo de Miguilim e lhe taca uma pedra. O recém-falante Miguilim leva em seu olhar não só a marca do limite da linguagem e de seus equívocos, mas o custo em sua carne por estar assujeitado a esse *Campo Geral* (outro) abandonado de civilidade, que tem como recurso quase único a violência. Assim, sua mancha no olhar torna-se marca da separação de Miguilim "assinalando o crime originário, o preço a pagar por ser sujeito do desejo" (Quinet, 2004, p, 290), em um ambiente hostil.

"Dito, eu às vezes tenho [Miguilim] uma saudade de uma coisa que eu não sei o que é, nem de onde, me afrontando..."[2]

Sua primeira saída de Mutúm, que é também o início da narrativa de *Campo Geral*, parece atualizar essa diferença em seu olhar. Ele não quer reproduzir a violência que viveu desde muito pequeno (não apenas contingencialmente com aquela criança mais velha, obviamente), tampouco se identifica com as lamentações infinitas da mãe em relação à Mutúm. Um certo dia, atravessa o morro e ouve alguém falando bem da natureza de Mutúm. Nunca ouvira antes falarem bem daquele lugar. Ao retornar, inaugura a condição da possibilidade de separação, embrenha-se numa investigação e observação sobre a natureza, os bichos

2 Guimarães Rosa, 1972, p. 41.

e os relacionamentos. Mas, ao mesmo tempo, as referências simbólicas e imaginárias daquele ambiente de certa forma eram também empuxo para continuar ali. Em diversos momentos da narrativa é notório o custo para Miguilim existir em Mutúm com sua diferença. Como se seu jeito de amar não coubesse, fosse mal interpretado pela dureza das coordenadas simbólicas e imaginárias daquele lugar. Ele adoece algumas vezes, se sente fraco, como se seu corpo ficasse às voltas tentando dar conta de algo maior que ele, talvez remetendo à cena da primeira pedrada. O que ele (des)encontra como resposta do ambiente às suas interrogações é que são coisas do demônio, que seria melhor parar de pensar daquela forma, que era pecado, ingratidão etc. Mas Miguilim quer saber sobre o amor, sobre a morte, sobre o medo, sobre sentir ódio e gostar ao mesmo tempo.

Talvez o garoto adoeça dessa tentativa de tamponamento de seu desejo de saber, como nos ensina Freud e sua crítica fundamental sobre a "pudicidade habitual" dos adultos (Freud, 1907, p. 83), ao almejarem "fazerem segredo" ou, preservarem uma certa ignorância sobre algo da sexualidade que, muitas vezes, a criança já sabe. Ou, como bem diz Guimarães Rosa, "*Miguilim conhecia, pouco entendendo*" e tal sabedoria vivia sendo oprimida.

O clima doméstico era extremamente religioso, amedrontador, o que coloca Miguilim num jogo de forças entre o pecado, a morte, as promessas, o mundo idílico e... o amor. As expressões amorosas aparecem diversas vezes como seu saber-fazer diante da castração, ou melhor, diante de seus medos, do seu olhar embaçado, diante das broncas do pai, das surras, das doenças, da sensação do corpo frágil, magro e pequeno. Miguilim é uma criança que pede a irmã em casamento ou, faz pacto de morar para o resto da vida com o irmão, em momentos de desespero, de tragicidade do presente, tentando se ancorar em algum futuro com um outro semelhante.

> *– Miguilim, você tem mêdo de morrer?*
> *– Demais... Dito, eu tenho um medo, mas só se fosse sozinho. Queria a gente todos morresse juntos... (Rosa, 1972, p. 18)*

Essa história de amor-resistência nos interpela na medida em que a probabilidade maior seria ocupar um lugar de repetição da sua história, continuando a apanhar, ou passando a bater. Miguilim, no entanto, ao rememorar algumas vezes a cena da pedra, seu mito individual, não a reproduz, mas a atualiza numa nova relação cuidadosa com seu irmão mais novo, Dito. Seu olhar embaçado o rememora daquele encontro faltoso tão primitivo, mas não o faz reproduzir a violência, tampouco recuar da tentativa de se fazer ouvir e se enlaçar. Muito pelo contrário, Miguilim, agora a criança mais velha da relação, segue ávido para saber mais sobre as relações humanas, sobre os afetos e suas contradições, sempre acompanhado de um semelhante.

Nesse sentido, se a leitura de *Campo Geral* é por vezes dilacerante, o amor que resiste nas entranhas do texto é o que sustenta o desejo do leitor de seguir. E, talvez, de Miguilim seguir. A força de transformação daquela realidade torna-se possível a partir da diferença que o laço com o semelhante instituiu. Não é exagero dizer que o amor fraternal é de fato inebriante, um respiro entre as surras, castigos e toda a precariedade social descrita. O laço entre Dito e Miguilim dá condição de possibilidade de desamarração das formas hegemônicas dos vínculos ali estabelecidos e de resistência à dureza da vida entre os morros de Mutúm.

Não só o leitor, mas as outras personagens da história também são afetadas pela nova forma de se relacionar e se comovem com a relação dos irmãos. O trabalho na terra é árduo, as doenças castigam, mas eles brincam e se protegem da violência dos adultos. Há também diálogos icônicos sobre os enigmas da morte, questionamentos sobre as superstições e sobre o amor e o ódio entre os familiares.

> *O Dito era menor mas sabia o sério, pensava ligeiro nas coisas, Deus tinha dado a êle todo juízo. E gostava, muito, de Miguilim. Quando foi a estória da Cuca, o Dito um dia perguntou: – "Quem sabe é pecado a gente ter saudade de cachorro?..." O Dito queria que êle não chorasse mais por Pingo-de-Ouro, porque sempre que êle chorava o Dito também pegava vontade de chorar junto.* (Rosa, 1972, p. 11)

Eis que a falta de amparo social em Mutúm acarreta a morte de Dito. Poderíamos pensar que elaborar a morte do amado irmão produziu um *quantum* de amadurecimento de Miguilim, como também uma atualização dos lugares ocupados por cada filho na família. Como todo processo de luto, Miguilim incorporou ainda mais o traço fundamental de Dito, a sabedoria, ou ainda, um desejo de saber para além do que se via e experimentava ali. Dito era mais novo que Miguilim, mas todos o tinham como sábio. Sua forma de estar em Mutúm era totalmente singular, pois quase sempre ocupava um lugar de cuidado e de não responder aos embates, coisa rara quando o que mais se espera é o "ralhar", a zombaria e a surra.

Ao final da história, Miguilim decide sair de Mutúm e ir para a cidade, quando um médico diagnostica a necessidade de o garoto usar óculos. Depois da morte de Dito, a perspectiva de cuidado de alguém da cidade, que o faria ver mais longe, ou também a possibilidade inédita de ser reconhecido em sua diferente condição de olhar, impulsionam Miguilim a se mudar.

Olhar além não sem alguns outros: o valor do semelhante

Quando Lacan fala de complexo de intrusão para se referir à relação fraternal, a ênfase sempre se dá na relação de rivalidade, ciúmes e agressividade que o transitivismo imaginário e a disputa pelo amor dos pais produzem nas crianças. No entanto, há tempos elaboramos uma psicanálise que aposta no reconhecimento dos semelhantes e em seus efeitos para além da rivalidade, inclusive como condição fundamental de uma estruturação subjetiva que suporta uma relação horizontal nas diferenças (Kehl, 2000).

Há um paradoxo aqui que também encontramos nas relações amorosas: se, por um lado, pela via da identificação imaginária há uma tendência de o laço fraterno produzir rivalidade, um irmão também pode introduzir na organização narcísica infantil a confrontação com a máxima semelhança e a inevitável diferença. É o que Lacan define como introdução temporária de uma tendência estrangeira na formação do eu, que desestabiliza a imagem no espelho. A constatação inevitável da diferença pode produzir fúria, "ou eu, ou ele", mas também pode levar à outra conclusão: "eu sim, e ele também". Tal quebra da ilusão identitária se dá nessas experiências cotidianas compartilhadas, na medida em que o campo horizontal de identificações diversifica as possibilidades de destinos pulsionais (Kehl, 2000) Por isso, a função do semelhante se aproxima das relações amorosas. As identificações ideais familiares, verticais, perdem um tanto de força quando são contrapostas a essas experiências horizontais, permitindo a substituição dos objetos de satisfação.

A postura ética de Miguilim diante de todas as faltas, perdas e violências que atravessa é sustentada por meio de alguns outros. Dito é o laço fundamental, aquele com quem Miguilim fala, brinca, pensa junto, compartilha a vida. Eles produzem uma amarração que dá estofo para a sustentação desse desejo de olhar diferente, como uma garantia mínima da condição humana, civilizatória.

Especificamente em contextos de vulnerabilidade social, o laço amoroso é remédio e resistência diante da precariedade dos vínculos atravessados pela violência. Onde a verticalidade não assegura, a horizontalidade amarra. Fica claro que Miguilim, esse garoto de oito anos, pode contar mais com seu irmão do que com os adultos à sua volta.

Preferimos priorizar a função do semelhante à ideia de laço fraterno, pois não nos interessa qualquer idealização dos vínculos familiares. Entre Miguilim e Dito, não se trata de um amor ilusório em busca de completude, mas de um laço horizontal no qual está em jogo a função simbólica do semelhante. Essa é a base da sua conquista da condição de amar. Trata-se, portanto, do amor não como sinônimo de romance, mas como antônimo da barbárie.

Nem todo amor, no entanto, tem poder emancipatório e função de resistência à segregação. Muito pelo contrário, tanto Freud quanto Lacan trouxeram facetas mais obscuras do amor, como ocorre nas adesões cegas aos fenômenos de massa. Mas o amor, em sua faceta sublimatória de fazer o gozo condescender ao desejo ou ainda como suplência à impossibilidade de satisfação plena, tem como pré-requisito estarmos vivendo em uma cultura com seus interditos. Aprendemos com a história de Dito e Miguilim que o exercício insistente de alteridade faz existir (ou resistir) amor onde quase não há cultura.

A função do semelhante diz respeito à relação horizontal entre as crianças e suas especificidades, ou seja, o que somente uma criança pode fazer por outra. Ela contempla a identificação, mas também está para além dela, na medida em que inclui a alteridade e a possibilidade separação (Tiussi, 2018). Do encontro com o semelhante é que pode surgir um espaço para a alteridade, as transferências horizontais que se estabelecem entre o sujeito e o outro são atravessadas pelo outro.

Se a identificação é facilitada na relação criança-criança, a separação também o é. Miguilim ensina ao mundo dos adultos de Mutúm, por exemplo, que podia sentir raiva e odiar – sem precisar matar ninguém – e isso ele aprende em seu exercício de alteridade cotidiano com Dito. Outro ensinamento é poder contar com o outro e estar junto sem necessariamente *servir* para o outro. Em um contexto no qual cada minuto é tomado pela urgência do trabalho e da satisfação das necessidades básicas, crianças já são vistas como futura força de trabalho. A brincadeira, no entanto, insiste, escapa, cava tempo e espaço de resistência do desejo. É uma das poucas ocasiões em que se está com o outro e não a serviço de um outro opressor. O plantio é o modo de sobrevivência em Mutúm, por isso vivem sempre sob ameaça da chuva ou da falta dela. Na cena icônica de Dito à beira da morte, enquanto os adultos retomavam seus afazeres, os irmãos falam sobre perdão, inveja e, fundamentalmente, ficam juntos, fazendo companhia um ao outro, contando histórias, narrando os acontecimentos da casa. O laço entre as crianças é uma pausa na urgência de Mutúm.

Dito e Miguilim constroem um espaço onde podem se cuidar, brincar, brigar, se vulnerabilizar, pedir desculpas, perguntar, conversar sobre amor e morte, criar histórias etc. Essa relação faz barreira às nomeações advindas da cena social mais ampla, na qual Miguilim é o irmãozinho medroso, que não enxerga direito. O garoto fica como objeto de gozação dos irmãos mais velhos e do pai e, episodicamente, como objeto de superproteção da mãe. Já a relação horizontal é totalmente baseada em conversas, palavras, histórias, o que nos parece uma resistência do simbólico nessa cena social tão mortífera.

A leitura de que a miopia de Miguilim é seu traço "infantil" no sentido pejorativo, de imaturidade, se alinha também a uma visão opressora e patologizante do olhar infantil que, como sempre, suprime a potência transformadora do olhar vivaz, fresco, menos aderente aos saberes já dados e viciados do mundo dos adultos. O exercício de alteridade entre os irmãos, todavia, dá condição para Miguilim seguir ocupando posições diversas, enquanto era esperado que ficasse apenas de objeto.

Como amam as crianças, ou o que aprendemos com o amor de Dito e Miguilim sobre um tipo de amor entre crianças? Talvez sobre algumas estratégias de se enlaçar que resistem ao eixo dominante-dominado. O tratamento do desamparo é algo que uma criança pode fazer pela outra, exatamente por se identificarem nesse lugar de falta e não por "terem algo a oferecer". Essa capacidade de simbolizar a experiência de desamparo conjuntamente, como também de produzir uma fala significativa e nova sobre a exclusão, é a gramática amorosa inventada pelos irmãos. Aprendemos que um olhar não tão consistente olha mais longe, porque está mais disposto a se apoiar em outros olhares. Por fim, o amor entre essas duas crianças exprime o sentimento de fratria, descrito tão bem por Maria Rita Kehl, no qual a denúncia não produz mais agressividade e, sim, comprometimento com a realidade e com o mundo onde vivem.

Campo Geral transmite e transpira uma ética sobre amor das crianças numa comunidade que beira a barbárie. Primeiramente, porque revela sua importância política: o amor como possibilidade de sustentar o laço pela palavra num ambiente hostil. Em segundo lugar, porque sublinha um tema pouco falado, o amor *entre* as crianças. A poética da história se dá, na maior parte das vezes, no cuidado entre os pares, quando é o semelhante que ampara diante das faltas dos adultos e do Estado. Por fim e como consequência das razões anteriores, *Campo Geral* é um tratado sobre a desromantização da infância, pois a construção de um olhar singular que vai além das opressões impostas pelas cenas familiar e social é também uma travessia dura e (quase) solitária pelas temáticas da morte, inveja, traição e sexualidade.

Referências

Braunstein, N. (2007). *Gozo*. Escuta.

Dolto, F. (2005). *A causa das crianças*. Ideias & Letras.

Dunker, C. I. L. (2020). Animismo e indeterminação em "Das Unheimliche". In S. Freud, *Obras Incompletas de Sigmund Freud: o infamiliar [Das Unheimliche]* (Vol. 8, pp. 199-218, E. Chaves & P. H. Tavares Trads.) Autêntica.

Freud, S. (2021). Sobre o esclarecimento sexual das crianças. In S. Freud, *Obras Incompletas de Sigmund Freud.* Autêntica. (Trabalho original publicado em 1907)

Freud, S. (2020). *Obras Incompletas de Sigmund Freud: o infamiliar [Das Unheimliche]* (Vol. 8, E. Chaves & P. H. Tavares Trads.) Autêntica.

Katz, I. (2022). *Infâncias contra hegemônicas para descolonizar a psicanálise.* https://www.n-1edicoes.org/infancias-contra-hegemonicas-para-descolonizar-a-psicanalise? Acesso em: 10 mar. 2023.

Kehl, M. R. (Org.). (2000). *Função fraterna.* Relume Dumará.

Lacan, J. (1998). *O seminário, livro 11: os quatro conceitos fundamentais da psicanálise* (2a ed.). Jorge Zahar Ed. (Trabalho original publicado em 1964)

Lacan, J. (2008). *O seminário, livro 20: mais, ainda* (3a ed.). Zahar. (Trabalho original publicado em 1972-1973)

Quinet, A. (2004). *Um olhar a mais: ver e ser visto na psicanálise* (2a ed.). Jorge Zahar.

Rabinovich, D. (2009). *O conceito de objeto na teoria psicanalítica – suas incidências na dimensão da cura.* Cia de Freud.

Rosa, J. G. (1972). *Manuelzão e Miguilim (Corpo de Baile).* (5a ed.). Editora José Olympio.

Rosa, M. D., & Lacet, C. (2012). *A criança na contemporaneidade: entre saber e gozo.* Estilos da Clínica, *17*(2), 359-372. Recuperado em 13 de março de 2023, de http://pepsic.bvsalud.org/scielo.php?script=sci_arttext&pid=S1415-71282012000200012&lng=pt&tlng=pt.

Tiussi, C. C. (2018). *Função do semelhante como fundamento do trabalho com as crianças em grupos: uma contribuição para os estudos sobre o desenvolvimento psíquico.* [Tese de doutorado, Universidade de São Paulo]. https://www.teses.usp.br/teses/disponiveis/47/47131/tde-31102018-185407/publico/tiussi_doutorado.pdf. Acesso em: 16 mar. 2023.

4. O que a criança demanda?

Malvine Zalcberg

O próprio de todo amor, segundo Freud (1905/1980), é que ele só existe se tiver seu protótipo na infância. Foi o que ele demonstrou em seus *Três ensaios sobre a teoria da sexualidade* ao fundar o amor nas primeiras peripécias da libido; estas seriam inicialmente autoeróticas, em seguida investidas no eu, antes de, enfim, se deslocarem para o objeto. "Não é sem bons motivos que a figura da criança que suga o seio da mãe torna-se o modelo de toda relação amorosa" (p. 229).

Já em *Projeto de uma psicologia científica*, Freud (1895/1974, p. 422) postula que a primeira experiência de satisfação, "a primeira mamada" deixa traços mnêmicos no psiquismo do bebê; ela suscita tanto o desejo de experimentar a mesma satisfação, como o de encontrar o objeto (o seio) que o propiciou.

Esse objeto da primeira experiência de satisfação é, como diz Freud, objeto perdido para sempre: "Qualquer encontro com o objeto é, de fato, um reencontro" (1895/1974, p. 422). Para sempre, o ser humano buscará substitutivos para esse objeto perdido. Só lhe resta a saudade.

Trata-se, dirá Lacan, de um efeito de desdobramento introduzido na vida amorosa pela instância repetitiva do objeto, sempre a ser reencontrado como único. Nunca é o objeto que se encontra, mas apenas suas "coordenadas de prazer" (Lacan, 1973, p. 69).

O "princípio de prazer" que Freud afirmava reger o aparelho psíquico nos primeiros tempos encontra aqui a sua origem. A criança espera manter em nível constante a excitação que sente em seu corpo; uma manutenção de pressão que lhe causa prazer.

Só que, nesse primeiro tempo de vida, o bebê não pode regular o nível de excitações em seu corpo ele mesmo. Tal fato o lança numa condição de desamparo (*Hilflosigkeit)*, uma total dependência de um outro (*Nebenmensch*). Essa é a razão do choro, do grito, do bebê, como apelo ao outro (em geral à mãe). Tal apelo é no sentido de o outro realizar as ações específicas para diminuir o nível de excitação de seu corpo. Esse é o fundamento do que rege a relação do eu-prazer com o mundo dos objetos: "O eu-prazer originário quer introjetar tudo o que é bom e jogar fora de si tudo o que é mal – o que é mal, o que se encontra fora, lhe é idêntico" (Freud, 1925/1977, p. 295)

Em "Pulsões e suas vicissitudes", Freud (1915/1977, p.129) assinala a razão do amor à obtenção de prazer. Se sua origem é autoerótica, é porque provém de ter um prazer de órgão: ama-se seu corpo para obter prazer. E se a criança ama o eu, é por ter incorporado o objeto fonte de prazer.

Como dirá Lacan, a criança busca o prazer porque o que se manifesta em seu corpo é o de um primeiro gozo em excesso; um gozo que envolve o real do qual ela não dá conta. Lacan, aliás, forjou o neologismo *troumatismo* (trou = furo) para indicar que há uma experiência da criança ligada ao sem sentido, a um furo na compreensão das coisas ou das palavras que recebe do outro. Palavras essas que, apesar de não compreendidas, estabelecem traços.

O outro materno introduz a criança ao universo linguístico, que é o seu. "As necessidades da criança são fragmentadas, filtradas e moldadas nos desfiladeiros da estrutura significante do outro materno", diz Lacan em "O significado do falo" (1958b, p. 692).

É o espírito de anterioridade de um outro na vida da criança que anima a concepção de formação de inconsciente se estruturando como linguagem. É nesse lugar da fala do outro, que a criança constituirá seu inconsciente como "discurso do outro". "A descoberta do que o sujeito articula nesse lugar ('do que fala no outro') permite-nos apreender ao preço de que fenda (Spaltung) ele assim se constituiu", diz Lacan em *As formações do inconsciente* (1957-1958, p. 145).

A criança se perguntar "quem é esse outro ao qual estou mais ligado do que a mim mesmo?" indica que, embora esse outro seja um estranho para a criança, está no âmago de seu ser. Miller comentou em seu Curso "Eximité" (1985-1986, inédito), que Lacan cunhou o termo *extimité*, conjugando o prefixo *ex* (exterior) à palavra *intimité* (intimidade) para falar desse outro ao mesmo tempo "dentro e fora".

O sujeito "falta a ser" é a consequência do domínio da linguagem sobre o corpo enquanto ele é ser falante. Assim, a mãe não é apenas a que oferece o seio; ela é também aquela que valida a articulação significante.

Mas não é só da incidência do significante sobre o corpo enquanto o sujeito é ser falante que está em jogo. Depois da sufocação orgástica do nascimento, o primeiro grito, seguido de outros que se repetem, num crescendo de gozo insuportável como manifestação de uma dor de existir, testemunha de um gozo anterior à palavra, anterior à *alíngua;* este, um conceito introduzido por Lacan ([1971-1972]2012) na última parte de seu ensino a respeito das primeiras experiências da criança com a mãe.

Ao formular o conceito de *alíngua*, Lacan retoma o que Freud (1905/1980) foi o primeiro a observar sobre a relação da mãe com a criança:

> *As relações da criança com a pessoa que lhe dispensa cuidados são para ela uma fonte de excitação sexual e de satisfação . . . ainda mais que essa pessoa – geralmente a mãe – gratifica a criança com sentimentos que provém de sua própria vida sexual, que ela a acaricia, a abraça, a*

> *embala e a toma claramente como substituto de um objeto sexual propriamente dito. (p. 229)*[1]

Graças aos cuidados que dispensa ao bebê, a mãe torna-se sua primeira sedutora. Para aliviar a possível culpa que tal envolvimento sexual lhes causaria, Freud adverte às mães, não por isso, se sentirem culpadas: "apenas estariam ensinando a criança a amar" (1905/ 1980, p. 229).

Temos aqui, tanto o germe do inconsciente quanto o da pulsão, os dois eixos em torno dos quais a constituição psíquica se edifica, explicitados por Freud.

Se a criança conhece o desamparo no início da vida é porque, para além do reconforto com as necessidades supridas, há o desamparo do fato de que não há palavras que a ajudarão a acalmar as excitações que ressente no corpo. Ela tem que se confrontar com o furo (trou) como mencionamos, um real que é pura angústia.

Efeitos apaziguadores podem surgir, no entanto, se ela é acalentada ou se ouve a voz materna ou a paterna que ela reconhece. A voz da mãe e a do pai animam o gozo do bebê; o civilizam. Ou melhor: o convertem em satisfação ao preço a uma renúncia de parte desse gozo. À essa dialetização de gozo, a criança responde por uma "insondável decisão de ser".

Esse é o percurso que é reservado à criança seguir desde que, para além da demanda ao nível de suas necessidades básicas, se desenha nela a demanda da presença do outro.

Há aqueles que não conseguem atingir esse patamar de desenvolvimento. Eles estão na linguagem, mas, por causa de uma falha de estrutura nesta, por uma foraclusão do Nome-do-Pai, eles não podem fazer um laço social de discurso. São os autistas e os psicóticos. Há

---

1 Lacan cria o termo "lalangue" na primeira aula de seu Seminário *O saber do psicanalista* em [1971-1972]2012.

bebês, por outro lado, que nessa condição, desanimam e se deixam morrer (Strauss, 2018, p. 6).

O filme *Sem amor* (*Loveless*, Andrey Zvyagintsev, 2017) é exemplar de uma tal condição.

Uma das primeiras cenas do filme mostra uma amarga discussão entre um casal, Zhenya (Maryana Spivak) e Boris (Aleksey Rozin) sobre os termos do divórcio que atravessam. Dentre os aspectos que estão sendo considerados no processo de separação está o destino do filho de 12 anos, Alyosha, do qual nenhum dos dois quer a guarda. Boris opina que ele deve ficar com a mãe, que é o recomendável. Zhenya alega que este argumento fere os direitos de igualdade entre os sexos. Enquanto discutem, a câmera se desloca para a criança que, escondida nas sombras atrás da porta, emite um grito silencioso de quem não encontra espaço no desejo dos pais. Alyosha está no centro desse drama. O trajeto solitário que ele faz do caminho da escola para casa pela floresta deserta, recolhendo restos de um cordão de isolamento alertando para o perigo, é uma fiel descrição de seu estado de espírito. O fato é que Alyosha desaparece, sem que os pais se deem conta. Só tomam conhecimento quando a professora telefona para avisar que ele faltara à escola desde a véspera. Não havia ninguém para notar que ele havia desaparecido: "cheguei tarde em casa e supus que ele estava dormindo e de manhã supus que ele já tivesse ido para a escola", diz a mãe, em seu depoimento à polícia.

Em cenas mais avançadas, a trama revela que Zhenya nunca desejara o filho, tendo aceitado se casar com Boris (e ter o filho que ele quisera ter) para escapar da relação com uma mãe devastadora. "Eu nunca amei ninguém", confessa ela. Seu novo parceiro amoroso, só "deseja a ela" (e não deseja o filho, assim como ela também não). Já Boris tem como nova parceira amorosa uma mulher mais jovem que está grávida (do filho que ele quer, não por desejo de ter um). Na empresa em que ele trabalha, há uma expectativa de que os funcionários sejam casados e tenham filhos. É oportuno lembrar a referências de Lacan com relação à importância de que o desejo dos pais pela criança seja particularizado, não anônimo.

Sem amor é um filme devastador cujo título não poderia ser mais apropriado.

A criança não quer ser só alimentada. Ela quer ser amada

A criança, inscrita no jogo dos significantes, conseguirá progressivamente formular uma verdadeira demanda endereçada ao outro. Por essa demanda, a criança testemunha sua entrada no universo do desejo. Se a demanda é sobretudo expressão de desejo, ela é imediatamente dupla. Para além da demanda de satisfação da necessidade, se perfila a demanda de "um mais" que é claramente uma demanda de amor.

Se pela sua dependência de recém-nascido, este espera uma resposta à sua necessidade de cuidados, também a espera em relação à sua demanda de amor.

Em "Pulsões e suas vissitudes", Freud (1915/1977) precisa: "Para o ego do prazer, o mundo externo está dividido numa parte agradável e um remanescente estranho" (p. 141). É uma forma de nomear o mais além da resposta à demanda. Isso define o amor como algo a mais que pode faltar, como o pode a satisfação oral da alimentação.

A criança que recebe sua mamadeira unicamente como o que viria a satisfazer sua necessidade de ser alimentada estaria potencialmente ameaçada de se encontrar fixada a uma dependência oral, separada do desejo de um outro, Helène Bonnaud em seu livro sobre o inconsciente da criança (2013, p. 35).

Todo amor é tributário das condições fundamentais de uma dependência absoluta ao objeto idealizado, dispensador de cuidados e de prazer. Como comenta Lacan em *Os escritos técnicos de Freud*

(1953-1954) "o amor daquele que deseja ser amado é, essencialmente, uma tentativa de capturar o outro em si mesmo" (p. 314).

Sobre esse ponto, Lacan foi incansável, nos mostrando que a representação impõe o acionamento da maquinária significante, fazendo do outro o parceiro de amor da criança.

A maneira com a qual a criança é recebida por seus pais tem fundamental importância. A grande ameaça que paira sobre ela – Freud o repetiu ao longo de sua obra – é a perda de amor.

A demanda de amor da criança à mãe e ao pai é a expressão mais imediata da relação que ela estabelece com eles. O que é determinante para ela é a resposta que o outro do Amor dará à sua demanda. Dependendo dessa resposta, a criança encontra (ou não), um lugar de existência no desejo de um outro, um lugar tão essencial para a sua constituição psíquica. É esse lugar que é tão marcado de mal-entendidos.

A criança pede que a amemos, isto é, que esperemos dela alguma coisa que não a reduza ao objeto de demanda, que ela demande intransitivamente.

Para a criança, ser amada pelos pais é uma prova que ela foi desejada (não necessariamente), que não representa um encargo pesado para eles, mas, pelo contrário, é uma função que eles assumem com prazer. Pensemos na segurança que saber-se desejada e amada traz à criança. É o que confere uma força a ela no espaço mesmo da sua demanda, a de poder simbolizar, por exemplo, a ausência da mãe: a criança se saber amada lhe assegura uma existência de objeto de satisfação particularizado. Não se está mais no nível da simples "existência". Além de "existir", a criança é objeto de satisfação de desejo, não de uma necessidade do outro. O "jogo do carretel" (fort-da) descrito por Freud em 'Além do princípio do prazer" (1920/1976, p. 17) exemplifica a simbolização da ausência da mãe numa criança; isto, por meio do recurso a dois fonemas – fort (longe) e da (aqui).

É nesse sentido que se torna pertinente a observação de Lacan em "Duas notas sobre a criança" quanto à importância de que os cuidados recebidos pela criança provenham de um desejo específico "desta" criança por parte dos pais (Lacan, 1968, pp. 13-14, tradução nossa).

Essa dimensão de particularidade do desejo é crucial e foi formulada de várias formas por Lacan ao longo de seu ensino; por exemplo, pela afirmação dessa singularidade contra a norma no *Seminário VI* (1958-1959), pela necessidade de transmissão de um desejo que não fosse anônimo nas "Notas sobre a criança, pela noção de perversão no Seminário XXII, R. S. I., (1974-1975) pela acentuação da forma com a qual um sujeito foi desejado a determinar sua maneira de falar na Conferência em Genebra sobre o sintoma" (1957-1958).

Não que a demanda de amor possa ser totalmente satisfeita; ela inevitavelmente instala uma falta que é algo estrutural, até para permitir que no espaço vazio se aloje o desejo. É preciso que o desejo do outro se manifeste na demanda de amor da criança a ele.

Não se trata, pois, de a mãe procurar satisfazer todas as demandas, o que é algo da ordem do impossível, mas sim de escutá-las e suportá-las; basicamente, sustentá-las nas paixões que evoca. Se seguirmos Lacan quando define o amor como desejo do desejo do outro, está implícito o desejo de receber do outro aquele "nada" que veicula o próprio desejo.

Pode acontecer que, em reação à ambivalência principalmente de pais em relação a ela, a criança os odeie. Mas o ódio é também uma face do amor. Amor que não foi bem cultivado, mas que não impede o desenvolvimento de uma ligação com o outro. É bem a indiferença, e não o ódio, que é o inverso do amor. Em casos em que a mãe não suporta a dependência da criança, que ela se impacienta com suas múltiplas demandas, a criança pode ser vivida com um objeto incômodo e ser desalojada de seu lugar de ideal do qual necessita para a sua constituição, como diz Marie Claire Boons (2001, p. 26, tradução nossa).

Os filmes autobiográficos de Xavier Dolan o ilustram: *Mamã* (*Mommy*, 2014) – que remete ao primeiro filme do cineasta, *Eu matei minha mãe* (*J'ai tué ma mère*, 2009) –, no qual é abordada novamente uma conflituosa convivência entre mãe e filho, é exemplar para mostrar a ligação de amor e ódio entre eles.

O cartaz do filme, mostrando os rostos da mãe e do filho quase colados, apenas separados pela mão a impedir um beijo quase consumado, anuncia as cores com as quais o cineasta vai descrever a relação. A primeira cena do filme introduz de imediato a posição ambivalente de Diane (Anne Dorval): na conversa mantida com a diretora da instituição da qual Steve (Antoine Olivier Pilon), de dezesseis anos, acaba de ser expulso após provocar um incêndio, confessa "não saber o que fazer com o filho", pois ele "atrapalha sua vida..."

Ao longo do filme, é indubitavelmente uma posição contraditória que testemunhamos: a mãe ora faz do filho seu objeto-fetiche, um príncipe encantado (ele é tudo), ora faz dele um objeto absolutamente descartável (ele é nada).

Steve se perde na tentativa de compreender o que ele significa para essa mãe incoerente; isto é, saber qual o lugar ocupado por ele em seu desejo.

Portanto, se o outro não dá resposta "suficientemente boa" em acepção winnicottiana para a demanda endereçada a ele, a criança se aflige, não pela falta ou perda do objeto demandado, mas sim pela falta de resposta. A obtenção de uma resposta dá valor à criança. O problema é quando ela não se sente valorizada por falta de resposta à sua demanda de amor. O que resta dela então, senão nada?

Lacan ilustra a dificuldade de a criança posicionar-se em relação ao desejo da mãe, determinante para sua condição subjetiva, pelo comentário tecido sobre André Gide. Para este, a figura materna fora sustentada por uma mulher para quem não existira algo que limitasse os efeitos que a falta de desejo para qualquer coisa que não a referente à prática da religião. Assim, além de ter perdido o pai muito cedo em sua vida, Gide não havia realmente sido uma criança desejada pela mãe. Só amada. O desejo que aparece aqui exclui a criança Gide da questão. Existe amor ou dever, mas o desejo parece em posição de exclusão. A mãe de Gide apresenta o amor identificado ao dever e tem, igualmente um desejo, mas um desejo que tem como consequência gerar (ϕo), a impossibilidade de ilusoriamente Gide, como criança, se identificar ao suposto objeto do (enigmático) desejo da mãe (Lacan, 1958a).

Quando o desejo de sua tia (representando uma mãe) irrompe em sua vida, Gide o experimenta como mortífero, pois, para ele, tratava-se de um desejo não regulado pela lei do pai, como mais tarde Lacan postulará. Como um pai pode desempenhar a função simbólica de libertar uma criança da posição (estruturante) da identificação fálica com o objeto de desejo, quando esse desejo é inexistente? (1998, p. 10).

A criança imaginária

Ao elaborar *O estádio do espelho*, Lacan (1949) apontou o momento em que a criança, diante do caos e da fragmentação de seu ser, tenta alcançar uma unidade de sua imagem especular. Ela investe libidinal e imaginariamente uma imagem para se constituir um eu. Freud foi o primeiro a ressaltar que o "eu" é inicialmente corporal.

As sensações corporais múltiplas e orgânicas que um bebê experimenta não tem uma unidade do corpo – evidenciado, por exemplo, no fato de ele sentir os seus membros não lhe pertencendo Antes de poder ter um corpo, a criança precisa se criar uma imagem do corpo, precisa dar "corpo ao que não tem".

O psicanalista Donald W. Winnicott cunhou a expressão corpo fragmentado para referir-se a essa vivência de disjunção do corpo que é normal no recém-nascido, mas só permanece na idade adulta em pessoas emocionalmente perturbadas.

A contribuição advinda da "clínica do autismo e das psicoses, nos mostraram as dificuldades para construir essa unidade do corpo que aparece em muitos fenômenos como precária, à mercê do real do corpo despedaçado" (Winnicottt, 1967, p. 113, tradução nossa). É preciso, pois, que o bebê supere essa primeira vivência de um corpo sem unidade e adquira a experiência de um corpo unificado em que as partes são experimentadas em conexão entre si, formando um todo.

Trata-se de um momento crucial da estruturação subjetiva, o da constituição do narcisismo e o de suas instâncias egóicas sob a regra do outro do significante. É esse outro do significante que lhe dá a unidade, que resolve o esfacelamento em que a criança se encontra nos primeiros tempos.

No início, a criança está na ignorância que se trata de uma imagem que terá uma dupla função para ela: de um lado, a criança "se toma por ela mesma" e é o núcleo de seu eu; de outro, essa imagem, ela a amará de amor.

A criança antecipa seu domínio numa imagem virtual dada pelo espelho: num tempo em que sua "prematuridade" se mostra na impotência motora, na dependência dos cuidados do outro. É esse o momento em que, face ao espelho, a criança realiza que se vê "como ela", só que este objeto que "é ela" é um objeto no exterior. Como diz Lacan, "no início, o sujeito está mais próximo da forma do outro, do que de sua própria tendência" Lacan, (1949, p. 96).

Depois de ter sido cativada pela percepção de uma imagem de seu corpo, a criança volta-se para o adulto em cujos braços se encontra e pede ao outro uma aprovação ou um testemunho quanto a essa imagem.

A referência ao outro vem desempenhar a função essencial pelo olhar que ele oferece; o que faz com que essa cena exista porque é "vista". Não é a percepção inicial, mas sim a mediação pelo olhar do outro que lhe confere uma imagem. A criança ama a sua imagem como eu ideal; ela se descobre no olhar da mãe, no amor da mãe por essa imagem.

Essa imagem integrada não se produz para a criança sem a linguagem, ela adquire no registro do simbólico uma função significante e essa imagem produzirá, a partir daí, ressonâncias no corpo, no corpo da imagem habitado pela pulsão sempre parcial. Assim, a imagem do corpo é sincrônica do que podemos chamar o corpo da imagem.

É no corpo imaginário que as palavras da língua fazem entrar as representações, que nos constituem um mundo ilusório sob o modelo da unidade do corpo. O imaginário é o corpo (Miller, 2016, p. 7).

Do outro, o que pode surgir então? Só pode surgir o signo *imagem de a*, esta imagem especular, desejável ou destrutiva ao mesmo tempo, efetivamente desejável ou não. Sem o outro da linguagem não se pode ver a imagem virtual. E somente se vê se a criança está corretamente tomada pelo outro. Ou seja, depende do lugar que ela tem no outro.

Pode acontecer de a mãe, tomada por alguma outra preocupação (luto na família, dificuldade de interação com o recém-nascido ou de adaptação à maternidade), olhar mas não ver seu bebê. Seu olhar pode ficar perdido no horizonte, não pousado nele, enquanto o bebê procura capturá-lo.

Nesse caso, em vez de refletir, como um espelho, a imagem do bebê, o olhar materno só reproduz as próprias preocupações. Em razão de sua dependência, o bebê ficará muito atento aos seus estados de alma, aos seus pensamentos, aos seus interesses, às suas disposições, aos seus humores. Se o distanciamento materno for eventual, será tolerado pelo bebê; mas, se for constante, poderá ser causa de distúrbio na constituição do eu.

Tanto é que existem crianças que não se veem, que não se reconhecem no espelho desse olhar do outro. Isto quando o olhar do outro reflete as próprias fantasias do outro e deixa de espelhar a imagem corporal da criança.

O romance Precisamos falar sobre Kevin (We Need to Talk About Kevin, de 2003, da escritora Lionel Shriver), que teve uma versão cinematográfica (em 2011) dirigida por Lynne Ramsay, expõe, por meio das cartas de Eva (Tilda Swinton) ao ex-marido, Franklin (John C. Reilly), por quem diz continuar apaixonada, um mal-entendido frequente na história das famílias: ela engravidou sem realmente o querer. "Nós somos felizes (sem filhos), você não acha?", ela dizia ao marido, que, por sua vez, desejava ardorosamente ter um filho.

Como Eva escreve em uma das cartas que se tornaram livro:

> *Os pequenos têm muita intuição, porque é mais ou menos tudo o que são. Eu tinha certeza de que Kevin percebia um enrijecimento sintomático de meus braços quando eu o segurava... Nunca vi meu filho como um bebê. Para mim, ele era grande. (Shriver, 2003)*

O filme nos faz sentir a solidão trágica, o desejo de punição dessa mãe que se debate com a culpa por não ter amado o filho e por ter favorecido que ele se tornasse o assassino que mata sete de seus colegas e uma professora. A projeção da culpa materna pode ter suscitado um sentimento de culpa em Kevin – a convicção de ele ser o autor da destruição do mundo. A sua busca de punição – e de atos criminosos que a justificassem – é consequência desse sentimento que o atormenta.

A formação do ideal do eu

Apesar de tomar emprestado de Freud os termos da articulação prevalecente entre o eu ideal e o ideal do eu, Lacan retoma e formaliza esses termos ao seu modo. Discerne o eu ideal, i(a), (narcisismo primário) e o ideal do eu (narcisismo secundário).

O primeiro narcisismo marca a prevalência na história do sujeito, do amor de si sobre o amor dos outros. O segundo se caracteriza pelo amor aos outros, mas por algum desvio, se o sujeito ama o outro é por identificação, porque o outro o ama ou porque com ele se assemelha.

Bem que Freud enfatizara em seu texto sobre o narcisismo que "se ama o que se foi, o que se é ou o que se gostaria de ser" (1914/1974, p. 92).

O eu ideal necessário no começo de vida deve ser substituído pelo ideal do eu que se constitui ao longo do complexo de Édipo. Sua constituição favorece que a energia libidinal da criança possa investir outros objetos que não a si mesma. Concomitantemente, a mãe não ama só a criança.

O narcisismo secundário conclui o processo de subjetivação e de identificação, depois da descoberta de uma realidade exterior, de maneira efetiva sob os traços da mãe, do pai, depois, da fratria.

Esse processo se dá mais facilmente quanto mais a criança é valorizada: ela pode se amar como seus pais a amaram. O importante é ter sido bem-amado. A criança, dependendo do lugar que ocupa no desejo da mãe, vem a constatar que sua imagem representa algo para a mãe; a criança só não sabe o quê. É um x, um enigma, uma marca do investimento libidinal do corpo com ligação com o desconhecido do desejo da mãe. Algo que dá valor fálico à criança e que esta irá assumir na fase seguinte, mais na da edificação de seu ideal do eu ao longo do processo de Édipo.

Nesse processo será reavaliada a relação que a mãe estabelece com a criança tendo introduzido nessa relação, desde o início, o falo como objeto de seu desejo. Exigência do falo como objeto de desejo da mãe, que a criança simboliza ou realiza "mais ou menos", embora a criança mesma nada sabe desse primeiro triângulo imaginário/simbólico; esse triângulo só se concebe do ponto de vista materno.

A criança intui, apenas, que a mãe procura algo, e que ela deveria procurar suprir em troca da presença da mãe e de seu amor. Além do que a falta da mãe é fonte de angústia para a criança; a mãe é insaciável e não se sabe o que ela pode fazer para se saciar: poderia devorá-lo?

Sabemos a atenção que as crianças prestam aos ditos do outro, mas também, aos silêncios, às contradições, em suma, a todas as falhas no discurso desse outro materno que poderiam levar ao confronto com a sua falta. A própria neurose é definida como uma estratégia, embora falha, para fazer frente ao encontro com a castração que é sempre traumático. O desejo de identificar-se com o suposto objeto de desejo materno é superado pela função que o pai, pela metáfora paterna, desempenha no processo de Édipo da criança: dar um limite a esse seu desejo alienante.

É esse o tempo do dito narcisismo secundário visto por Freud como instância substituta do eu ideal. Sob a influência das críticas parentais e do meio exterior, as primeiras satisfações são aos poucos abandonadas e é sob a forma de um novo ideal que a criança as tenta reconquistar. Se, para Freud, é uma instância que tenta conciliar as exigências libidinais e as culturais, para Lacan, o ideal do eu designa a instância cuja função no plano simbólico é o de regular a estrutura imaginária do eu, as identificações e os conflitos que regem as relações com os semelhantes.

A metáfora paterna, no coração do Édipo, retomará retroativamente o estádio do espelho, em lhe dando ao mesmo tempo seu valor traumático e seu sentido sexual, o que é coerente entre imaginário e simbólico.

Por outro lado, não se deve esquecer que é a castração, o interdito, que vem a inscrever a falta para o ser humano. A partir desse ponto, se a criança ama o outro em função dessa falta provida, seu amor se determina primeiro para aquele ao qual ele atribui essa operação de castração. É o motivo pelo qual o amor da criança é primeiro um amor pelo pai, sobre o que vai se fundamentar a primeira identificação, a constitutiva do sujeito.

Se, como diz Freud (1921/1977) em "Psicologia das massas e análise do eu", a "identificação é a forma mais precoce dos vínculos de sentimento" (p. 133), essa característica pode qualificar os elos precoces com a mãe, mas também os com o pai.

De outro lado, com a perda de objetos de seu corpo, objeto oral, objeto anal, olhar, voz, que se destacam dela e das quais ela se destaca, a criança encontra forças de separação com a mãe e modalidades novas para ampliar e aprofundar seu mundo por meio das pulsões: "apetite de viver, sede de conhecimento, dons e trocas", como diz Daniel Roy (2011, p. 249).

O livro *O clube do filme* (2008) de David Gilmour é o relato de como autor enfrentou o problema que seu filho apresentou aos quinze anos; o de colecionar reprovações em todas as matérias do ensino médio. Sua ex-mulher o procurara pedindo ajuda com esse filho faltando à escola e dizendo querer morar com o pai, este já tendo reconstituído família. Diante da desorientação e da infelicidade desse filho-problema, o pai faz uma oferta fora dos padrões: o garoto poderia sair da escola – e ficar sem trabalhar e sem pagar aluguel – desde que assistisse semanalmente a três filmes escolhidos (e, depois, discutidos) pelo pai.

O filme os levou a conversar sobre garotas, decepções amorosas, trabalho, amor, amizade e abriu portas para o pai aproximar-se do filho adolescente. Fora uma abertura além disso, para compreender quem é cada um deles. Nas palavras de Gilmour (2009, p. 124): "É um exemplo do que o cinema é capaz, de como os filmes podem vencer suas defesas e realmente atingir seu coração."

O autor emociona ao colocar os leitores diante da descoberta da vida adulta pelos olhos de um jovem e dos dilemas da adolescência administrados por um pai que soube se fazer muito presente e abrir caminhos para Jesse, distinto da mãe, advir ao mundo e encontrar seu lugar.

Como são difíceis os caminhos que levam filhos da infância à idade adulta! Como eles devem ser ajudados por mãe e pai a atravessá-los para que, com tranquilidade, sejam introduzidas à adolescência, à vida!

Referências

Bonnaud, H. (2013). *L'inconscient de l'enfant: Du symptôme au désir de savoir*. Navarin. p. 35

Boons, M.-C. (2001). La psychanalyse et la question de l'amour . *Le Bulletin Freudien*, (37-38), 25-39.

Dolan, X. (2009). *J'ai tué ma mère*. [Filme]. Mifilifilms.

Dolan, X. (2014). *Mommy. [Filme]. Metafilms.*

Freud, S. (1974) Projeto para uma psicologia científica. In S. Freud, *Edição Standard Brasileira das Obras Psicológicas Completas de Sigmund Freud* (Vol. I). Imago. (Trabalho original publicado em 1895)

Freud, S. (1974). Sobre o narcisismo: uma introdução. In S. Freud, *Edição Standard Brasileira das Obras Psicológicas Completas de Sigmund Freud* (Vol. XIV, pp. 89-121). Imago. (Trabalho original publicado em 1914)

Freud, S. (1976). Além do princípio do prazer. In S. Freud, *Edição Standard Brasileira das Obras Psicológicas Completas de Sigmund Freud* (Vol. XVIII, J. Salomão, Trad.). Imago. (Trabalho original publicado em 1920)

Freud, S. (1977). As pulsões e suas vicissitudes. In S. Freud, *Edição Standard brasileira das obras psicológicas completas de Sigmund Freud* (Vol. XIV) . Imago. (Trabalho original publicado em 1915)

Freud, S. (1980). Três ensaios sobre a teoria da sexualidade. In S. Freud, *Edição Standard Brasileira das Obras Psicológicas Completas de Sigmund Freud* (Vol. VII). Imago. (Trabalho original publicado em 1905)

Freud, S. (1977). Psicologia das massas e análise do eu. In S. Freud, *Edição Standard Brasileira das Obras Psicológicas Completas de*

Sigmund Freud (Vol. XVIII). Imago. (Trabalho original publicado em 1921)

Freud, S. (1977). Denegação. In S. Freud, *Edição Standard Brasileira das Obras Psicológicas Completas de Sigmund Freud* (Vol. XIX). Imago. (Trabalho original publicado em 1925)

Gilmour, D. (2009). *O clube do filme*. Intrínseca.

Lacan, J. (1949). O estádio do espelho como formador da função do eu. In *Escritos*. Jorge Zahar.

Lacan, J. (1953-1954). *O seminário, livro 1: os escritos técnicos de Freud*. Jorge Zahar.

Lacan, J. (1957). De uma questão preliminar a todo tratamento possível da psicose. In *Escritos*. Jorge Zahar.

Lacan J. (1957-1958). *O Seminário, livro V: as formações do inconsciente*. Jorge Zahar.

Lacan, J. (1958a). A Juventude de Gide ou a letra e o desejo. In *Escritos*. Jorge Zahar.

Lacan, J. (1958b). A significação do falo. In *Escritos*. Jorge Zahar.

Lacan, J. (1960-1961). *O seminário, livro VIII: a transferência*. Jorge Zahar.

Lacan, J. (1968). Notes sur l'enfant. In *Autres écrits*. Seuil.

Lacan, J. (1973). *Televisão*. Jorge Zahar.

Lacan, J. (2012). *O seminário, livro 19: ... ou pior*. Jorge Zahar. (Trabalho original publicado em 1971-1972)

Miller, J.-A. (inédito). Extimité. *Cours L'orientation lacanienne* (1985-1986).

Miller, J.-A. (1998). Sobre o Gide de Lacan. *Opção Lacaniana*, (22), 1-35.

Miller, J.-A. (2016). *O inconsciente e o corpo falante*. Congresso da Associação Mundial de Psicanálise. Rio de Janeiro.

Roy, D. (2011). Lacan et l'enfant. *La Cause freudienne*, 3(7), 249-252.

Strauss, M. (2018). Que demandent les enfants? *PLI* (6), Revue de Psychanalyse de l'EPFC.

Winnicott, D. W. (1967). *Playing and Reality*. Tavistock.

Zvyagintsev, A. (2017). *Loveless*. [Filme]. Art France Cinéma & Why Not Productions.

5. O amor da criança do seio à linguagem

Renata Udler Cromberg

Umami, o gosto da língua e na língua

Umami é o quinto gosto, palavra japonesa que foi alçada à linguagem universal. Se o salgado, o doce, o azedo e o amargo ocupam parcialidades diferentes da língua, diferentes papilas gustativas, o umami ocupa a língua toda e determinadas comidas produzem esse paladar excepcional. O tomate, os cogumelos, o salmão. A menina estava começando a falar por volta dos 2 anos. Para ela, tomate e especialmente o tomate cereja era umami na época de seu desmame aos 2 anos. Era capaz de comer uma caixa inteira em uma refeição. Ela o pedia como "momoma". O mais curioso é que ela sabia falar os fonemas em separado: to – ma – te. Mas juntava como momoma. Eu que estava trabalhando os textos de Sabina Spielrein sobre a origem da linguagem pensei que tomate era também to - mate. Continha a palavra mate. O desmame é uma forma dolorosa de necessariamente matar a mãe ao se separar de seu corpo e morrer um pouco, embora é também a forma de correr o risco de viver a própria vida e não viver a vida na mãe e pela mãe, conquista gradual de todos os seres animais. E então, depois do desmame, um belo dia ela chegou para mim numa refeição, inesperadamente com todo vigor e ênfase e até com uma certa violência triunfante enunciou para mim ao pedir a fruta, adivinhando ser eu a demandante: tomate.

Umami, Ur mami, mãe originária. O gosto originário é o bico do seio materno que envolve toda a língua, o gosto do leite/seio. Começamos na terra com umami e, quando ele não existe, começamos quase colapsando. O amor do bebê começa pelo umami, pela boca e língua que envolvem o seio. O amor da mãe pelo bebê começa pela sensação da boca do bebê em seu seio e no envolvimento de seus braços e colo em torno do bebê. Aí começa a experiência no presente do encontro corporal que constitui um bebê e sua mãe.

Lion, uma jornada para casa (Davis, 2016) é um filme de coprodução americana, inglesa e australiana, falado em bengali e hindu e situado na Índia. Srougi – que quer dizer leão, como saberemos ao final do filme –, é um menino de 5 anos, provavelmente da quinta casta, a dos inomináveis. Ele segue seu irmão mais velho pelas linhas de trem, perigosamente e conseguindo recursos para trazer comida para sua casa miserável, mas rica de afetos, gostos, gestos e intensidades de olhares afetivos, onde sua mãe cuida de sua irmãzinha a quem ele traz uma flor amarela. A mãe lhe oferta lindos sorrisos amorosos de agradecimento. Ela trabalha literalmente carregando pedras, e o menino a ajuda. Mas numa das aventuras ele se perde do irmão mais velho e, dormindo num trem, acaba se afastando 1600 km de sua casa. Ele se tornará um dos 80 mil meninos perdidos por ano na Índia. E só reencontrará sua mãe 25 anos depois, depois de ser adotado por um casal na Austrália que lhe ofereceu todo amor para continuar sua trajetória resiliente e se construir na língua inglesa como um ser humano potente, que se comunica socialmente. Baseado em uma história real, o filme, muito bem realizado como linguagem cinematográfica, na versão que assisti, não oferece tradução para o bengali da primeira parte, antes do choque traumático, uma escolha deliberada a meu ver. E é fundamental que construamos a história em nós, pelas imagens e pela intensidade do que elas contam. Um pensamento a partir das imagens se forma em nós. A língua materna é, antes de tudo, som, ritmo, tom, ato de fala. Antes de ser significado. Fonema, poema, antes de ser sentido significante. Presença, usufruto do campo sensível e perceptivo, antes de ser linguagem comunicável. Mágica dos afetos antes de ser sentido abstrato. Convocadora da fala do outro, do bebê, o mistério da língua materna vem das profundezas do inconsciente e do outro, mistério da força humanizante que nos constitui, esta língua materna. A língua materna é o amor que se instala entre a voz da mãe e os murmúrios do bebê.

O tempo do filme em que Srougi vaga perdido após o corte traumático que a velocidade do trem percorre ao afastar o menino de sua casa é cheio de vazios, desespero; este menino que só conhecia o espaço e o tempo de sua família e de sua infância mágica na luta brincalhona e sobrevivente. Agora o adulto é hostil, explorador, e o cuidado possível por este adulto é cruel. Os espaços se fecham sem palavras, aprisiona se entre crias perdidas nas quais só o canto une. Sem direção, o tempo é só duração desolada e angustiante da espera de um acontecimento, de um acaso que irrompa.

Só quando Lion encontra seus pais australianos, e por meio do inglês, é que ele se subjetiva e se constrói. Porque sua mãe adotiva o recebe com amor transbordante como a um recém-nascido, e o inglês apaga por 20 anos o bengali, constituindo-se numa segunda língua materna. Compor estas línguas de duas mães amorosas será o destino deste resiliente. Nele, a memória se mostra não estática e fixa, mas aparece organizada em pontos de constelações, porque a amnésia não faz desaparecer a cadeia principal de associação, e o símbolo deixa um traço que pode ser seguido por meio de suas cadeias de associação. Lion é um filme sobre amor, sobre amor materno e sua fundamental presença, mas também do amor do filho pela mãe que comanda a busca pelo reencontro deste primeiro amor jamais esquecido.

O bebê começa a amar pela boca que mama o seio e que depois balbucia e acaba por inventar a linguagem com o auxílio do outro a partir da ação de mamar. Depois ama pela mão. Assim que aquela bebê consegue articular a mão, ela apreende com o polegar e o indicador o pescoço da mãe na hora da amamentação, esfregando-o. Após o desmame, ela começa a fazer este gesto já não mais só para a mãe, mas em outras pessoas em quem confiava afetivamente. Um dia, já falando, ao se despedir do avô e dá avó diz: "Tchau pescocinho do vovô! Tchau pescocinho da vovó!" O pescoço do outro extensivo ao da mãe, torna-se um ponto de apoio no corpo do outro, erogeneizado, ponto de ligação amorosa. Ela distingue entre os pescoços durinhos da tia e da irmã, que não lhe eram agradáveis dos pescoços moles dos mais velhos, a quem dedicava este agrado.

O balbucio revive a sensação da coisa. Não precisamos supor nenhuma imagem clara na cabecinha infantil, não é preciso que seja a imagem da mãe ou do ato de mamar, podem ser sensações bastante obscuras de algo quente, macio (no contato com o corpo da mãe), fluido, de saciedade etc. Naturalmente, a criança sempre vai querer ter essas sensações, assim ela instintivamente busca colocar sua pequena boca em uma certa posição que produz os sons *mamama*. A ligação entre os sons "*mã-mã*" e as sensações correspondentes se torna, assim, cada vez mais profunda, ela se torna uma constante. A criança vai buscar gerar esses sons a fim de evocar um grupo de sensações conhecidas e já esperadas. Mas, como determinados sons são vinculados a conteúdos bastante definidos, a sensações, e talvez já a representações, Spielrein (2021b) afirma que já se pode falar em "palavras" que indicam ou significam esses conteúdos, ainda que em um estado autista, a palavra voltada para si mesma.

Aquilo que hoje em dia chamamos de lalação inicial da criança diz respeito principalmente ao desejo e o apelo à satisfação e à saciedade deste. E isso Spielrein tem como um universal, já que os fonemas emitidos a partir do mamar e deixar de mamar estão presentes em quase todas as línguas nas palavras que designam pai e mãe. Apesar de a criança já conseguir dizer os sons mais difíceis *K, G, R*, ela prefere substituí-los por sons labiais e/ou dentais. Ela prefere esses sons porque os mesmos foram especialmente estimulados em seu desenvolvimento pelo ato de mamar. A criança agora começa a amar pela linguagem.

Mas a linguagem surge com a ajuda do outro, do adulto. A mãe ou a ama, a pessoa que amamenta, não oferece só o leite pelo seio, mas o seio pelo leite que vai se constituir num objeto que se opõe à boca da criança e dando-lhe, aos poucos, a primeira noção de objeto oposto a si e de um si separado do objeto. Esse seio, primeiro objeto investido de desejo, proporciona à criança, além de prazer, a oportunidade do exercício de mamar, precursor do que ela chama de primeiros fonemas, o *mamama* e o *papapa*. O primeiro, quando a criança mama, o segundo, quando larga o peito.

O outro que oferece o seio interpreta o que a criança quer e dirige-se a ela com uma forma de falar específica, o que hoje conhecemos com o nome de "manhês" – que Spielrein enuncia muito bem como o adulto evocando de sua própria vida psíquica infantil, a partir de sua própria memória, da maneira como foi tratado pelo seu antepassado, o que lhe dá a entonação do "manhês" com que se dirige à criança. Esse é o primeiro sentido de sua constatação de que o antepassado mora na criança e a criança mora no antepassado. Portanto, a linguagem só se instala pela convocação do outro adulto por meio do apelo da criança. Spielrein marca o estado de desejo como impulsionador de formas linguageiras não verbais, ligadas ao choro. A língua nasce do inconsciente. Porque nasce do inconsciente das mães e amas que se adaptam à capacidade de criação linguística da criança, estimulando os mecanismos linguísticos herdados dos antepassados. A língua nasce, portanto, entre a criança e o outro, entre a criança e a criança redespertada no adulto. A língua nasce da inter-relação entre o bebê e a mãe ou ama.

Mas antes mesmo dos fonemas "ma" e "pa", a linguagem se apresenta em suas formas não verbais, como melodia, ritmo, intervalos de silêncio, mímica, gestos, linguagem visual. A linguagem verbal se instala na criança por meio do outro e posteriormente se torna predominante, mas traz em si sua origem não verbal. Se ela for apenas linguagem verbal, será descorticada, ou seja, cindida de sua fonte cinestésica nos movimentos corporais e das imagens desses movimentos e do prazer que os mesmos dão à criança. Mas se a linguagem permanecer apenas nos seus primórdios como linguagem autoerótica destinada a si mesma, ela permanece autista, o estado inicial da linguagem. A partir da articulação da linguagem com a abertura ao outro, ao mundo, momento em que a linguagem se torna heteroerótica, na percepção desse outro e do mundo por meio do princípio do prazer e do princípio de realidade, ela pode conceituar os três tipos de linguagem: a linguagem autista, destinada a si mesma; a linguagem mágica, destinada ao outro, mas onírica, carregada de interpretação fantasística, de desejo do mundo, na qual a palavra recebe um supersignificado que conjura a realidade; e a linguagem social, destinada à comunicação com o outro, de quem se percebe a dependência, e capaz de suportar adiamento e frustração, levando em conta o mundo por meio do princípio de realidade. Somente com o advento da linguagem verbal, o homem se torna um ser social. O pensamento de Spielrein permite recolocar algo sobre a origem do social: no início, era o verbo, diz a Bíblia, referindo-se ao verbo criador do mundo emitido por Deus. No início, era a ação, diz Freud ao substituir a palavra divina pelo assassinato do pai primevo como matriz de criação do social. Sabina Spielrein aponta que, no início do verbo, há uma ação específica: o mamar, origem do pensamento e da linguagem.

Spielrein (2021d) vai apontar também que o afastamento do outro enquanto objeto de prazer e a alternância entre presença e ausência, afastamento e aproximação, contribuem não só para o surgimento da linguagem, mas para a aquisição da noção de tempo pela criança, que, no início, se expressa espacialmente. Assim, a noção de espaço se torna primeira em relação à noção de tempo e de causalidade, que é a última a ser adquirida pela criança. Spielrein (2021c) mostra ainda, pela primeira vez, o papel crucial da repetição para a criança, que só adquire e assimila o novo passando pela repetição e a adesividade ao antigo – o que aparece também nos adultos afásicos por doença que danifica o aparelho de linguagem.

A língua é formada mais precisamente no pré-consciente e apresenta semelhanças com a imagem visual do sonho. O conceito de duração temporal é anterior ao de direção temporal tanto na língua como no pensamento onírico. A linguagem verbal, assim como o sonho, cria suas representações a partir de materiais pré-conscientes. A língua apresenta os mecanismos de representação do tempo por meio da ideia de espaço. Ela cita Charles Bally, o linguista, que diz que todos os prevérbios, assim como os advérbios temporais, são oriundos de representações espaciais. Assim, Spielrein afirma aqui que a representação de uma direção temporal tem como base, também na língua, a representação subliminar de um percurso no espaço.

Há também na organização da linguagem incipiente da criança o mesmo princípio da linguagem dos sonhos, em que o mais vivo da representação onírica é o mais valoroso afetivamente. A criança repete uma palavra (assim como uma frase) duas vezes como se fosse importante destacar aquilo que lhe é importante. Aqui surge a ligação com base no interesse, portanto, trata-se de uma relação de natureza psicológica e não biológica, ou seja, trata-se de uma relação afetiva. Conclusão importantíssima. Não é o acaso que determina a linguagem incipiente, mas a vida afetiva e psíquica e não a biológica e epistemológica. Há uma diferença em relação ao pensamento genético-epistemológico de Jean Piaget, seu colega no Instituto Rousseau. Em suma, segundo

Spielrein, nós pensamos principalmente de forma subconsciente,[1] pois apenas o início e o fim de nossos pensamentos são conscientes para nós, o resto decorre no subconsciente. Em vários casos, podemos nos convencer de que o pensamento subconsciente pode ser superior ao pensamento consciente, como quando aproveitamos suas habilidades para solucionar problemas da realidade consciente, ou seja, quando ele colabora com o pensamento consciente. Sozinho, o pensamento subconsciente é suficiente para uma certa adaptação a este mundo, mas logo perderia o caráter de pensamento criativo, pois a disposição para criar alguma coisa, para fazer alguma coisa no mundo, o direcionamento total e a concentração sobre as funções da realidade faltam ao pensamento subconsciente – o qual não precisa ser necessariamente um pensamento dirigido, na verdade, destinado a trabalhar mais para si mesmo do que para outros. Apenas por meio da colaboração entre o pensamento consciente e o subconsciente é possível iniciar uma obra criativa neste mundo: o pensamento consciente precisa capturar e utilizar aquilo que o pensamento subconsciente nos oferece.

Vemos que Sabina Spielrein pressentiu a linguagem como lugar de advento do sujeito desde a infância.

---

1 "Para Sabina, o simbólico se encontra na essência do pensamento subconsciente – que chama também de subliminar – decalcando em símbolos mais arcaicos visuais, acústicos e dinâmicos o pensamento consciente. Há pensamentos que não são levados em consideração pelo pensamento consciente e pertencem ao consciente secundário ou subconsciente. A análise do subconsciente revela os mais interessantes problemas pessoais e de psicologia coletiva, problemas que devem ser transformados numa linguagem simbólica subliminar, devido à repressão exercida pelo pensamento dirigido. Para Spielrein, somos obrigados a deslocar muito dos nossos complexos para o subconsciente por razões afetivas pessoais. Há complexos que são removidos do consciente, mas que são inteiramente capazes de consciência porque não são condenados ou distanciados por provirem da pulsão. Nesse sentido, não foram separados do consciente pela censura" (Cromberg, 2021, pg. 361).

O amor da criança e sua ambivalência

Mas a criança ama também pelo cocô que entrega à mãe. Mas essa dádiva pode vir cheia de ambivalência afetiva, amor e ódio, neste segundo momento de separação do corpo materno e dos cuidados corporais maternos. Ao adquirir o controle muscular do próprio corpo, dos esfíncteres, da caminhada, surge o ódio onipotente ao outro durante a angústia de separação por uma autonomia ansiada e temida. O que nos coloca a questão de que cada geração parece dever se preocupar por não deixar a criança na solidão de sua violência e para que amar lhe seja possível. Sobreviver à violência junto à criança acalma-a para que se reassegure da potência de seu amor. A partir de Ferenczi (1908/2020), podemos dizer que não é a "moral" altaneiramente proclamada que a guia, mas uma lúcida eficácia que seria introduzida pela presença do adulto. Ela o incita igualmente a dominar entre os seus desejos aqueles cuja satisfação poderia ofender os direitos de outrem (o que, portanto, pelas reações suscitadas, acabaria sendo perigoso para ela própria), e a vigiá-los atentamente, sem negar a existência deles.

O erotismo anal tem uma grande importância para a vida psíquica em geral. O excremento é a vivência de algo que sai, algo que se separa de dentro do corpo. Por isso, o que está em jogo no erotismo anal não é apenas a erotização da mucosa anal pelo cocô ou o prazer de brincar com o excremento que tantas vezes as crianças experimentam. Há toda uma troca com o outro, na qual o excremento desprendido do corpo desempenha o papel de primeiro objeto, um presente na troca com o outro adulto, em geral a mãe, tão poderoso, visto pela óptica da dependência da criança. A presença do outro permite o deslocamento do pequeno pedaço separado do corpo da criança na equação simbólica presente no inconsciente tão genialmente descrita por Freud (1915/1973) – cocô = pênis = presente = dinheiro = bebê –, base do dom e da dádiva na troca com o outro. Amor que provém do anal transformado. É o que faz barreira ao desprendimento do bolo fecal vivido também como protótipo experimental de uma alteridade narcísica, dual, imaginária, uma espécie de duplo, nascido de uma criação autógena, à maneira de uma bipartição, na qual o conceito do outro é parte de si mesmo. Na alteridade imaginária – narcísica - que se produz na organização libidinal do tipo anal, não há troca, então, a não ser como um engodo perpétuo no qual as fezes, enquanto terceiro objeto narcísico, só são outro enquanto são o mesmo (Cromberg, 2022).

Para Winnicott (1950/1988, 1956/1984), há uma positividade na agressividade. Ela cria o objeto fora de si e é a base da motilidade e da vitalidade. Ela está presente no universo infantil e não pode ser extirpada assim como a violência do mundo adulto não pode ser denegada ou tratada como se não existisse, pois isso, sim, seria muito traumático. A destrutividade em Winnicott é tomada como um último apelo de ajuda para o desamparo em situações de efeitos de privação ambiental. Ou, como finamente interpreta Tales Ab'Sáber (2021), aquilo que era a pulsão de morte freudiana, uma força cega da natureza, em Winnicott se transformou no resultado histórico de uma tragédia originária pela infeliz falha do outro que não pode estar lá. A falha infeliz no momento ontológico fundamental traz uma desrealização pela ausência excessiva da mãe e o bebê cria defesas primitivas internas para sobreviver. Então, na aproximação e diferenciação entre pulsão de morte, destrutividade e agressividade, Winnicott faz uma transformação clínica do que Freud descobriu: acabou aparecendo o outro, a importância do outro. Não é uma força da natureza por si só, há a intervenção do outro que contém e permite uma transformação, algo é feito no sentido da vida. Assim, em Winnicott, a destrutividade é transformada em agressividade, transformada então em vitalidade. Isso parece apontar na potência da posição do adulto que contém e tem a paciência de esperar as transformações simbolizantes dos afetos em representações contendo a destrutividade em ato com tato, firmeza e humildade, para propiciar motilidade em ações vitalizantes que propiciem o caminho das apresentações e representações do destino simbolizante, subjetivante e desejante de cada um.

Uma palavra sobre as pioneiras da psicanálise

Margarethe Hilferding (1871-1942)

Esta médica, originária de uma família judia vienense, já em novembro de 1910 intervém vigorosamente, por ocasião da conferência "Escolha de uma profissão e neurose", em que o autor, Wilhelm Stekel, aplicava a psicanálise de maneira selvagem e falava que os jornalistas adotavam essa profissão por paixão às prostitutas e os médicos por sadismo, voyerismo e exibicionismo. Sendo ao mesmo tempo médica e mulher de um brilhante jornalista e economista, refutou polidamente essas bobagens (Roudinesco & Plon, 1998).

Na reunião de 11 de janeiro de 1911, perante 17 homens psicanalistas, a dra. Hilferding inicia sua conferência *Sobre as bases do amor materno*. Nela, questiona a ideia firmemente arraigada na cultura ocidental patriarcal de um amor materno natural. A ausência de amor materno frequentemente se exprime pela recusa em amamentar a criança ou pela intenção de não ficar com ela. Mas ao se conseguir, por algum truque, colocar a criança no seio da mãe, muito frequentemente ela não quer mais se separar dela. Do ponto de vista da psicanálise, diz ela, é a interação física entre a mãe e o bebê que suscita o amor materno. Ela fala, então, de atos violentos e hostis das mães em relação aos filhos, o que demonstraria que não existe amor materno inato. Analisa o lugar de objeto sexual natural para a mãe durante o período que se segue ao parto, o que é o correlato das sensações sexuais do bebê em relação à mãe, bem como a mudança que a criança efetua na vida sexual da mãe.

> *Se nós supomos a existência do complexo de Édipo na criança, ele tem sua origem na excitação sexual provocada pela mãe, que supõe uma sensação igualmente erótica por parte da mãe. O período em que a criança representa um objeto erótico para a mãe coincide com a necessidade de cuidados por parte da criança. Após esse período, a criança deve ceder lugar ao marido ou eventualmente a outro filho. (Hilferding, 1910/1991, p. 120)*

Ela diz ser interessante examinar o papel do pai, em que condições ele se constitui como objeto sexual da criança (atitude homossexual), em que modalidades se produz o desligamento da criança do seu primeiro objeto sexual e de que maneira o período dessexualizado anterior à puberdade (certamente ela se refere ao período de latência) está vinculado ao desligamento da criança em relação à mãe.

Para Pinheiro (1991) há aí a tentativa de construção de uma metapsicologia da sexualidade da grávida do primeiro filho por meio não só da transformação real nesse corpo, mas também da sensação corporal ou excitação sexual, novas, desconhecidas até então, como fontes de prazer, sendo que essa sexualidade determinará o amor materno, que tem como suporte a relação sexual mãe-bebê. Sobre a questão da agressividade surgida pela separação, ela propõe que o impensável no sexo castrado da mulher é que ele implica a separação, contra a qual e pela qual o humano se funda. Mas será certamente na vivência da primeira gravidez que a mulher terá que se defrontar com o impensável da separação, pelo próprio sexo. O que está em jogo é a própria estrutura psíquica da mulher que se torna mãe. Poderíamos dizer, o fato de a mulher ser desdobrável.

Segundo Adela Judith Stoppel de Gueller (2021), Margarethe Hilferding, a Eva da psicanálise, sacudiu uma plateia de onze homens ao afirmar: "não há amor materno inato" (Nunberg & Federn, 1974). Hilferding estranhou que algumas mães que esperavam ansiosamente seu bebê não sentissem nenhum amor quando ele nascia, chegando mesmo a sentir rejeição e a ter ideias infanticidas. Esse sentimento, que reativamente podia virar amor exagerado, reprimia desejos de destruição. Hilferding disse, então, que só se o bebê se tornasse objeto sexual da mãe seria amado por ela. Assim, a sexualidade ficava situada na base do amor (materno). As pulsões eróticas – e não o instinto – eram necessárias para que se estabelecesse uma ligação entre o pequeno recém-nascido e sua mãe.

Sabina Spielrein (1885-1942)[2]

No mesmo dia em que Hilferding se desligou da Sociedade Psicanalítica de Viena, em 11 de outubro de 1911, entrou nela Sabina Spielrein, a segunda mulher a ser aceita como membro. Segundo Gueller, hoje é possível pensar que, depois de onze anos, em 1922, Sabina construiu em conexão metonímica com a fala de Margarethe, naquele que se tornaria um de seus trabalhos mais instigantes: *A origem das palavras infantis "papai" e "mamãe": algumas observações sobre diversos estágios no desenvolvimento da linguagem*, em que reflete sobre o nascimento da criança para a palavra, ou seja, situa o segundo nascimento: a transformação do ser humano em ser falante.

> *Hilferding da perspectiva da mãe e Spielrein da perspectiva da criança sublinham a construção do laço simbólico que precisa ser estabelecido entre os seres de linguagem, ou seja, o preço pago pela desnaturação. Sabina o faz ao conectar o surgimento dos primeiros vocábulos ao ato de mamar:* mmmmm, mamamama *e* mamãe *surgem em contiguidade com a separação do corpo materno. Quando a boca fica vazia e o peito se recorta do corpo do bebê, estão dadas as condições simbólicas para que* lalangue, *como mais tarde*

2 Spielrein, 2021a, 2021b.

> *a chamará Lacan, trace bordas entre o corpo da mãe e seu filho. Numa operação semelhante ao kirigami japonês, a palavra recorta o peito da boca originando dois corpos que vão se separando e criando as condições para o surgimento do grito como apelo. A amamentação/desmame, o sugar/chuchar em presença ou ausência do seio/leite se torna para os seres falantes matriz e apoio para o surgimento da linguagem falada.* (Spielrein, 2021d)

Sabina Spielrein, a pioneira da psicanálise antes esquecida, escreveu ideias precursoras sobre a origem das palavras infantis mamãe e papai, sobre os estágios da linguagem e sobre a origem da noção de tempo, de espaço e de causalidade na criança, bem como a comparação entre a linguagem infantil, o pensamento do afásico e do subconsciente. Ela formula suas concepções que unem psicanálise e linguística pela primeira vez entre 1920 e 1923.

Ela escreve esses textos quando já está em Genebra, trabalhando no Instituto Rousseau, de Claparède e Bouvet, tendo chegado junto com Piaget. Neste lugar, acontecia o que havia de mais inventivo em termos da transdisciplinaridade entre educação, teoria do desenvolvimento infantil, psicanálise, pediatria e neurologia. Ela própria exercia a docência e a profissão de psicanalista e pedóloga, examinando crianças neuróticas e normais e adultos com problemas neurológicos. De 1920 a 1923, entre o estudo do *fort/da* de Freud, os estágios da linguagem de Spielrein e as hipóteses de Piaget, estudadas e desenvolvidas com plena liberdade no campo da psicologia experimental, foi formado o caldo original das reflexões sobre psicanálise e linguagem que se desdobraram no conceito da psicologia genética como campo de saber separado da psicanálise.

Nós, humanos, falamos. E falamos em inúmeras línguas, dialetos e sotaques. Ela foi a primeira psicanalista a se interessar intensamente pela linguagem e seus elos com o pensamento. Assim, ela esteve no inconsciente literário e criativo e influenciou as futuras produções de outros dois pensadores pioneiros sobre a origem da linguagem e do pensamento infantil: Jean Piaget e Lev Vigotsky. Com Piaget, entre 1921 e 1923, apesar de seguirem caminhos diferentes, houve um percurso de trocas e reciprocidades, um projeto compartilhado não realizado de elaborar uma teoria dos símbolos, amizade e simpatias mútuas, paralelismos e semelhanças teóricas, mas também diversidades experimentais e conceituais. Piaget cita Spielrein, em suas primeiras obras. *A Linguagem e o pensamento na criança* (1923) e *A representação no mundo da criança* (1926) de Vigotsky formulou sua própria reflexão sobre a linguagem e o pensamento infantil, crítico às formulações piagetianas após ter sido aluno de Spielrein em Moscou, onde ela apresentou seus pensamentos e reflexões sobre a linguagem e o pensamento infantis, bem como os de Piaget. Ela não é citada em alguma obra de Vigotsky.

Sabina Spielrein teve uma contribuição pioneira no campo da origem da linguagem, do pensamento e da imagem corporal e visual na constituição do processo de simbolização e no campo da psicanálise com criança.

A autoria de Sabina Spielrein foi efeito do fim de sua análise com Carl Gustav Jung (1865-1961). Sigmund Freud (1856-1939) interferiu na relação entre Jung e Sabina de uma forma que lhe permitiu transferir seu desejo erótico para a escrita de sua própria "poesie", sua obra. Esta era a metáfora que adotava quando queria falar de seus encontros amorosos e de intercâmbio intelectual com Jung. Após sua análise, tornou-se médica, psicanalista, membro da Sociedade Psicanalítica de Viena e depois da Sociedade Psicanalítica de Moscou, além de, entre 1910 e 1931, pesquisadora e escritora. Em meu trabalho de reflexão, a história de vida de Sabina Spielrein em seu percurso psíquico, emocional, profissional e social, e as condições históricas, sociais, institucionais e culturais de seu tempo, que contribuíram para o esquecimento de sua obra e de sua importância para a psicanálise proporcionaram a moldura daquilo que pretendo destacar: a importância de sua obra pioneira. Tornar-se autora, ser escritora da própria vida implica uma transformação da pulsão e das marcas erógenas: deixar de ser corpo--objeto da escrita do pai para ser escritora da própria vida. A função abstrata do pai pode aparecer quando podemos escrever em nome próprio, assumindo a própria vida, ecoando a própria palavra internamente e para as gerações seguintes, possibilitando subjetivação, diferenciação e singularização.

No primeiro período, seu lugar de pioneira surgiu ao formular: 1) em "Sobre o conteúdo psicológico de um caso de esquizofrenia", de 1911, por meio da análise do discurso de uma paciente esquizofrênica, que seu conteúdo tinha um sentido afetivo sexual. Com isso, tornava--se parte da Psiquiatria Nova, psiquiatria dinâmica influenciada pela psicanálise e que tinha em Eugen Bleuler (1857-1939) seu principal expoente; 2) em "A destruição como origem do Devir", de 1912, a existência do componente destrutivo da pulsão sexual, afirmando, nove anos antes de Freud, a existência de uma pulsão de morte que produzia dinamicamente a transformação, o devir e, estaticamente, o masoquismo primário, o gozo na dor.

Nesses seus primeiros textos, Spielrein pensa a palavra enquanto representação e símbolo. A palavra é uma mediação entre algo estritamente individual e aquilo que é comum aos homens. As palavras são símbolos que servem justamente para formatar o que é pessoal de forma humana e compreensível de maneira geral, ou seja, para eliminar a estampa pessoal. O pensamento representacional por meio das palavras se dá por um trabalho que visa a uma generalização, à compreensão e à acessibilidade aos outros homens, e quer, ainda, manter sua singularidade. "Tudo o que nos comove quer ser comunicado, compreendido e igualmente sentido: cada representação que transmitimos a nossos semelhantes diretamente ou na forma de uma obra de arte é produto da diferenciação das vivências primevas que compõem nossa psique" (Spielrein, 2021a).

Spielrein parte de um núcleo, de um si mesmo, um magma absolutamente incomunicável, aquilo que chamou de experiência arcaica ou eternamente sendo. A linguagem engana a nós mesmos e aos outros. Mas, mesmo com esse engano, a linguagem e qualquer forma de expressão, artística ou não, traz o real alívio do processo sublimatório que dissolve o individual no comum a toda espécie, trazendo à tona o típico, mais que o individual. Pode-se dizer, a partir da comparação da expressão artística ou do pensamento e da linguagem comum com os fenômenos alucinatórios esquizofrênicos, que o artista é bem-sucedido onde o esquizofrênico fracassa. Porém pode-se dizer que o esquizofrênico evidencia que a linguagem não é a origem, não expressa diretamente a origem, ela é transformação de um magma de sensações, percepções e imagens em pensamento e palavras a partir do encontro com algo comum a toda a espécie. Chama a atenção em sua reflexão o movimento regressivo de diluição na fonte original das mães e a fragmentação inconsciente arcaica para nova diferenciação. Assim, o outro é necessário com seu psiquismo individual para a recepção artística e da palavra. Spielrein afirma que sentimos alívio ao nos pronunciarmos quando criamos uma representação da espécie à custa de nossa representação do eu, e o artista também se alegra com seus produtos de sublimação quando cria, em vez do individual, o típico. Toda representação busca também um material não idêntico, mas semelhante, no qual ela possa ser diluída e transformada. Esse material semelhante é a compreensão baseada nos mesmos conteúdos de representação com a qual a outra pessoa recebe nossa representação. A recepção artística se baseia nessa comunidade.

Em "Contribuições para a compreensão da alma infantil" (1912), ela analisa o surgimento dos medos infantis, o sofrimento sintomático, relacionando-o à curiosidade sexual e às fantasias e teorias que geram, bem como às representações sexuais inconscientes e às raízes de angústia que suscitam, além de trazer uma rica ilustração da onipotência infantil. Demonstra sutilmente que o interesse pelo trabalho científico e intelectual é derivado da curiosidade sexual. Antes dessa obra, apenas Freud, com o caso do pequeno Hans, e Jung, com o caso da pequena Anna, haviam tomado essa iniciativa. Esse texto colocou Sabina Spielrein no lugar de pioneira da análise com crianças, ainda que ela mesma, em um artigo de 1927, tenha mencionado Hermine Hug-Helmuth (1871-1924), a terceira mulher a pertencer à Sociedade Psicanalítica de Viena, como a primeira analista infantil. De qualquer maneira, com esse artigo, ela entra no campo científico ao qual vai dedicar grande parte de sua atividade profissional durante a vida.

Sabina Spielrein foi a primeira psicanalista de crianças na história da psicanálise e a primeira a escrever artigos sobre a psique infantil baseados em observações e tratamentos de crianças. Na visão que vigorou até recentemente no campo psicanalítico, a filha de Freud, Anna Freud (1895-1982), figurava como a fundadora da psicanálise de crianças, Melanie Klein (1882-1960) vinha em seguida. Mas a primeira contribuição sobre a análise de crianças na história psicanalítica foi de Spielrein com esse escrito publicado no terceiro número do *Zentralblatt*, em 1912. Somente dez anos depois apareceu a primeira comunicação de Anna Freud, que se tornou membro da Sociedade Psicanalítica de Viena em 13 de junho de 1922, apenas uma semana antes de Lou Andreas-Salomé. E sete anos após o artigo de Spielrein, houve a primeira comunicação de Melanie Klein. Isso ilustra o esquecimento de seu pioneirismo que vigorou por mais de meio século. Há uma afirmação do levar a sério todas as fantasias infantis expressas por sua linguagem característica, não como *non sense,* mas como apropriação subjetivante de seus próprios fantasmas na luta por se deligar do mundo fusional das fantasias incestuosas que unem a criança ao fantasma dos pais.

A publicação do resumo de sua fala inédita no Congresso Psicanalítico de Haia de 1920 expressa sua posição de que a linguagem infantil e suas transformações nascem não apenas de um desenvolvimento psicológico, mas da falta ligada ao inconsciente, falta ligada à percepção do objeto de desejo que proporciona prazer derivado do ato de mamar e é percebido no exterior de si, na passagem do autoerotismo a um heteroerotismo (erotismo voltado para o outro) incipiente. Já em Genebra, a vivência em um ambiente inovador e livre no incentivo da pesquisa a estimularam a defender o ponto de vista psíquico e emocional na gênese dos processos de linguagem e pensamento a partir da psicanálise. Ela acreditava que as pesquisas sobre psicologia infantil poderiam dar contribuições fundamentais à psicanálise. Mas se o ambiente intelectual e de pesquisa prática e clínica foi rico para Spielrein, se ela se engajou na experimentação com as crianças da *Maison de Petits*, escola criada e apoiada pelo Instituto Rousseau, se tratou pacientes com problemas sérios de linguagem, afetados por traumatismos cranianos ou problemas de saúde cerebral, foi também em Genebra que teve contato com a linguística nascente. Isso se deu principalmente por meio do linguista Charles Bally (1865-1947), a quem agradeceu explicitamente a interlocução no segundo dos três trabalhos pioneiros sobre linguagem, tempo e pensamento que escreveu nos três anos nos quais esteve na cidade.

Em seu artigo *O tempo na vida subliminar* (baseado em sua conferência no Congresso de Berlim, em 1922, *Contribuições psicológicas sobre a noção de Tempo)*, de 1923, Sabina Spielrein usou suas habilidades em línguas estrangeiras para comparar as formas de expressar o tempo em russo, francês, alemão e inglês, e para demonstrar como os tempos verbais expressam uma vinculação entre tempo e espaço no pensamento inconsciente. Ela se pergunta: quem criou a linguagem verbal? Foi o adulto ou a criança? A criança é capaz de criação espontânea na linguagem ou ela simplesmente se apropria da linguagem verbal fornecida pelos adultos, deformando-a? Ela convoca as experiências psicanalíticas para auxiliar sua busca por uma resposta a essa questão polêmica e não solucionada. Assume, de saída, uma posição que liga o surgimento da linguagem ao inconsciente.

A criança é, segundo sua predisposição, um ser social que possui uma necessidade de comunicação? Se ela herdou a necessidade de comunicação e faz parte das populações falantes, então também herdou a necessidade da linguagem, necessidade essa que faz com que a queira aprendê-la e criá-la. Ela se refere à "linguagem" no sentido usual, ou seja, linguagem como meio de comunicação, o que ela não era originalmente. Naturalmente, os adultos acodem em auxílio da pequena psique em sua luta, estimulando o desenvolvimento dos mecanismos linguísticos, já preparados por hereditariedade, por meio de seus discursos imitados pela criança. E se adequam à sua capacidade de criação linguística: elas procuram compreender a pequena psique e encontram o material para tanto já pronto nas profundezas da própria psique, em seu próprio estágio de desenvolvimento anterior, o que permite que falem com a criança devido a um impulso inconsciente.

Vemos que ela assume aqui a linguagem conceitual recém-criada no campo da linguística que distinguia a fonética da linguística propriamente dita: fonemas, sons labiais e dentais, fonologia. Ela foi a primeira psicanalista a fazer a ligação entre psicanálise e linguística, a partir dos textos de Freud, e formular suas próprias ideias sobre a linguagem.

O terceiro momento da trajetória de pioneira da psicanálise com crianças se dá entre 1923 e 1931 na União Soviética. O seu último artigo publicado na Imago, em 1931, chama-se *Desenhos infantis de olhos abertos e fechados. Estudo sobre as representações cinestésicas subliminares.* Ele sequer foi publicado originalmente em russo, nessa época de construção da crítica e proibição da psicanálise durante a era Stalin, tornando-o o último artigo de psicanálise a sair do território russo por quase 60 anos.

Este artigo contém a elaboração final das reflexões de Spielrein sobre a origem do pensamento e do símbolo e permite, *a posteriori*, retomar nas etapas anteriores de sua elaboração uma possível teoria sobre a formação do símbolo que ela nunca escreveu como tal, apesar de anunciá-la desde 1920. É verdade que sua pesquisa era clínica e empírica, mais do que formalizada, mas talvez essa escolha metodológica seja inspirada em suas próprias concepções teóricas de que o pensamento lógico-abstrato não é um estágio superior do pensamento que elimina os estágios anteriores, mas é acompanhado em paralelo por um pensamento orgânico, imagético, cinestésico-visual, enraizado no corpo e em sua percepção por meio da psique que impede uma desconexão corpo/mente, mundo interno/mundo externo. Aquilo que ela diferencia entre pensamento corticado e pensamento descorticado, tomando emprestado termos que evidenciam sua vocação transdisciplinar para integrar a psicanálise com alguns conhecimentos da neurociência disponíveis na época. O pensamento corticado une o córtex, sede do pensamento consciente lógico-racional, pensamento direto que lida com a realidade exterior ao subcórtex, sede do pensamento não consciente, subliminar, não direto, cinestésico-visual, ligado às sensações e afetos e ao inconsciente.

Nesse derradeiro ensaio, ela faz estudos sobre representações cinestésicas subliminares, tentando detectar a influência das experiências cinestésicas sobre a estrutura de nosso pensamento por meio de dezessete exemplos de desenhos de crianças de olhos abertos e fechados. Ela formula a sua teoria da formação do símbolo e da representação e reafirma a terminologia psicológica corrente como superior à terminologia reflexológica que tentava se impor como hegemônica. A partir da pergunta "Como pensamos?", ela mostra o papel fundamental do pensamento cinestésico-visual e o papel da imagética no processo de pensamento. Ela traz exemplos de cooperação do ato de pensar verbal e imagético e fala da importância do desenho e do desenho de olhos fechados tanto para diagnóstico como para prevenção de sofrimento psíquico, bem como seu uso pedagógico.

A atualidade do ensaio e da reflexão sobre a importância do cinestésico e do visual e da função de ensinar as crianças a ver se sobressai quando pensamos no contexto atual em que há uma revolução tecnológica devida ao surgimento da internet em computadores e celulares que trouxe a questão da imagem virtual – e os riscos de desconexão com a visão do mundo externo e da diminuição da interação com o outro não virtual – ao primeiro plano, trazendo à tona a discussão da mudança do modo de pensar, do pensamento por imagens e a discussão do quão regressivo ou progressivo seria este fenômeno e suas consequências, quando o visual se sobrepõe às interações em presença, em que se sente a presença corporal do outro.

Sabina Spielrein nos deixa um devir pela maneira com que foi força instituinte, três vezes guerreira de maneira transdisciplinar com a psiquiatria, com a educação e com a neurociência. Esses campos nascentes que ela pôs em contato de maneira inédita, preservando a psicanálise como a força imanente central dos desdobramentos de suas criações, trazendo compreensões inéditas da loucura, da linguagem e do pensamento infantil. Ela formula uma teoria da simbolização entre o corpo e o pensamento para torná-lo vivo, simultaneamente singular e universal, inventando formas terapêuticas, criando, na atualidade renascida e renovada de sua obra, novos devires.

Uma placa gravada em acrílico testemunha hoje que Sabina Spielrein morou na Thomasiusstrasse, número 2, uma rua com lindos edifícios de quatro andares em estilo *art nouveau* que termina às margens do arborizado rio Spree, em Berlim. Para esta casa, ela mudou-se em 1º de agosto de 1913, sua segunda residência desde a vinda a Berlim em 1912. Nesse edifício existe uma placa colocada pela Sociedade Alemã de Psicologia Analítica (DGAP) onde está escrito:

> *Dra. Sabina Spielrein psicanalista, pedagoga e médica (7/11/1885 Rostow/Don – 14/08/1942 Rostow/Don) viveu nesta casa com seu marido Pawel N. Scheftel e sua filha Renate. Paciente, aluna e colega de C. G. Jung. Membro da Associação Psicanalítica de Viena fundada por S. Freud. Psicanalista, professora da Associação Psicanalítica Russa. Com seu trabalho sobre a "Destruição como origem do devir" (1912), ela se destacou como pensadora independente,*

criativa e perspicaz. Ela e suas duas filhas foram fuziladas por nacional-socialistas.

Referências

Ab'Sáber, T. (2021). *Winnicott experiência e paradoxo*. Ubu editora.

Cromberg, R. U. (Org.). (2021a). *Sabina Spielrein: uma pioneira da psicanálise. Obras completas vol. 1*. Blucher.

Cromberg, R. U. (Org.). (2021b). *Sabina Spielrein: uma pioneira da psicanálise. Obras completas vol. 2*. Blucher.

Cromberg, R. U. (2022). *Paranoia* (pp.120-121). Artesã.

Davis, G. (Diretor). (2016). *Lion, uma jornada para casa* [Filme]. See-Saw Films, Aquarius Films, Screen Australia, Sunstar Entertainment, Narrative Capital & The Weinstein Company.

Ferenczi, S. (2020). Psicanálise e pedagogia. In S. Ferenczi, *Obras Completas Psicanálise I*. Martins Fontes. (Trabalho original publicado em 1908)

Freud, S. (1973). Sobre las transmutaciones de los instintos especialmente del erotismo anal. In S. Freud, *Obras Completas, v. II*. Biblioteca Nueva. (Trabalho original publicado em 1915)

Gueller, A. S. de. (2021). Prefácio. In R. U. Cromberg (Org.) *Sabina Spielrein: uma pioneira da psicanálise. Obras completas vol. 2* (pp. 23-24). Blucher.

Hilferding, M. (1991). As bases do amor materno. In M. Hilferding, T. Pinheiro & H. B. Vianna, *As bases do amor materno* (p.120). Escuta. (Trabalho original publicado em 1910)

Nunberg, H., & Federn, E. (1974) Minutes of the Vienna Psychoanalytic Society. *International Universities Press*, 3, p. 114.

Pinheiro, T. (1991) Comentário sobre as bases do amor materno. In M. Hilferding, T. Pinheiro & H. B. Vianna, *As bases do amor materno*. Escuta.

Roudinesco, E., & Plon, M. (1998) *Dicionário de psicanálise* (p. 334). Zahar.

Spielrein, S. (2021a). A destruição como origem do Devir. In R. U. Cromberg (Org.) *Sabina Spielrein: uma pioneira da psicanálise. Obras completas vol. 1* (p. 343). Blucher.

Spielrein, S. (2021b). A origem das palavras infantis "papai" e "mamãe": algumas observações sobre os diversos estágios no desenvolvimento da linguagem. In R. U. Cromberg (Org.) *Sabina Spielrein: uma pioneira da psicanálise. Obras completas vol. 2* (pp. 267-296). Blucher.

Spielrein, S., (2021c) Algumas analogias entre o pensamento da criança, do afásico e o pensamento subconsciente. In R. U. Cromberg (Org.) *Sabina Spielrein: uma pioneira da psicanálise. Obras completas vol. 2* (pp. 321-348). Blucher.

Spielrein, S. (2021d). O tempo na vida subliminar. In R. U. Cromberg (Org.) *Sabina Spielrein: uma pioneira da psicanálise. Obras completas vol. 2* (pp. 297-316). Blucher.

Winnicott, D. W. (1984). The antisocial tendency. In D. W. Winnicott, *Deprivation and delinquency*. Tavistock Publications. (Trabalho original publicado em 1956)

Winnicott, D. W. (1988). A agressividade em relação ao desenvolvimento emocional. In D. W. Winnicott, *Da Pediatria à Psicanálise: textos selecionados*. Livraria Francisco Alves. (Trabalho original publicado em 1950)

6. Como amam as crianças? Sobre o amor e a psicanálise[1]

Michèle Benhaïm

Evocar a questão do amor da criança – com a ambiguidade quase polissêmica que a preposição "de" contém – nos leva a examinar a questão da nostalgia do laço com o objeto perdido. Com efeito, quer se trate do amor que a criança dirige ao outro ou do amor que é dirigido à criança, será preciso recordar que não emergiria sujeito sem outro e que, portanto, um desvio pela questão da relação de objeto ou da construção da alteridade será indispensável.

A afirmação de Freud (1931/2010) segundo a qual o "amor da criança é ilimitado, requer possessão exclusiva, não se satisfaz com frações . . . [amor] propriamente sem meta, incapaz de alcançar plena satisfação, . . . essencialmente por isso . . . condenado a acabar em decepção e dar lugar a uma atitude hostil" (p. 381) faz grande eco à clínica do bebê, que nos revela um lactente que espera, decididamente, "tudo" de seu objeto de amor, a mãe, ou, mais precisamente, o outro materno. Ademais, é isto o que explica Freud ter situado esta busca do objeto no campo da repetição, o que ilustra o *Fort-Da*. Com efeito, esta busca amorosa condenada a se repetir encontra sua origem na decepção

1 Tradução de William Zeytounlian de Moraes.

inevitável que advém quando se espera "tudo" – isto é, o impossível – do outro, engendrando conflitos que fornecem a coloração da relação do sujeito com o mundo, principalmente em sua relação com o outro. Em Winnicott, esta busca conflituosa de um objeto, por definição perdido, despertará a angústia. Em todo caso, esta relação entre sujeito e objeto só poderá ser inscrita no registro da ambivalência, e é difícil evocar o laço de amor sem acrescentar a ele seu inverso, o ódio.

Esta primeira observação testemunha o desafio subjacente à pergunta "como ama a criança?": ela ama excessivamente, desmesuradamente, mesmo abusivamente. O excesso. O amor total, infinito, incondicional, o amor-todo e que espera tudo em retorno assinala um fora da castração. O amor não poderia ser "incondicional", mesmo que o lactente aceite se alienar ao outro (movimento psíquico de que depende sua sobrevivência) – sua condição é a castração. "O amor desmedido da criança" descrito por Freud se perderia ao não se confrontar com este limite, com este "rochedo" que é a castração e que, aqui, é significado pelo real do materno: a mãe real, aquela de quem o lactente espera este "tudo" que não existe, irá, com efeito, confrontar o bebê com a falta em todos os registros, real, simbólico e imaginário.[2] Mas, da mesma forma que a criança é capaz de amar totalmente, ela também pode odiar totalmente.

No romance de Lionel Shriver (2007) – e no filme de Lynne Ramsay (2011), sua adaptação –, *Precisamos falar sobre o Kevin*, efetivamente seguimos o desenvolvimento de uma criança por muitos anos tomada pelo ódio à mãe. Este filho decide ainda muito novo (desde a lactância ele recusa deliberadamente que ela o alimente, indicando de forma muito clara a ela o quanto ele não deseja satisfazer ao desejo dela, que seria o de que ele desejasse ser por ela alimentado) declarar guerra à sua

2 A privação é uma falta real de um objeto simbólico – o falo –; a frustração é uma falta imaginária de um objeto real – o seio; e a castração é a falta simbólica de um objeto imaginário – o falo imaginário.

mãe até o ponto de sua aniquilação. O conflito, que seguimos através do olhar da mãe, é uma verdadeira tragédia familiar, um concentrado de tensão em que o abjeto rivaliza com o horror, um tipo de metáfora extrema e radical da condição materna. Entretanto, quando um assassinato em massa é cometido por este filho na adolescência, somente ela é poupada, a mãe, o objeto de seu ódio, o que testemunha muito bem que o ódio nada mais é que a outra face do amor. Com efeito, ele não poupa o pai que, de sua parte, lhe é indiferente: a indiferença se opõe ao amor, não o ódio. O ódio, que aqui seria um amor extraviado, não deixa de ser da ordem de um vínculo puro.

Como amar este outro que nunca satisfará completamente a demanda (frustração), demanda todavia incessante da criança? Como amar este outro que inevitavelmente nos confrontará com um furo, uma ausência, com o fato de que algo falta "realmente" (privação)? Como amar este outro que se presentifica como não possuindo aquilo com que, porém, nós o havíamos adornado (castração)? Pois, de fato, este primeiro objeto de amor, o objeto materno, diríamos, não obstante permitiu a ilusão de aparecer ali onde e quando a criança o esperava, oferecendo a ela aquela onipotência de ser nada menos que seu criador. A criança precisará se recuperar desta desilusão, e será num espaço habitado por um objeto que, de certa maneira, não estará condenado a "faltar", o objeto transicional, que ela se consolará – dito de outra forma, a criança aceitará que o amor permite ao gozo condescender ao desejo.

Portanto, os primeiros objetos de amor da criança – mãe simbólica, agente da frustração; pai imaginário, agente da privação; e pai real, agente da castração – serão necessariamente decepcionantes, passarão longe de responder à demanda de amor desmedida e funcionarão, não obstante, como modelo de todas as relações por vir. É por isso que evoquei a nostalgia de um laço com um objeto de amor perdido, necessariamente perdido.

Dito de outra maneira, a criança só ama do fundo de sua onipotência, do alto de seu narcisismo e espera tudo de uma mãe que não poderá lhe dar tudo o que ela não tem. Este esquema, que faz ressoarem parâmetros paradoxais, não tem como não engendrar violência, agressividade, aquela mesma que funda a relação amorosa humana e que, inscrita necessariamente numa ambivalência de sentimentos, produzirá na criança, presa destas contradições, um desejo de proteção, de reparação deste objeto que ela ama tanto quanto odeia. Este movimento está na origem das situações infantis que a clínica nos permite observar nas brincadeiras e desenhos de crianças que veem evoluir um número enorme de super-heróis salvadores. Winnicott chama esse movimento de "agressividade, culpa, reparação".

Assim, a criança ama não a partir de uma realidade que veria o outro materno frustrá-la de maneira voluntária, mas a partir do real da falta, este, necessário, que a inscreverá na ordem da linguagem, do desejo, isto é, este real da falta que permitirá a ela advir como sujeito. Caso contrário – é o que testemunha uma certa clínica adolescente –, ao contornar a falta, será contra o vazio que o sujeito irá esbarrar.

Mas a quem a criança ama? A ela mesma. É isto o que recobre o campo do narcisismo primário tal como Freud o descreveu, em que o bebê busca a si mesmo como objeto de amor. Mas também é este reflexo de si mesmo que Winnicott descreve ao evocar o rosto da mãe (precursor do estádio do espelho) em que a criança vê aquilo que a mãe vê quando olha para ela, isto é, a si mesma acompanhada do desejo deste outro materno que a carrega, aquilo em que a mãe investe nesta relação primordial.

E o que é que a criança ama? A dádiva. A passagem de uma mãe simbólica (posição que qualquer substituto pode ocupar, contanto que seja um *Nebenmensch* [o "próximo", em alemão]), que dá à criança aquilo que ela tem (o leite, objeto real), a uma mãe real que não pode dar, para além do objeto, aquilo que ela não tem (o amor), introduz a criança na dialética que margeia a questão do amor, a dialética entre necessidade, demanda e desejo. O que a criança ama, então, poderíamos dizer, é que a amem, que lhe seja ofertada a dádiva daquilo que não se tem, deste amor sem objeto – pois estava perdido de antemão –, e que introduz no simbólico, que humaniza. "O desejo é o desejo do outro", nos diz Lacan. Humanizar: eis a verdadeira função do *Nebenmensch*. A criança ama que, de alguma forma, o amor preexista a ela: que já esteja lá, à espera, criando um lugar para ela, que tenha previsto sua existência, que tenha sido capaz de acolhê-la.

No âmago desses movimentos psíquicos e inconscientes, no âmago destes desafios complexos, entretanto, a criança se apega. E isso a ponto de, por vezes, suportar o insuportável (maus-tratos, abusos...). O amor supõe o apego, isto é, ele supõe que o sentimento se inscreva no tempo, no longo prazo. O adulto experimentará amores efêmeros, de tipo passional, certamente, mas a criança, quando ela ama, ela ama para valer. Para amar no longo prazo, faremos a suposição de um outro ideal, uma idealização do outro. Lacan (1953-1954/1996) enuncia: "o objeto amado se confunde por toda uma face de suas qualidades, de seus atributos, e também de sua ação na economia psíquica, com o ideal do eu do sujeito" (p. 133). Assim, os objetos de amor que irão traçar a via das modalidades amorosas por vir, os pais, para a criança, estão no lugar do ideal.

Esta fundação deixará rastros, e não é rato que nas consultas meus pequenos pacientes relatem amores ardentes, desgostos amorosos, amores desesperados, ternuras infinitas, mas também movimentos correlatos ao estado apaixonado: o ciúme, o rancor, a manipulação, o abandono. As escolinhas são, com efeito, palco de tragédias amorosas insuspeitas, em tudo distantes dos amores infantis supostamente "inocentes" e "puros". Essa violência do amor que a criança dirige aos pequenos outros, bem como a certos adultos de seu ambiente, destacam sua relação singular e conflituosa com a perda e a castração. Encontraremos rompantes similares na adolescência, com tudo o que ela comporta de autenticidade e de radicalidade. A diferença entre a criança e o adolescente apaixonados repousa na sexualização assumida pelo afeto.

Seguramente, tais movimentos entram em ação de forma paroxística na cena amorosa da clínica: a transferência. No atendimento com os pequenos sujeitos, com efeito, é possível ver se manifestar a busca por laços, por contato, demandas de afeto, todos estes marcadores transferenciais que permitem a análise com crianças, atestando as relações amorosas complexas e por vezes dolorosas que a criança trava com seu ambiente (no sentido de Winnicott). Cabe ao terapeuta não perder de vista que, se a transferência resulta de um "amor verdadeiro", não é a ele, analista, que este se dirige, mas ao saber.

Terá a criança alguma escolha a não ser amar de forma absoluta? Ao recusar se alienar no desejo do outro, se apropriar, se alienar nos significantes parentais, a criança morre. Esta operação fundadora do aparelho psíquico, que Lacan chama de "alienação", implica os processos de dependência e de apego que participam da construção da realidade de um mundo que, na sua ausência, permaneceria puro caos, bem como da construção do pensamento simbólico, portanto, necessariamente "alteritário". Portanto, elas amam, amam de forma tão absoluta que correm o risco de não saber o que fazer com esses sentimentos invasivos que não raro afetam a cena cognitiva, o que infelizmente é reduzido ao chamado "fracasso escolar". Jean Bergès (Bergès et al., 2004) demonstra perfeitamente o quanto a aprendizagem, mesmo quando ela solicita as funções intelectuais da criança, pode se ver sobrecarregada de um sentido afetivo indecifrável, mas, ainda assim, indissociável do objeto de aprendizagem. As crianças amam de forma absoluta porque, caso contrário, se elas não forem nada para o outro, elas não podem se representar aos seus próprios olhos. Aqui também a clínica contemporânea do adolescente nos faz escutar o discurso de jovens sujeitos que "não valem nada", que "não têm nada a perder" etc. (Benhaïm, 2017).

Estes comentários implicam a necessidade de um recalcamento que recubra o excesso evocado anteriormente, de modo que o terreno fique limpo para a aquisição oriunda de um saber outro, diverso daquele subjacente às teorias sexuais infantis.

Pois, com efeito, a não sexualização do afeto amoroso da criança em relação ao outro não significa que a sexualidade infantil esteja ausente. Ela só é recalcada, inibida e, principalmente, não genital, nos diz Freud. Por mais que seja inconsciente, esta sexualidade infantil não deixa de estar na origem do sentimento amoroso feito de amor e de ódio, este sentimento complexo e ambivalente. É somente quando a efusividade sexual, uma vez sentida, vivida, é recalcada que ela irá preparar o leito para o sentimento do amor. Como ama a criança? Da mesma forma que ela produz um sintoma.

Amar, como o sintoma, se inscreve, portanto, num desejo de ser amado pelo outro: a criança boazinha (demais), por exemplo. Nas terapias de criança, é frequente que o trabalho consista em demover a criança desta camisa de força (excessivamente) amorosa, de modo a construir com o pequeno sujeito algo que faria sintoma *para ele*.

O amor da criança atravessa os conflitos psíquicos que balizam a construção de sua própria subjetividade, durante seu desenvolvimento lógico, e evolui no decorrer deste último. É por isso que a ambivalência assinalada por este amor pode frequentemente se exprimir sob a forma da angústia, por meio dos temores infantis rotineiros, medo do escuro, fobias diversas, terrores noturnos. Quanto ao período edipiano *lato sensu*, ele exacerba a ambivalência de sentimentos da criança que inconscientemente deseja a morte do pai que ela, contudo, ama de forma absoluta, bem como inconscientemente a relação sexual com a mãe de quem ela, entretanto, tem grande interesse de ser separada. Dessa forma, amar supõe, para além do laço, da alienação e da união, a separação e a confrontação com a Lei. Kevin, no filme mencionado mais acima, só consegue odiar esta mãe que com ele evolui numa família em que o pai não é a encarnação de nada, especialmente não da Lei. Kevin terminará "fora da lei", no sentido próprio da expressão. A criança, quando ama, tem que lidar com estes conflitos cheios de contradições. Melanie Klein mostra bem como a criança se debate dolorosamente com o fato de destruir aquilo que ama, como este movimento não resolvido engendra a culpa inconsciente e engaja a criança no dever de reparar a destruição da qual é autora. Caso contrário, o risco implicado é o máximo: a perda do amor. Ela diz que esse "sentimento [o de não mais merecer ser amado] surge do medo inconsciente de ser incapaz de amar os outros de verdade ou de forma suficiente e, principalmente, de não conseguir dominar seus próprios impulsos agressivos: essas pessoas têm medo de ser um perigo para aquele que amam" (Klein, 1996, p. 350). Trata-se aqui de um tipo de aprendizagem do amor pelo outro, cuidar do ser amado responderia à essa necessidade de reparação e atestaria um amor oferecido como modelo daquele que a criança espera receber. Este processo permite compreender a inversão da agressividade dirigida ao pai – que priva, frustra e castra – em amor por esse mesmo pai: amar para não perder o amor. Eis a dimensão arcaica infantil contida nos amores futuros da criança e que vemos com bastante frequência se reatualizar no tratamento pelos desvios do "amor verdadeiro", a transferência.

A criança ama pedindo que a amemos sem a reduzir a um objeto, para além do objeto. E se ela ama dessa forma, é para poder existir. A articulação do amor com a existência em si é o que confere ao amor da criança sua intensidade, bem como, talvez, sua dimensão poética.

Uma vez percorridos os caminhos sempre tortuosos que marcam a construção do amor, o sujeito deverá experimentar seus desvios e efeitos fora do lugar reconfortante que habitualmente a família constitui. Como o sujeito irá criar vínculos fora dela? O que nos mostra a clínica das aprendizagens obstruídas é que, para construir laços de amor fora do lugar privilegiado dos vínculos primordiais que é a família, ainda é preciso que a solidez destes últimos tenha sido definitivamente testada. Esta é talvez a base sobre a qual então repousará, para a criança em suas relações, não mais com o outro, mas com os outros, a possibilidade de diferenciar o amor da agressividade, não fazendo estas duas facetas atuarem no mesmo palco, o que poderia pura e simplesmente embargar estes laços. As pulsões irão, de certa maneira, se dissociar – ainda que, sem dúvida, elas venham e vão –, e nossos jovens sujeitos sempre nos narram casos de amizade e amores intensos, marcados por movimentos de ruptura igualmente violentos. Mas, no conjunto, eles agora sabem se desembaraçar do excesso sem serem por ele esmagados.

Aquilo que dos processos infantis deixar rastro em termos de amor ressurgirá na adolescência, nos descaminhos da turbulência pubertária e dos remanejamentos fantasmáticos, identificatórios, corporais etc., turbulência que redesenha os contornos do sujeito na economia desejante familiar e social.

Como amará o adolescente? De forma total (ainda) por fora, não mais (em aparência) dentro. Como se, depois de ter apaziguado suas moções pulsionais contraditórias – graças ao recalcamento que permitira à latência limpar o terreno para as relações sociais –, ele se encontrasse novamente intimado a ter que se debater num movimento paradoxal feito de ódio e de amor, tendo que resolver este conflito redivivo, dando livre curso ao amor com os outros e ao ódio com o outro.

Portanto, o adolescente ama se separando. A idealização do outro como pressuposto para o amor se desloca, passando das figuras parentais a figuras realmente "alteritárias", ainda que encarnadas por seus pares.

O amor na criança, assim, é complexo, contraditório, excessivo – em suma, estranho –, e se inscreve muito bem na descrição freudiana, que faz dele um tipo de "loucura".

> *A criança aprende, em primeiro lugar, a amar a si mesma; apenas mais tarde aprende também a amar os outros e a sacrificar algo de seu eu em favor deles. Mesmo aquelas pessoas que ela parece amar desde o princípio, ela as ama somente porque precisa delas, porque delas não pode prescindir, ou seja, por motivos ditados pelo egoísmo. Mais*

> *tarde, então, o impulso amoroso aparta-se do egoísmo. Foi, de fato,* com o egoísmo que ela aprendeu a amar. *(Freud, 1916-1917/2014, p. 275, grifos do original)*

Na criança, o amor participa deste impulso rumo ao simbólico, deste impulso rumo ao outro que lhe fala, que lhe faz a "violência de uma interpretação" de seu grito a-significante, transformando-o em demanda, e ainda mais, em demanda de amor, em suma, aquilo que se inscreve na afirmação de Lacan segundo a qual o amor é o amor do significante. Este amor do significante que Lacan desdobra ao evocar a influência determinante de nosso ambiente sobre nosso destino amoroso, de modo a explicitar a lógica inconsciente que ele nomeia "desejo do outro".

O amor na criança assimila os caminhos sinuosos e complexos no curso dos quais deve solucionar enormes contradições, para fazer de cada objeto de amor com que posteriormente cruzar um encontro com ares de "reencontro". Cada história de amor reativa os desafios inconscientes do processo de vinculação, cada uma dessas histórias se apoia nestes laços precoces. A criança ama o outro de quem sua vida depende, ela ama a si mesma no olhar do outro: nestas condições, o afeto merece ser investido.

O amor tem uma estrutura profundamente narcísica que se apoia na libido: "não existe amor que não tenha seu protótipo na infância", e o que especifica a libido na primeira infância emerge do autoerotismo antes de se deslocar para o objeto. É por isso que, desde a infância, amamos no outro a característica de nós mesmos que é refletida de volta para nós e a característica do outro que nos amou e que, por esse motivo, foi idealizado.

Ainda, é preciso que esse outro tenha deixado à criança o espaço necessário para o exercício do amor, isto é, que tenha respondido à demanda de amor da criança sem sobrecarregá-la, isto é, sem saturar a demanda, em nome da própria estrutura da linguagem. A criança ama este outro que a introduz no desejo e que, ao fazê-lo, reconhece sua existência. Assim, se a criança é *amável*, ela pode ser introduzida no sentimento amoroso, pode amar a si mesma e depois amar o outro. Caso contrário, ela permanece cativa das derivas agressivas de destruição, alimentadas cada vez mais de puro narcisismo.

O amor é realmente uma questão de vida ou morte!

Para irmos mais longe, poderíamos supor que a criança também ama objetos mais abstratos: com efeito, se a alienação, a dependência absoluta e o desamparo estão nas bases da construção subjetiva, o risco para o lactente é o de se ver cativo de um amor-todo, este amor materno tão feroz que Lacan o compara às mandíbulas de um crocodilo, uma vez que o poder "absoluto" é, com efeito, conferido a este outro materno. Se, como evocamos há pouco, a criança ama aquele que a humaniza, então esta onipotência materna deve ser barrada por aquilo que lhe fará a lei. Dessa forma, poderíamos dizer que a criança ama a lei, esta dádiva que lhe dá o pai simbólico e que garante, a partir da segunda modalidade psíquica – tão salvadora quanto a alienação –, a separação, sua sobrevivência psíquica. Amar a lei, para a acriança, consiste em extrair-se de uma posição de puro objeto de gozo e constitui, dessa forma, uma das figuras do amor da criança que, aqui, ressoa com o reconhecimento e que cessa de ser um amor sem limites.

E depois, a criança no estado de latência, aliviada do peso do amor filial, ama aprender, ama o saber.

Todas essas observações mostram que o amor da criança evolui, se modula, "refloresce", se inventa e se reinventa, se constrói, se incarna em figuras ou objetos diversos. Dito de outra maneira, sua complexidade não é menor que no adulto. Vimos esse amor primitivamente ilimitado, fora da castração, "incondicional", determinado pela estrutura da linguagem, necessário, de um ponto de vista lógico, à sobrevivência real do bebê, mas que bascularia para uma "morte" psíquica se a lei não o temperasse, não o dialetizasse e não o mantivesse no campo viável do desejo submetido à lei do significante.

Na clínica das crianças muito pequenas, o trabalho com frequência consiste em impulsionar ou sustentar esta passagem, mais precisamente, em contribuir para a renúncia da escritura de uma relação sexual – em suma, amar.

Para concluir, poderíamos dizer que a criança ama a partir de seu corpo, do lugar do gozo, engajando nele seu desejo: o amor Imaginário, o amor Real, o amor Simbólico?

Referências

Benhaïm, M. (2017). *Les passions vides.* Erès.

Bergès, J. et al. (2004). *Que nous apprennent les enfants qui n'apprennent pas*? Erès.

Freud, S. (2014). *Conferências introdutórias à psicanálise* (S. Telarolli, Trad.). Companhia das Letras. (Trabalho original publicado em 1916-1917)

Freud, S. (2010). Sobre a sexualidade feminina (P. C. de Sousa, Trad.). In S. Freud, *O mal-estar na civilização, Novas conferências introdutórias sobre a psicanálise e outros textos.* Companhia das Letras. (Trabalho original publicado em 1931)

Klein, M. (1996). Amor, culpa e reparação (A. Cardoso, Trad.). In M. Klein, *Amor, culpa e reparação e outros trabalhos (1921-1945).* Imago.

Lacan, J. (1996). *O seminário, livro 1: os escritos técnicos de Freud* (B. Milan, Trad.). Zahar. (Trabalho original publicado em 1953-1954)

Ramsay, L. (2011). *Precisamos falar sobre o Kevin.* BBC Films.

Shriver, L. (2007). *Precisamos falar sobre o Kevin* (V. Ribeiro, Trad.). Intrínseca.

Da mesma autora

2020: *13 Novembre et autres pièces*. Marselha: Les Eclairs.

2017: *Les passions bides*. Toulouse: Erès. (Prêmio Œdipe 2017)

2011: *L'ambivalence de la mère*. Toulouse: Erès, Edition Poche.

2007: *Amor e ódio: A ambivalência da mãe*. Rio de Janeiro: Companhia de Freud. Com prefácio de JJ. Rassial

2001: *Le Regard d'Elsa*. Pars: L'Harmattan.

2001: *L'ambivalence de la* mère. Toulouse: Erès.

1994: *Sida, luttes à vif*. Com Jacques Broda. La Pensée Sauvage. Com prefácio de Simone Veil

1992: *Les Troubles de la relation à la mère*. Toulouse: Privat Enfances Cliniques. Com prefácio do dr. Jacques Hassoun.

1992, com reedição em 1998: *La folie des mères*. Paris: Imago/PUF.

Além de capítulos, organização de obras e artigos.

7. A fratria: o outro amor da infância[1]

Jean-Michel Vivès

Quando se fala de amor na infância, certamente a primeira coisa que vem à cabeça são os amores edipianos, tão importantes na estruturação psíquica do pequeno homem. Sem negar esta dimensão essencial, eu gostaria de me ater aqui a uma outra forma de amor, por muito tempo pouco estudada no campo psicanalítico, eclipsada que foi pelo interesse voltado à relação entre pais e filhos. Interesse que relegou ao segundo plano as relações de *hainamoration* (Lacan, 1972-1973/1985, p. 122), *amódio*, no seio da fratria. Esta dimensão, entretanto, não é sem importância. Para se convencer das complexidades deste laço de amor fraternal, basta ver como as questões relativas à transmissão da herança têm o poder de despertar, por vezes com uma violência inaudita, a raiva e a inveja que o *complexo de intrusão* (Lacan, 1938/2003) havia introduzido no seio da fratria. Este amor também é, como mostraremos mais adiante, um dos pilares do laço social cuja gênese Freud elaborou em seu texto *Totem e tabu*.

1 Tradução de William Zeytounlian de Moraes.

O amor fraterno[2] coloca a seguinte questão: como o sujeito, contaminado pelo ódio e pela inveja contra a chegada daquele ou daqueles que o sucedem, pode consentir em abandonar tal posição para aceitar amar o importunador? Parafraseando o famoso aforismo de Freud, poderíamos propor a seguinte fórmula para dar conta do amor fraterno: "Ali onde estavam o ódio e a inveja, a fraternidade deve advir".

O que deveria advir senão a possibilidade de compartilhar o objeto de amor primordial para dele melhor se separar? Este compartilhamento implica consentir com a perda (Assoun, 1998), que é a chave desta enigmática metamorfose do ódio em amor no seio da fratria. Metamorfose cuja observação cotidiana nos demonstra, de forma suficiente, que ela nem sempre é possível. Quantos ódios fraternais que aparecem no curso do tratamento, *a priori* insuperáveis, durante a cura se verão tratados e permitirão ao analisante superar esta posição de criança prejudicada pela chegada do outro?

Se o ódio tem origem na tentativa de evitar a ferida narcísica (Vivès, 2019), compreendemos como a chegada imprevisível do recém-chegado no seio da família pode ser uma fonte primordial de contrariedade para aquele que já ocupava o posto. É na tentativa evitar esta ferida narcísica que se originarão os votos de morte encontrados com tanta frequência na psicopatologia da vida cotidiana da fratria.[3]

---

2 Ainda que utilizemos aqui o termo "filho" ou o adjetivo "fraterno", seguramente incluímos nele as irmãs. Para além desta generalização que apaga as asperezas das questões relativas à sexuação, seria interessante – o que não faremos no contexto restrito deste capítulo – distinguir os diferentes destinos do amor fraterno quando este é compartilhado entre irmãos, entre irmãs ou entre irmão e irmã.

3 Quantos pais inquietos não vêm me consultar e contam cenas que os deixaram completamente perplexos, angustiados: tentativa de estrangulamento ou de sufocamento do bebê, cobertorezinhos lançados do alto de penhascos... Estes atos que transformam o "anjinho" em "monstrinho" testemunham bem a violência dos sentimentos experimentados pelo mais velho quando da chegada de um irmãozinho ou irmãzinha. O sonho de uma paciente de Freud, narrado em *A interpretação dos sonhos*, ilustra isso perfeitamente: "*Muitas crianças, todos os seus irmãos, irmãs,*

Este ódio conseguirá se expressar no seio da fratria sob a forma do ciúme que Freud chama de normal. Contudo,

> *este ciúme, embora o chamemos de normal, está longe de ser inteiramente racional, isto é, nascido de relações presentes, proporcional às circunstâncias reais e totalmente governado pelo [ego] consciente, pois é profundamente enraizado no inconsciente, dá continuidade aos primeiros impulsos da afetividade infantil e vem do complexo de Édipo ou do complexo de [da fratria] do primeiro período sexual. (Freud, 1922/2011c, p. 210, tradução modificada)*

O ciúme revela o terrível sentimento de violação narcísica experimentada por "*His Majesty the Baby*" (Freud, 1914/2010a, p. 37) quando, depois de reinar sem, até aquele momento, ter que compartilhar, ele se vê constrangido e condenado a ver um intruso, igualmente amado por seus pais, invadir seu reino.

Este instante de ver, em que a criança arde de inveja contemplando como o recém-chegado vem expulsá-lo de seu lugar, foi fixado por Santo Agostinho e, em seguida, comentado muitíssimas vezes por Lacan.

> Invidia *vem de* videre. *A* invidia *mais exemplar... é aquela que há muito tempo destaquei em Agostinho para lhe dar todo o seu desenvolvimento, isto é, a da criancinha olhando*

---

primos e primas brincam num campo. De repente, eles criam asas, levantam voo e desaparecem. ... por ocasião da morte de uma dessas crianças . . ., nossa sonhadora, que ainda não completara os quatro anos de idade, perguntou a uma sábia pessoa adulta: 'O que acontece com as crianças quando morrem?'. A resposta foi: 'Elas recebem asas e se transformam em anjos'. Depois desse esclarecimento, ela sonhou que todos os irmãos tinham asas como os anjos e que eles – e isso é o mais importante – saem voando e desaparecem. Nossa pequena 'fazedora de anjos' fica para trás, sozinha, como a única desse bando todo!" (Freud, 1899-1900/2019, pp. 293-294).

> *seu irmão pendurado ao seio de sua mãe, olhando-o* amare conspectu *com um olhar amargo, que o decompõe e faz nele mesmo o efeito de um veneno. (Lacan, 1964/1988, p. 112)*

Ciúme envenenador que surge da contemplação amarga de sua evicção: o rei deposto vê o usurpador gozar do bem que lhe pertencia ainda há pouco.

Contudo, a atitude em relação ao intruso sofrerá modificações muito importantes que farão as moções de ódio passarem para o segundo plano. O amor virá substituir o ódio. Como se efetua essa metamorfose?

"Meu irmão mais novo, minha irmã mais velha", essa marca de possessividade da criança porta sua necessidade de pertencimento, de apego, mas, sobretudo, a estratégia criada por ela para superar o violento desejo de se livrar daquele de quem nada queria saber.[4] "Este outro que eu não queria, eis que o faço meu." Poderíamos interpretar este fenômeno em termos de um juízo de atribuição, tal como Freud o definiu em 1925, em seu texto sobre "A negação" (Freud, 1925/2011). Ali, onde Freud descreve a constituição da realidade psíquica a partir do juízo de atribuição como tentativa de fazer o ego [*Moi*][5] corresponder ao conjunto de experiências que são fonte de prazer e o fora-do-ego

---

4 Paul-Laurent Assoun faz dessa intrusão um empuxo-ao-saber. "Interrogar-se 'de onde vêm os bebês?' é uma especulação apaziguadora somente no *a posteriori*: interrogar-se sobre a origem é querer prevenir o evento. Dito de outra forma: perguntar-se de onde 'ele' ('ela') vem serve para prevenir o evento indesejável. Com o fato já realizado, o saber permanecerá marcado por este anseio obscuro: compreender a origem de algo, como se quiséssemos prevenir a ocorrência do evento . . . a pesquisa sobre a origem seria animada por um anseio de não advento do evento . . . Perguntar-se de onde vem o irmão é buscar prevenir sua vinda ao mundo, o advento ao ser. Combate na retaguarda que, não obstante, surge como opção frente ao advento da relação com o outro" (Assoun, 1998, p. 28).

5 Em nossa tradução, optamos por contornar o imenso problema da oposição lacaniana entre *Moi* e *Je* de forma diversa daquela das edições estabelecidas. Enquanto estas optam por verter *Moi* em "eu" e *Je* em "[eu]", propomos aqui traduzir o *Moi* por "ego" e o *Je* por "eu" simplesmente. [N. T.]

[*hors-Moi*] às experiências que são fonte de desprazer,[6] o trabalho do fraterno consistiria em fabricar um ego a partir deste corpo estrangeiro que eu gostaria de anular e que, não obstante, conseguirei instalar em mim. A fórmula "meu irmão mais novo, minha irmã mais velha" atesta esta instalação. Ali onde havia o radicalmente não ego, o ego *alterado* deve advir. A força desse sentimento vai abrir aquele que se descobre irmão à dimensão do outro, vai ajudá-lo a se diferenciar e orientar seus investimentos rumo a objetos substitutivos. A fratria se torna, assim, o lugar em que o apego à mãe abre espaço para o apego ao *alter ego*.

Se não nos recordamos de nossa primeira infância, do gosto do leite materno, do calor do seio, não é porque estávamos em um limbo. É porque, para crescer, para nos adaptarmos ao mundo exterior, foi preciso recalcar. Foi preciso reprimir ativamente a atração por estes prazeres arcaicos, foi preciso constranger a pulsão a privilegiar novos objetos. O original foi recalcado. Os membros da fratria participaram ativamente desta dinâmica.[7] Eles não se reúnem mais em torno da permanência materna; eles se ligam pela figura do pai que sinaliza para algo além. O ciúme persiste, mas agora ele se inscreve no contexto edipiano. De certa forma, não se trata mais de ser como o pequeno que se torna um com a mãe; trata-se de ser como o grande para ter o mesmo objeto de investimento que o pai. A fratria passa, imperceptivelmente, de uma renúncia comum ao gozo da mãe a um vivido comum da castração paterna

O pré-saber comum, a intuição compartilhada, faz referência a este período. É a fratria de antes da adolescência, esta microssociedade que garante a difusão de códigos, de normas, de estereótipos que

6 "Na linguagem dos mais antigos impulsos instintuais – os orais – teríamos: 'Quero comer' ou 'Quero pôr isso dentro de mim' e 'retirar de mim'. Ou seja: 'Isso deve estar dentro' ou 'fora de mim'. O eu-de-prazer original quer introjetar tudo o que é bom e excluir tudo o que é mau" (Freud, 2011, p. 278).

7 Freud ressalta que, na ausência de um irmão ou de uma irmã, esta dinâmica será sustentada pela observação de outras crianças.

reproduzem a hierarquia do mundo adulto. Porém, o processo não para por aí. Durante o período de latência, é na identificação – espelho trazido por seus semelhantes e as pessoas de sua geração – que a criança colocará suas fichas. É evidente que ela busca neste espelho uma ponte para suas identificações parentais, mas também um suporte para seus investimentos libidinais. Os amores infantis garantem os investimentos narcísicos e objetais, o reforço do ego e a descoberta-construção da alteridade. A rivalidade fraternal parece encontrar sua resolução na inversão das polaridades. O ódio diferenciador desaparece em benefício do amor pelo qual posso me reconhecer no outro. A concorrência se torna cooperação. A questão do incesto entre pais e filho se desvanece em prol do incesto fraterno. Agora, a aliança fraternal pode se fazer contra. Contra o pai, essencialmente; contra aquele de quem se lembra, de maneira confusa, ter rompido a díade mãe-filho, contra aquele que inscreveu a falta na carne e na alma, mas também contra aquele que representa o que está para além.

A fratria irá se tornar o lugar em que é fermentada a contestação da autoridade parental. Instaurando-se como contrapoder, opondo-se aos adultos, a fratria marca e garante o corte entre as gerações. O domínio do tempo, nesse contexto, é um dos desafios. Domínio temporário e cambaleante, compartilhamento de uma fantasia do "todos iguais", saída de uma mesma história edipiana e enfrentando um mesmo destino grupal, a fratria tenta congelar o tempo anulando as diferenças.

Diferenças que acabarão por se impor... Depois de superadas as moções de ódio do começo, os membros da fratria sonharam a si mesmos como semelhantes, unidos, desinteressados, dispostos ao sacrifício pelo outro. Eles se descobrirão igualmente diferentes, narcísicos, rivais; desidealização dolorosa, por vezes catastrófica, mas cuja elaboração, quando ela é possível, permite a assunção do sentimento de fraternidade.

É na cultura que encontramos os representantes destas aspirações à fraternidade. O que isso quer dizer? Quer dizer que nos reconhecemos como atravessados pela mesma fantasia: a de fazer grupo, corpo social, nação, a de alçar a fraternidade à condição de divisa nacional.[8] É no trilhar desse reconhecimento mútuo de que o outro é *como* um irmão para mim que se faz a trama do laço social. Esse "como se" traz a cada um dos "irmãos" tanto movimentos de idealização quanto de afirmação da singularidade. Ele permite a instalação de uma pulsação entre dois movimentos contraditórios, um de associação e outro de individuação-oposição. Encontramos nessa pulsação a dinâmica entre o ego [*Moi*] e o eu [*Je*]. O ego se encontra do lado do imaginário, do narcisismo e da alienação (o outro é um *alter ego*), ele permite fazer grupo. Estando o eu [*Je*] do lado do simbólico, eminentemente singular, ele levaria, no limite, a uma colocação em questão daquilo que faz laço. Lacan exemplifica isso perfeitamente tomando a figura mítica de Antígona para ilustrar (Lacan, 1959-1960/2008) o que é a ética. A dinâmica egoica permite a existência do laço; o eu, por seu funcionamento singular, permite que o sujeito não se aliene nesse laço.

---

8 A divisa da França é "Liberdade, Igualdade, Fraternidade". Esse tríptico assinala a substituição da função paterna real do "direito divino" como princípio diretor para um governo dos povos administrados pelos filhos que se reconhecem mais ou menos como irmãos... Que a Revolução Francesa tenha escolhido inscrever na fachada dos prédios oficiais a palavra "Fraternidade", e que tenha escolhido como figura emblemática de sua identidade uma mulher nutriz, não é algo sem consequências. A República Francesa foi criada pela substituição de um governo dos filhos (as filhas, ainda que presentes, como mostra o exemplo de Olympe de Gouges, não tiveram, infelizmente, a mesma importância que os filhos na condução dos eventos) por um governo do pai assassinado. As consequências dessa substituição, acompanhada de uma substituição da imagem do pai pela da mãe, não tardaram a aparecer: a fraternidade prevista – "*Allons enfants de la patrie*", "Avante, filhos da pátria", assim começa o hino nacional francês – logo descamba para uma luta fratricida que culminou no Terror de 1793 e 1794, em que os filhos esquecidos daquela fraternidade se mataram uns aos outros. Estima-se que, nesse período, uma dezena de milhares daqueles outrora "irmãos" foi guilhotinada, fuzilada ou afogada. (Olympe de Gouges (1748-1793) foi uma revolucionária precursora do feminismo, autora da *Declaração dos direitos da Mulher e da Cidadã*, que encontrou seu fim na guilhotina, durante o Terror justamente [N. T.]).

Freud buscou pensar psicanaliticamente os fundamentos do laço social. Por meio do enredo mítico do assassinato do pai da horda primitiva (Freud, 1912-1913/2012) pelas mãos dos filhos reunidos contra ele – filhos que almejam acessar às mulheres até então interditadas –, Freud tenta descrever a dinâmica psíquica individual e grupal, constitutiva do laço social. Culpados por seu gesto, tendo renunciado à violência, eles reinstalam a figura do pai sob a forma de um totem, ao qual cada um deles deverá obediência. A renúncia e esta obediência, por necessidade comemoradas em cerimônias ritualísticas, inscreverão os laços sociais no interior do psiquismo humano. Dessa maneira, a relação de cada um deles com o outro, com todos os outros, se inscreve no próprio interior do aparelho psíquico individual. Ela não é o resultado de uma relação de força ou de inteligência entre diferentes protagonistas, mas coextensiva à construção subjetiva. Se em seu texto Freud põe a ênfase na figura e na função do pai, de nossa parte, tentaremos precisar a da fratria.

"Certo dia, os irmãos expulsos se juntaram, abateram e devoraram o pai, assim terminando com a horda primeva. Unidos, ousaram fazer o que não seria possível individualmente" (Freud, 1912-1913/2012, p. 216), é assim que Freud propõe um mito antropopsicanalítico a partir do qual ele constrói uma interpretação para dar conta do nascimento da comunidade e do laço social. Desde o início, fratria e laço social se encontram articulados. Com efeito, nesse texto, Freud evoca um pai que reservava a si mesmo o gozo de todas as mulheres. Certo dia, os filhos se revoltaram, mataram o pai e o comeram. Mas nenhum dos filhos assassinos sucede ao pai morto, nenhum dos filhos assume a sucessão do gozo glutão do pai assassinado. Seu lugar fica vago e, longe de poder doravante gozar das mulheres tão cobiçadas, os filhos são tomados de um sentimento intenso de culpa. Este sentimento de culpa irá transformar os filhos em irmãos: eles se tornam irmãos em culpa,[9] a culpa que se segue ao assassinato do pai os liga e lhes permite experimentar este laço inabalável que os torna irmãos. Daí em diante, aquilo de que o pai os impedia, eles mesmos se interditarão.

Esta autointerdição não deixa de levantar a questão sobre sua relação com o mito edipiano tal como foi lido por Freud. Com efeito, na tragédia de Sófocles, *Édipo rei*, o herói se deita com a mãe depois de ter assassinado o pai – o acesso e o gozo da mãe dependem, portanto, do assassinato do pai. Ora, é o inverso do que aconteceu em *Totem e tabu*. Depois de ter assassinado o pai primevo, os filhos se descobriram irmãos; e para não se extraviarem numa luta até a morte, eles interditaram a si mesmos as mães e as irmãs. Contrariamente ao mito edipiano, o assassinato do pai em *Totem e tabu* não apenas não funciona como condição para o gozo da mãe, como se revela o pré-requisito para a interiorização de sua interdição. A horda primitiva dos filhos assujeitados ao pai cede lugar, então, à organização legiferante dos irmãos. Ali onde estava o filho invejoso e assassino, deve advir o irmão amoroso e preocupado com seu próximo. Esta metamorfose do ódio em amor vem do fato de o desaparecimento do pai deixar rastros indestrutíveis que encontram expressão em formações substitutivas, uma vez que a memória dele nunca é evocada. Assim, um certo número de injunções perpetuará a vontade do pai arcaico, dentre as quais a mais importante será a de exogamia. Distanciando os filhos de sua mãe, tal injunção os exila das mulheres do pai e apresenta, em consequência, a interdição do incesto.

A segunda injunção concerne ao totem. Os sentimentos ambivalentes de ódio, mas também de amor e admiração, experimentados em relação ao pai, se voltarão ao totem, isto é, mais frequentemente a um animal tornado sagrado. Este totem é intocável, mas pode ser morto e comido em festas em que se comemora a vitória sobre o pai.

---

9 Da mesma forma que se diz "irmãos em Cristo".

Enfim, a consequência destas duas injunções é o reconhecimento dos *laços iguais* entre os irmãos, que instaura uma ordem e lança as bases da sociedade. O laço social encontraria sua origem na tentativa de dominar o ciúme, transformando a hostilidade em demanda de justiça e de igualdade, em senso moral. É o que Freud formulará da seguinte maneira em *Psicologia das massas e análise do [ego]*, de 1921:

> *Isto [o "sentimento de massa" a que Freud se refere em seu texto] se forma apenas em casas com mais de uma criança, a partir da relação delas com os pais, como reação à inveja inicial com que a criança mais velha recebe a menor. Sem dúvida, a mais velha gostaria de ciumentamente reprimir a que veio depois, de conservá-la distante dos pais e privá-la de todos os direitos, mas em vista do fato de que também esta criança – como todas as que seguem – é amada pelos pais da mesma maneira, e devido à impossibilidade de manter sua atitude hostil sem prejudicar-se, é obrigada a identificar-se com as outras crianças, e assim se forma no bando de crianças um sentimento de massa ou de comunidade... (Freud, 1921/2011b, p. 81)*

Um pouco mais adiante, Freud chega à conclusão de que "justiça social quer dizer que o indivíduo nega a si mesmo muitas coisas, para que também os outros tenham de renunciar a elas ou, o que é o mesmo, não possam pretendê-las" (p. 82). Por outro lado, nos adverte Freud, este laço social não é sem relação com o sentimento de culpa decorrente do crime perpetrado pelo bando dos filhos. O sentimento de culpa está na origem dos dois tabus que inauguram a sociedade do direito. O tabu do incesto possui mais do que um valor meramente afetivo: é uma situação realista para resguardar os laços sociais entre os filhos. A fraternidade se desvela dele e o amor, outrora dirigido ao pai, se vê redistribuído entre "meus irmãos".

O mito freudiano interessa por apontar para um "sempre já aí" da culpa. Há na culpa algo de inelutável, um fato de estrutura, não um acidente individual. A sociedade do direito é erigida sobre um cadáver devorado e a análise do nascimento do laço social não poderia negligenciar esta origem. Daí, o trabalho psicanalítico, bem como uma pedagogia nele inspirada, não poderia ser compreendido – ainda que alguns tenham sonhado com isso – como um empreendimento de desculpabilização a torto e a direito, ou mesmo como um caminho rumo a uma liberdade sem lei.

De fato, não é possível vislumbrar um mundo sem lei, sem tabu, sem angústia ou culpa, em que o homem fosse naturalmente fraterno. Um mundo de filhos que não tivessem mais a necessidade de se reconhecerem como irmãos, em que o pai não tivesse mais lugar, nem que fosse o de morto – o que permitiria, imaginariamente, escapar do interdito e, por que não?, evitar a culpa. Talvez pudéssemos ler, à luz desta construção fantasmática, certas formas de psicopatologia adolescente encontradas nos "bandos" em que o laço social é rejeitado em prol do laço intragrupal. Aqui, tudo se passa como se os filhos tentassem assassinar o pai sem estabelecer o interdito, o que permite o retorno das piores figuras do pai, que adquirem contornos no racismo, no fundamentalismo ou nos poderes políticos de matiz fascista. Nestes casos, o sujeito se aferra à dimensão imaginária do laço social.

A questão que se coloca, então, é a da distinção entre a moral, que organiza as relações entre os homens, e a ética, que é subjetiva e articulada ao desejo, tais como Lacan as diferencia ao longo do Seminário 7. A moral é o que se estabelece depois do assassinato do pai. O respeito pelo outro é o respeito pela minha imagem; os bens, que é preciso compartilhar segundo regras bem estabelecidas, são os bens de que o outro pode me privar. O "amarás teu próximo como a ti mesmo", nesse sentido, deve ser interpretado em sua vertente narcísica: é minha imagem que deve ser protegida no outro. A moral organiza as relações entre os egos e visa mediar a concorrência e o ódio, que são os fundamentos narcísicos do registro imaginário. Assim, a moral faz uma dupla regulação: a das relações dos sujeitos entre si, mas também a da relação com o objeto primordial. Com efeito, nenhum objeto investido pode ser hipervalorizado a ponto de se tornar alvo de uma luta até a morte. A relação com os objetos (os bens), dessa forma, é regulada num viver junto ambíguo e provisório, mas, em todo caso, suportável, vivível. Esta moral é insuperável, como Freud lembra em *O mal-estar na civilização* (1929/2010b). Com efeito, na medida em que a moral visa manter a convivialidade e se impõe, de uma só vez, a todos, a dimensão imaginária se apodera dela: o sujeito corre o risco de se fechar sobre o ego. E como o ego é portador de uma dimensão narcísica todo-poderosa, ele convoca uma alteridade imaginária, um pai imaginário, também todo-poderoso, que reine sobre seu império. A fraternidade pode se estruturar sobre esta dimensão, como demonstramos agora há pouco.

Não obstante, o pacto imaginário que legifera sobre a ação dos filhos não é apenas narcísico, pois está vinculado a um pacto simbólico. O pai morto cede lugar ao Nome-do-pai que interdita o gozo. Dito de outra maneira, o laço imaginário nunca se dá sem o entrelaçamento ao pacto simbólico (salvo em casos dolorosos). É aqui que a ética intervém. Aquele que é confrontado com a castração, com a falta-a-ser, não pode mais situar o sujeito no nível do ego, que é, de sua parte, busca de completude. Nem por isso ele escapa à moral, uma vez que está inscrito numa sociedade que necessita de um mínimo de convivialidade, de uma dimensão fraternal – ele, porém, não vira joguete dela. A ética, na medida em que se enraíza na castração simbólica (o sujeito é barrado, faltante) e supõe a primazia do desejo – não é um assunto de todos, contrariamente à moral –, só pode ser eminentemente singular, ou mesmo oposta à dimensão imaginária da moral.

Esta dicotomia é destacada e apontada com uma agudeza extrema pelos adolescentes que acusam seus pais – e os adultos em geral – de se curvarem a regras que eles reconhecem, eles mesmos, como fundadas sobre um semblante. Assim, o adolescente que se opõe a seu pai acerca da hora que deve voltar para a casa poderá questionar: "Mas por quê?". Nesse momento, exaltado, o pai responderá: "Porque eu decidi!". Este rompante de autoritarismo certamente só faz intensificar o conflito... A resposta mais adequada será, portanto, reconhecer a dimensão arbitrária do horário imposto, mas também o fato de que esta decisão permite à família funcionar levando em consideração as necessidades de cada um. Com efeito, orgulhoso e chateado pelo encontro com o absoluto, o adolescente não pode compreender que o sujeito que assume a ética não está, por isso, liberto da moral, que regula a relação entre os Egos. Só nos resta convidá-lo a viver as regras impostas pela moral com um humor que seja, ao mesmo tempo, tomado de distância e aproximação, necessidade de se dobrar a elas e certeza de que o lugar que elas preservam está vazio. Neste tensionamento entre moral e ética, o filho submetido a... se torna também irmão de... Saindo da indiferenciação das trupe de assassinos, ele se inscreve na ordem das gerações e se orienta no campo da sexuação. Compreender-se-á, a partir dos elementos acima desenvolvidos, que uma educação moral certamente é necessária para permitir a coesão social, a vida conjunta dos homens. Todavia, essa educação moral corre o risco, se não estiver articulada a uma reflexão ética, de acentuar a dimensão imaginária alienante, desembocando no resultado oposto ao buscado. Ela deixa de ser uma função relativa à convivialidade entres os Egos e se torna um lugar em que a castração é anulada, cedendo lugar à busca desenfreada de gozo; conduzindo paradoxalmente, portanto, à dissolução da cultura.

O mito freudiano proposto em *Totem e tabu* deixa entrever o desfecho deste período delicado que é a adolescência: a figura do pai é dificilmente superável, se não insuperável. Ao instalar o totem no centro da fratria como garantidor dos laços que unem os irmãos, Freud indica que a passagem da fratria à fraternidade se efetua sob os auspícios da figura paternal. É ela que, tendo visto a criança sair de uma relação excessivamente fusional com a mãe, a convida ao compartilhamento de uma cultura comum. É graças à sua mediação que as feridas infligidas a um são perdoadas pelo outro, elaboradas num pensamento comum, metabolizadas nos laços sociais.

Sua majestade, o bebê, tendo experimentado a si mesmo como odioso e então como irmão de…, e depois como filho de…, termina por descobrir a si mesmo como sujeito fraternal. Isto é dizer que, reconhecendo os laços horizontais que o articulam a seus pares, bem como o laço vertical que o articula a seus pais, ele vislumbra um amor fraterno que não é apenas uma formação reativa frente ao ódio pelo intruso ou uma estratégia para lidar com os desafios edipianos, mas uma forma de amor no seio da qual a cultura[10] revela-se um "tomar conta de…" que, em última análise, é a principal característica do amor fraterno.

Referências

Assoun, P.-L. (1998). *Leçons psychanalytiques sur frères et sœurs. Tome 1: Le lien inconscient. Tome 2: Un lien et son écriture*. Anthropos.

Freud, S. (2010a). Introdução ao narcisismo (P. C. de Souza, Trad.). In S. Freud, *Introdução ao narcisismo; Ensaios de metapsicologia e outros textos*. Companhia das Letras. (Trabalho original publicado em 1914)

Freud, S. (2010b). O mal-estar na civilização (P. C. de Souza, Trad.). In S. Freud, *O mal-estar na civilização, Novas conferências introdutórias à psicanálise e outros textos*. Companhia das Letras. (Trabalho original publicado em 1929)

Freud, S. (2011a). A negação. In S. Freud, *O eu e o id, "Autobiografia" e outros textos* (P. C. de Souza. Trad.). Companhia das Letras. (Trabalho original publicado em 1925)

---

10 O termo alemão utilizado por Freud é *Die Kultur* (gênero feminino), cuja etimologia latina, *cultura*, que vem do verbo *colere* (*colui, cultus*), "cultivar", "trabalhar a terra", tem por extensão a conotação de "habitar", "tomar conta de".

Freud, S. (2011b). Psicologia das massas e análise do eu (P. C. de Souza, Trad.). In S. Freud *Psicologia das massas e análise do eu e outros textos*. Companhia das Letras. (Trabalho original publicado em 1921)

Freud, S. (2011c). Sobre alguns mecanismos neuróticos no ciúme, na paranoia e na homossexualidade (P. C. de Souza, Trad.). In S. Freud, *Psicologia das massas e análise do eu e outros textos*. Companhia das Letras. (Trabalho original publicado em 1922)

Freud, S. (2012). *Totem e tabu e outros textos* (P. C. de Souza, Trad.). Companhia das Letras. (Trabalho original publicado em 1912-1913)

Freud, S. (2019). *A interpretação dos sonhos* (P. C. de Souza, Trad.). Companhia das Letras. (Trabalho original publicado em 1899-1900)

Lacan, J. (1985). *O seminário, livro 20: mais, ainda* (M. D. Magno, Trad.). Zahar. (Trabalho original publicado em 1972-1973)

Lacan, J. (1988). *O seminário, livro 11: os quatro conceitos fundamentais da psicanálise* (M. D. Magno, Trad.). Zahar. (Trabalho original publicado em 1964)

Lacan, J. (2003). Os complexos familiares na formação do indivíduo (V. Ribeiro, Trad.). In J. Lacan, *Outros escritos*. Zahar. (Trabalho original publicado em 1938)

Lacan, J. (2008). *O seminário, livro 7: a ética da psicanálise* (A. Quinet, Trad.). Zahar. (Trabalho original publicado em 1959-1960)

Vivès, J.-M. (2018). Monde et immonde dans l'œuvre d'Alain Didier-Weill: éléments pour une théorie de la haine. *Insistance*, *15*, 135-140.

8. Eu me amo. Tu me amas?

Adela Judith Stoppel de Gueller

Nossa razão é a diferença dos discursos, a nossa história, a diferença dos tempos, o nosso eu, a diferença das máscaras.

Michel Foucault, 1969

O atrativo da criança reside em boa medida em seu narcisismo, em sua complacência consigo mesma e em sua inacessibilidade, como a de certos animais que não parecem se importar conosco, como os gatos e alguns grandes animais de rapina; também o criminoso célebre e o humorista conquistam o nosso interesse, na figuração literária, pela congruência narcisista com que sabem afastar de si tudo que possa diminuir seu Eu. É como se os invejássemos pela conservação de um estado beatífico, uma posição libidinal inexpugnável, que desde então nós mesmos abandonamos.

Sigmund Freud, 1914/1988b

Ouvir a instigante pergunta "como amam as crianças?", formulada pelas organizadoras deste livro, levantou como primeira questão se haveria alguma diferença entre o modo de amar das crianças e o dos adultos. Duas reflexões de crianças me vieram à mente, e tentei pensar que teoria sobre o amor haveria por trás delas.

Cláudio, de 6 anos, perguntou à mãe: "como se faz para ter um filho?" E acrescentou: "tem que *namorar* uma menina?" A resposta hesitante da mãe foi que sim. Ao que Cláudio replicou: "e como se faz para namorar uma menina?"

Outra criança foi Lucas, de 12 anos, que disse à analista: "eu nunca vou me casar ou, se eu casar, só se for comigo mesmo".

Aparentemente, as duas reflexões caminham por rumos diferentes: Cláudio pensa que o outro é necessário, enquanto Lucas o considera dispensável, bastando ter um duplo de si. Cláudio se pergunta pela sucessão das gerações, pela continuidade da espécie, enquanto Lucas está pensando em quem seria uma boa companhia para sua vida.

Tanto Cláudio quanto Lucas estão focados no futuro, ou o que imaginam do vir a ser adultos, e projetam nesse tempo um lugar sem falta, privações ou frustrações, um lugar de plenitude que se opõe à insuficiente realidade do atual.

A questão da temporalidade

Os adultos situam a completude imaginária do encontro amoroso num objeto perdido do *passado*, num tempo que se foi e que tentam, em vão, recuperar. O amor é o que vem recobrir essa falta do que um dia se teve e perdeu. O sonho de recuperar o objeto de amor perdido ajuda-os a suportar a dureza da vida atual. Freud representa esse encontro paradisíaco na imagem de um bebê sugando o peito da mãe. Sabemos, no entanto, que essa é uma reconstrução *a posteriori* de um passado idealizado do que terá sido ser bebê de peito, mas nunca saberemos se esse bebê de fato existiu um dia.

Ao contrário dos adultos, em geral as crianças não se interessam pelo passado, não querem responder a perguntas do tipo "como foi seu dia na escola?" ou "o que você fez no fim de semana?" Nada disso é importante para elas. Aquilo já foi. As coisas atraentes são as que estão acontecendo no tempo presente e as que se sucederão. Isso se evidencia claramente numa oposição crucial entre as análises de crianças e de adultos: com as crianças, brincamos de vir a ser, enquanto os adultos falam sobre sua infância. A forma como se exprime o desejo em adultos e em crianças apresenta esta diferença: as crianças situam a falta no tempo utópico em que terão tudo de que sua condição de dependência as priva de ser ou ter aqui e agora. Os adultos trazem o tom de nostalgia do que imaginam já ter tido e perderam.

Assim, a primeira questão para pensar na diferença do amor para os adultos e para as crianças é a temporalidade. Enquanto para os adultos a ilusão de completude amorosa é algo que um dia se teve e perdeu, para as crianças trata-se de um sonho que se tornará realidade um dia, num futuro mais ou menos longínquo, "quando for grande", e o futuro designa o que ainda não fui, por isso, é utópico. Para a criança, o futuro se articula com o verbo *ser*, enquanto, para o adulto, o passado se conjuga com o verbo *ter*. Nesse sentido, podemos dizer que a posição do adulto frente ao amor é melancólica, enquanto a da criança, ao contrário, é maníaca.

Figura 8.1 Tira da Mafalda.

Fonte: Quino (1993, p. 390).

Mesmo imaginando que Lucas e Cláudio sejam crianças de famílias bem abastadas e tenham suas necessidades e seus anseios suficientemente atendidos, a própria condição de imaturidade biológica lhes impõe uma falta real que as impede de ter filhos ou namorar. Nesse sentido, se perguntam sobre o que é realmente impossível na infância, ou seja, contornam, com suas reflexões, o que Lacan chama de real.

Na tirinha do cartunista argentino Quino, Guile, o irmãozinho de Mafalda, deixa claro que só se dispõe a chamar de "querido" um outro de quem ele possa esperar tudo e nada menos do que isso. Sem nuances, sem ponderações, sem divisões. A exigência amorosa da criança é absoluta. Assim, mais do que alguém em particular, "adulto" significa para a criança um lugar utópico que desmente a castração do outro, um lugar que promete uma plenitude de gozo.

Um amor sem outro

A pergunta de Cláudio parecia conduzir à clássica curiosidade sobre a origem dos bebês, mas surpreendeu ao falar no que seria uma condição lógica anterior a um filho: uma namorada. Forçando um pouco o argumento, podemos pensar que ele parece achar trabalhoso demais esse arranjo. E, aproximando-o de Lucas, poderíamos pensar que uma réplica de si seria suficiente. Uma fábrica ao modo de *Tempos modernos* seria bem mais prática e eficiente para a continuidade da espécie. Uma produção *self-made man* deve dar menos trabalho que namorar. Nessa perspectiva, as questões de Cláudio e Lucas fazem confluir os aspectos narcísicos com os da modernidade industrial, compondo um solo fértil para a busca de métodos de reprodução que não dependam de um outro. Sabemos que hoje é possível fazer um filho sem ter que namorar, seja por intermédio de uma barriga de aluguel ou por fertilização assistida. Também é possível ser progenitor solo. Ou seja, a hesitante mãe de Lucas poderia ter respondido "não, filho, hoje em dia, namorar não é mais necessário para ter um filho; há outras possibilidades". Sexualidade e amor não se recobrem como no modelo romântico, o fato de pertencerem a campos distintos está muito mais exposto do que nas clássicas histórias de amor.[1]

Tanto na versão "filho" quanto na versão "parceiro de vida", o modelo de amor que as duas crianças reivindicam é o de Narciso. Ambas estão apaixonadas pela própria imagem. Ninguém é mais importante que o eu. Talvez, como dizia Freud, seja isso que tanto nos fascina nas crianças: a paixão que elas têm por si mesmas, seu próprio encantamento.

Em *El malestar en la cultura*, Freud (1930/1988a) fala em três fontes principais do sofrimento humano: o corpo, destinado à ruína e à dissolução, que não pode prescindir da dor e da angústia como sinais de alarme; o mundo exterior, que pode abater sua força sobre nós com grande potência, impiedosa e destrutiva; e, por fim, o amor, ou seja, o laço com outros seres humanos. Este último talvez seja, diz ele, a mais poderosa causa de dor. Por isso algumas pessoas tentam evitar amar: para evitar a infelicidade e o sofrimento. Preferem a solidão, preferem se manter longe dos outros como um modo de proteção, preferem não dar o *start*. A felicidade assim obtida é a do sossego, diz Freud.

Nada mais a propósito para pensar o que se passa com os jovens atualmente. Muitos parecem preferir esse modo de felicidade: não querem sair de casa, se contentam com relações exclusivamente virtuais, evitam encontros sexuais traumáticos com um semelhante que, sem o recobrimento do amor, podem se tornar insuportáveis. Preferem se preservar em verdadeiras fortalezas vazias. Outros escolhem evitar amar e estabelecem apenas encontros ocasionais: só um "ficante", uma boca, um corpo para transar; o prazer está presente, mas o amor, ausente.

Aquela associação romântica e datada da família burguesa moderna que conciliava amor, filiação e sexuação parece estar em plena

1 Hoje, para homens e mulheres, o desejo de ter um filho pode situar-se num cenário narcisista, configurando o que Alkolombre (2008, p. 13) denomina "uma paixão de filho".

transformação e talvez mesmo em vias de extinção. Não sabemos. Mas, como clínicos, precisamos estar atentos e abertos para escutar os efeitos subjetivos dessas mudanças.

Um brinquedo capaz de amar

Em 1969, Brian Aldiss escreveu um conto intitulado *Superbrinquedos duram o verão todo*, que chamou a atenção do diretor de cinema Stanley Kubrick e serviu de base para a criação do roteiro de um filme que ele não conseguiu terminar, mas foi retomado muito tempo depois por Steven Spielberg e deu lugar, em 2001, a *Inteligência artificial.*

O protagonista do conto de Aldiss é David, um androide de 5 anos que acredita ser uma criança de verdade e sofre porque sente que sua mãe não o ama o suficiente. Deseja ardentemente conquistar todo o seu amor, mas, por não saber que é um robô, não tem como dimensionar seu anseio. Espera uma relação perfeita de amor com ela, mas não encontra meios para conquistá-la. David não sabe qual seria uma boa estratégia para tanto: fazer estrepolias, escrever cartinhas de amor ou se esconder dentro do armário; mas o que obteve dela até agora lhe parece insatisfatório. A desmesura de sua demanda desconcerta a mãe: David quer mais, sempre mais. Espera dela um amor infinito.

David tem um interlocutor muito especial, a quem endereça as questões mais intrincadas. Trata-se de Teddy, um ursinho de pelúcia cibernético cujos circuitos são muito mais simples que os dele. Teddy é seu consultor sentimental e confidente – que nós aqui situaremos como aquele que ocupa o lugar de seu analista.

"Como escrevo uma carta de amor para mamãe?", "Nós somos reais, Teddy?", "O tempo é real?" As respostas do urso são demasiadamente simples para a complexidade das perguntas de David, e o retorno sobre si dessa demanda não produz a articulação simbólica necessária para que ele pare de repetir insistentemente certos comportamentos. Nas cartas à mãe, escreve muitas e muitas vezes "mamãe, eu te amo" e diz: "me faltam palavras".

O que impede David de se dirigir diretamente a quem ele quer que o ame? Por que não consegue fazer as perguntas diretamente à mãe? Como muitos apaixonados, ele não quer se frustrar: quer uma estratégia infalível de sedução. É nesse ponto que, como leitores/espectadores, o filme nos convida a revisitar a inibição que um dia nos tomou quase completamente na hora de fazer uma declaração de amor. Talvez por isso, mais do que cartinhas, as crianças demandam amor com choro, birra, patadas e abraços que os adultos relutamos em interpretar como declarações de uma voraz demanda de amor.

Assim como David, as crianças não têm freios para demandar amor; como ele, não conseguem mensurar o peso do seu pedido. A palavra de ordem ou o imperativo de gozo da criança é sempre mais um pouquinho. O que fazer diante dessa demanda? Que diferentes respostas dão os adultos, inclusive os analistas? Não importa qual seja a resposta – ela será sempre insatisfatória. É isso que David encena de maneira exemplar revelando a estrutura da demanda de amor, ou demanda fundamental: "peço que recuses o que te ofereço, porque não é isso" (Lacan, 1973/1981, p. 67).

Inteligência artificial

O protagonista do filme *A.I. Inteligência Artificial* (*A.I. Artificial Intelligence*, Steven Spielberg, 2001) também se chama David e é um androide, mas tem a aparência de uma criança de 11 anos (e não de 5, como no conto de Aldiss).[2] Uma legenda complementa o título: "Ele não é real, mas seu amor é real".

2 Os androides têm sempre a mesma aparência. O tempo não transforma seu corpo. E nisso eles evocam a atemporalidade do inconsciente freudiano, a atemporalidade do infantil.

O que seria um amor real? Entendemos que a questão colocada por Spielberg é semelhante à que Freud (1911-1913/2010) se colocou em "Observações sobre o amor de transferência", de 1915. Seu questionamento supunha que o analista era suporte na transferência do amor outrora endereçado a outro objeto: a mãe, o pai, um irmão, um professor, que agora se havia deslocado para a figura do analista. Logo, o analista estava recoberto com o véu da fantasia. Indicado pelo próprio nome do amor *de transferência*, esse véu o impedia de ser transparente. Havia pois um engano, uma mentira que se instalava no dispositivo analítico, essencial para fazer o próprio dispositivo funcionar. No entanto, o amor endereçado a ele era verdadeiramente real, diz Freud.

Mais de um século depois, esse assunto, que está no cerne do dispositivo analítico, continua suscitando inúmeras questões epistemológicas, éticas e até políticas. Pois bem, o filme *Inteligência artificial* começa com um debate semelhante. Os cientistas discutem os problemas que podem decorrer da invenção de um novo dispositivo tecnológico: um robô com capacidade de amar.

No cenário distópico apresentado por Spielberg, até esse momento, os androides prestavam aos humanos serviços variados, que iam desde tarefas domésticas e serviços de segurança até ser amantes atenciosos e dedicados. Mas amar implicava um novo problema: o desamor. Os cientistas ainda não sabiam como enfrentá-lo, já que, uma vez acionado o dispositivo, não haveria retorno, quer dizer, a máquina nunca deixaria de amar a pessoa que lhe deu o *start*.

O proponente da novidade tecnológica pergunta aos colegas quem se responsabilizaria por esses seres mecânicos com capacidade de amar, visto que, se uma família adotasse um, não poderia devolvê-lo e, se não se adaptasse ou enjoasse desse robô, a única saída possível para o órfão mecânico despossuído seria a destruição completa.[3] Seguem-se

3 Menciono esse ponto por causa da cada vez mais frequente devolução de crianças adotadas. Profissionais da Defensoria Pública de Ceará afirmam que devolver

vários argumentos. Seria melhor não avançar? Ainda estava em tempo. Àquela altura, David era um exemplar único.

O problema do amor era complexo, já que não ficava circunscrito às máquinas. Implicava uma relação com um objeto de amor, que também seria tocado e transformado pelo afeto (*pathos*). Amar fazia passar do um ao dois. Não se podiam dissociar amante e amado: os atos de um eram inseparáveis das respostas do outro. Destruir David em caso de necessidade não seria suficiente: o amor também teria transformado sua mãe.

Dor e luto

A experiência tem início. Os cientistas decidem que David seria integrado a uma família vulnerável: um casal que tem um filho com uma doença incurável. David entraria ali como um objeto substituto, para atenuar a dor desses pais.

Martin, o filho biológico, está com vida graças a uma máquina que o mantém congelado, para a eventualidade de, um dia, se descobrir uma cura. É um estado indeterminado entre a vida e a morte, o que impede que os pais se despeçam dele e vivam o luto. Martin não está completamente perdido. Tecnicamente, os aparelhos o mantêm com vida, embora ele não possa interagir com ninguém. Martin não demanda nada, mas a mãe quer lhe dar tudo. Desse modo, demonstra que seu amor ainda perdura e inclusive está sobreinvestido.

A cena em que vemos a mãe visitar o filho antecipa a situação em que David estará no fim do filme: a daquele que ama sem ter nenhuma resposta de seu objeto de amor. Mônica conta histórias para o filho em

---

uma criança é mais comum do que se imagina. Isso acontece geralmente durante o período de convivência, já que, a rigor, a adoção definitiva é uma medida juridicamente irrevogável. (Dados extraídos da Defensoria Pública de Ceará. Disponível em: https://www.defensoria.ce.def.br/noticia/adocao-e-coisa-seria-devolucao-de-criancas-deixa-sequelas-psicologicas-e-afetivas/).

coma. Fala sem ter um interlocutor. Mesmo assim, ela supõe um sujeito que escuta. O que sustenta sua fala é o laço de amor.

Essa cena de Mônica e Martin me lembrou do que Lacan (2022, p. 54) explicou quando situou a vida no registro do Real.[4] Esse resto vital, essa vida em espera, essa vida sem vida, esse resto que subsiste fora de sentido. Diz ele:

> *Contrariamente ao mito evocado por Freud, a saber, que Eros seria fazer um,[5] é justamente disso que padecemos. Em nenhum caso dois corpos podem fazer um, por mais estreitamente que se abracem. Não cheguei a colocá-lo no meu texto, mas o que de melhor podemos nesses famosos apertos é dizer: 'abrace-me bem forte!'. Porém, não abraçamos tão forte que o outro acabe sufocando – de modo que não há nenhuma espécie de redução ao Um. Essa é a lorota mais incrível. (Lacan, 2022, p. 58)*

Mais adiante, acrescenta:

> *Qual é o saldo disso, da ciência, afinal de contas? Isso nos dá algo com que nos contentarmos, no lugar do que nos falta na relação de conhecimento, o que para a maior parte das pessoas, em particular, todos os que estão aqui, se reduz a bugigangas – a televisão, a viagem para a Lua... E a viagem para a Lua vocês ainda não fazem, apenas uns poucos selecionados, mas vocês a veem na televisão. (Lacan, 2022, p. 59)*

---

4 Situou a vida no registro do Real, a morte no registro do Simbólico e o corpo no registro Imaginário.

5 De acordo com Freud (1930/1988a, p. 67, tradução nossa): "no auge da paixão, ameaçam desaparecer os limites entre o eu e o objeto. Contrariando todos os testemunhos dos sentidos, o apaixonado afirma que eu e tu somos *uno*, e está disposto a comportar-se como se assim fosse".

A ciência, que inventa uma bugiganga como uma máquina que mantém um corpo com vida, essa vida mantida ao preço do congelamento – numa temperatura inferior à de um corpo morto – permite que Mônica sustente a ilusão de estar fazendo um com seu filho Martin, permite que ela abrace seu corpo, apesar de ele não reagir.

Nessa zona cinzenta entre a vida e a morte e diante da impossibilidade de desligar a máquina que o mantém nesse estado vegetal há tanto tempo, Mônica entra numa depressão profunda. Identificada com o filho em coma, ela também se encontra entre a vida e a morte psíquica. Procura se fusionar com Martin pela via da identificação, primeira forma do laço amoroso. A identificação melancólica é outra forma de abraçar o objeto, um modo silencioso de amar que não diferencia adultos e crianças.

É nessas circunstâncias que, sentindo-se impotente para reanimá-la, seu marido decide presenteá-la com esse brinquedo tão particular e duradouro. Ele deseja ardentemente tirar sua mulher da depressão e cogita que um objeto substitutivo do filho biológico com capacidade de amá-la e interagir com ela talvez consigam esse milagre. David talvez não ajude a elaborar o luto impossível de Martin, mas pode ajudar a mitigar a dor da mãe. Estamos em pleno território do estranho, do estranhamente familiar. David é uma presença que vem preencher um filho que falta à mesa todos os dias no café de manhã. David será um objeto fetiche ou um objeto de amor? Ele sustentará para a mãe o desmentido da ausência de Martin?

David se situa no sutil intervalo que diferencia o objeto de amor do objeto fetiche e, nessa pequeníssima distinção, a conta não fecha, mostrando o impossível da substituição. O brinquedo que dura todo o verão não cura a dor nem a carência de Mônica, mas estanca o sofrimento, obtura o buraco deixado pela ausência de Martim na casa.

A situação paradoxal com que Spielberg nos defronta desde o início pode ser enunciada assim: o filho humano vive graças a uma máquina, no entanto, não interage, e é impossível saber se um dia voltará à vida real. David, o filho máquina, vem como um substituto; ele não é real, mas desperta na mãe um amor real. David responde à demanda do amor materno: ele pode abraçá-la. No entanto, Mônica não pode fazer Um com nenhum dos dois.

Assim, a mãe se vê na encruzilhada de decidir dar início ao amor de David e dar fim ao amor por Martin, mas, como é humana, arrisca iniciar o novo amor embora não consiga se desligar do filho doente. Uma decisão errada, neurótica, falha. A dificuldade de encerrar um amor não é só dos androides. Ela revela nossa dificuldade de decidir sobre vida e morte, nossa dificuldade de dar fim a um amor.[6]

Em profundo conflito, com esse ser artificial em casa, ela enlouquece: ele parece humano, parece um filho. Como diz Nasio (2007, p. 40): "Negar-se a admitir uma perda irreparável confina na loucura, mas mitiga a dor".

Mas não seria traição antecipar o luto de alguém que ainda não está efetivamente morto?[7] Isso não seria trair o filho Martin? Poderá Mônica se permitir substituir esse filho, que ninguém se sabe se viverá ou não, por David, o filho robô?

Duas recordações da clínica

Lembro de uma criança que teve seu amado avô internado durante um ano no hospital. A cada dia, ela chegava chorando, pensando que seria a última vez que o veria com vida. Dia após dia, ela se desfazia em lágrimas. Dia após dia, a ferida voltava a se abrir. A dor de amar é traumática, e a ferida reaberta a cada dia não permitia a cicatrização.

---

6 Não por acaso, avançamos muito mais depressa no tema da reprodução assistida – o recurso à tecnologia para produzir novas vidas – que no da eutanásia – a decisão de pôr fim à vida.

7 Situações desse tipo são progressivamente mais frequentes. A morte deixou de ser um acontecimento, tornando-se uma região cada vez mais extensa (Sibila, 2002).

Nessa difícil situação, sugeri aos pais ir espaçando essas visitas de modo a evitar essa despedida infinita com efeitos retraumatizantes. Mas como tomar essa decisão? O mal-estar de nosso tempo se agudiza nesses momentos, quando temos que decidir por nossa conta acontecimentos que sobreviriam pela força da natureza ou pela força divina. Esse peso que recai sobre o sujeito se torna intolerável. Antecipar simbolicamente uma morte que não acaba de acontecer realmente é de uma crueldade ímpar, mas, uma vez que a medicina consegue prolongar a vida por tempo quase indeterminado num número maior de casos, essa passou a ser uma causa de sofrimento psíquico cada vez mais frequente em nossa clínica.

Lembrei também de Alexandre, um menino cujo pai tinha falecido repentinamente num acidente. Ele tinha 3 anos de idade quando isso aconteceu. Segundo o relato da mãe, sua primeira reação foi uma identificação parcial com um membro do corpo despedaçado do pai. Uma perna sua se paralisou, e os médicos pensaram tratar-se da síndrome de Guillain Barré, hipótese que nunca confirmaram. A minha foi que aquele sintoma seria expressão da relação amorosa com seu pai – do mesmo modo que a tosse de Dora, a paciente de Freud, era resultante da relação amorosa com o pai dela – e que essa identificação regressiva a um único traço vinha substituir uma relação objetal como a que caracteriza a formação do sintoma histérico.

Quando o conheci, Alexandre já estava com 6 anos. Apesar de ser exímio jogador de bola, fez um desenho em que se representou sem a parte inferior de uma das pernas. Ele não sabia por que tinha se desenhado desse jeito.

Disse que vinha à análise porque que não queria perder as poucas lembranças que ainda tinha do pai e, por outro lado, tinha começado a vê-lo reaparecer como um fantasma que surgia nos cantos da casa e o apavorava. O fantasma era uma sobreinvestidura da imagem do objeto perdido que tinha sido ejetada para fora do eu e agora reaparecia no real. Desse modo, evitava se despedir dele, mas o preço de prolongar sua presença na forma de um fantasma era que se via impedido de circular no próprio lar. Mesmo o pai tendo virado um encosto, mesmo sendo uma espécie de membro fantasma da família, Alexandre temia deixá-lo partir e, junto com ele, as recordações.

O fim do amor

Os problemas do amor se ressignificam no fim, do mesmo modo que as questões da análise. As máquinas por si mesmas não abandonariam seu objeto de amor, porque ele era, em sua própria formulação, infinito e eterno. Uma nova questão crucial diferenciava os homens das máquinas: o de um amor sem fim, sem o desgaste do tempo, sem o horizonte da morte.

Máquinas não envelhecem, e nisso se aproximam do inconsciente atemporal. Uma vez ativada, a memória afetiva dos robôs dura para sempre, como os traços mnêmicos inconscientes. David nasceu com 11 anos e terá a mesma idade para sempre, permanecerá como o infantil, mas sua mãe como presença objetal um dia o abandonará.

O filme apresenta um cenário apocalíptico. Mônica morrera havia séculos, e vemos o robô sozinho, venerando sua estátua do modo de sempre, imutável. David não pode deixar de amar sua mãe, nem tampouco odiá-la por tê-lo abandonado. Seu amor não se vê alterado pela privação do objeto. Diferentemente das crianças com hospitalismo estudadas por Spitz (1945), David não muda ao longo do tempo. Para ele, a mãe continua sendo um objeto idealizado que permanece intocado. Spielberg reifica uma imagem sacralizada e imaculada da mãe ou, como diria Badinter (1985), concorre para mistificar o lugar materno.

As crianças de Spitz sofriam de uma doença resultante da privação completa e prolongada do objeto de amor que lhes tirava a vontade de viver. Sem recursos imaginários ou simbólicos para elaborar o abandono, elas iam deixando de comer e beber até morrer.

David não podia deixar de se alimentar como aquelas crianças, porque nunca tinha precisado de alimentos, não podia desidratar porque nunca tinha precisado água. Como poderia sintomatizar a dor e a privação do objeto de amor? Só lhe restavam a insistência e a iteração, como às crianças com autismo mais severo.

Um amor sem fim, um amor com garantia de permanência absoluta pode se tornar asfixiante e, definitivamente, ser para nós tão doloroso quanto o fim do amor. Um amor eterno não grita nem chora, mas conduz a uma perene e silenciosa espera e à mais profunda solidão.

Spielberg ainda nos desafia a levar a ficção até um limite que parecia infranqueável: David reencontra seu pai/fabricante/inventor, o dr. Hobby, e ouve uma notícia aterradora: ele não é original nem único. Foi construído à imagem e semelhança de um filho amado que morreu. Nesse momento, David descobre que existem inúmeras réplicas de si, que ele é só o primeiro, a mera sombra de um verdadeiro amor. A queda violenta do lugar fálico exclusivo se materializa num pulo mortal no vazio, representando o não lugar da experiência de desamor. Ele é só mais um de uma série que pode ser reproduzida indefinidamente. Deixou de ser um exemplar excepcional com um valor incalculável para ter um preço quantificável e até vendável.

Vai embora!

Ela devia estar com 3 anos quando, no meio de uma brincadeira, me perguntou: "papai é dispensável?" Sem entender do que se tratava, respondi tão hesitante quanto a mãe de Cláudio: "não, papai não é dispensável". "Não?!", replicou ela, surpresa.

Momentos antes, ela estava brincando com uma roda de bonecos, cada um dos quais tinha o nome de um colega da escola. Ela corria em volta deles entoando uma cantiga de roda com que ia "dispensando" um "amigo" por vez. Ela era a voz de autoridade e decidia arbitrariamente quem podia ficar e quem tinha que sair da brincadeira. Muito intrigada com essa encenação, descobri se tratar da recriação de um fragmento de um filme dos Jetsons (na época, seu preferido): o antagonista de George, o pai da família supersônica, era mandado embora do emprego por seu patrão, o sr. Spacely. "Você está dispensado", dizia o baixinho bronco com seu grosso vozeirão. A personificação e o conflito entre o chefe e o empregado foram transferidos à roda dos bonecos, e ela recriava sua identificação com o sr. Spacely: podia dispensar quem quisesse, podia exprimir seu desejo hostil de substituir o pai, de se livrar dele sem piedade, como o Doutor Hobby.

Nada muito diferente do netinho de Freud, o conhecido criador do Fort-da, que, um pouco mais tarde,[8] com dois anos e meio, brincava de soldado e general. Personificando o superior, Ernest dizia ao soldado: "Vá à guerra". Freud interpretou o jogo de forma edípica, entendendo que o soldado representava o pai rival. O menino encenava na brincadeira seu desejo hostil de dispensar o pai para ficar a sós com a mãe. Era o tempo da Primeira Guerra Mundial, e o menino não tinha dó de ordenar que o pai fosse embora para o campo de batalha.

Hilda, a filha de Karl Abraham (1917/1961, p. 51), foi mais sutil quando, em meio a um jantar a sós com o pai, comentou: "não é bonito que a mamãe não está em casa hoje?" Dias mais tarde, perguntou diretamente à mãe: "quando você vai morrer?" E, pouco depois: "daqui a dez anos você ainda estará viva?" Um tanto impaciente com a insistência da filha, a mãe replicou: "se eu morrer você não terá uma mamãe". Imediatamente, a menina replicou: "mas continuarei tendo meu papaizinho".

Hoje, à luz das falas dessas três crianças, me pergunto se não seria importante ressaltar o lugar ativo que elas assumem para se livrar do amor dos pais. Por meio da identificação/personificação, elas são agentes da separação, o que lhes permite ensaiar a liberdade que teriam se

8 Na época do Fort-da, ele estava com 18 meses.

pudessem dispensar o pai ou a mãe e livrar-se do laço alienante do amor. Sem medir as consequências e de um modo maníaco, elas brincam de independência e autonomia: "posso me virar sem você, não temo a separação, não tenho medo de ficar desprotegido". Só muito mais tarde, já adultas, provavelmente elas se perguntarão sobre as ausências e sobre o que perderam com a partida dos pais ou a delas mesmas, mas o corte já se haverá feito. A transformação se haverá consumado e quem sabe então elas mesmas estejam no lugar do pai ou da mãe.

Referências

Abraham, K. (1961). Algunos ejemplos de la relación afectiva de las niñas con sus padres. In K. Abraham, *Estudios sobre psicoanálisis y psiquiatría* (pp. 50-52). Hormé. (Trabalho original publicado em 1917)

Aldiss, B. (2001). *Superbrinquedos duram o verão todo*. Companhia das Letras.

Alkolombre, P. (2008). *Deseo de hijo. Pasión de hijo: esterilidad y técnicas reproductivas a luz del psicoanálisis*. Letra Viva.

Badinter, E. (1985). *Um amor conquistado: o mito do amor materno*. Nova Fronteira.

Freud, S. (1988a). El malestar en la cultura. In S. Freud, *Obras completas* (Vol. XXI). Amorrortu. (Trabalho original publicado em 1930)

Freud, S. (1988b). Introducción al narcisismo. In S. Freud, *Obras completas* (Vol. XIV). Amorrortu. (Trabalho original publicado em 1914)

Freud, S. (2010) Observações sobre o amor de transferência. In S. Freud, *Observações psicanalíticas sobre um caso de paranoia relatado em autobiografia (o caso Schreber): artigos sobre técnica e outros textos*. Companhia das Letras. (Trabalho original publicado em 1911-1913)

Lacan, J. (1981). *Seminario XX. Aún*. Paidós. (Trabalho original publicado em 1973)

Lacan, J. (2022). *A terceira: teoria da lalíngua*. Zahar.

Nasio, J.-D. (2007). *A dor de amar*. Zahar.

Quino (1993). *Toda Mafalda: da primeira à última tira*. Martins Fontes.

Sibila, P. (2002). *O homem pós-orgânico: corpo, subjetividade e tecnologias digitais*. Relumé-Dumará.

Spitz, R. A. (1945). Hospitalism: an inquiri into the génesis of psychiatric condiciona in early childhood. *The Psychoanalytic Study of the Child*, *1*(1), 53-74.

9. A propósito da função do semelhante: amor e ódio entre irmãos

Maria Cristina Kupfer
Leda Mariza Fischer Bernardino

Em psicanálise de crianças são muitas as situações clínicas em que as questões entre irmãos aparecem em destaque, constituindo um dos sintomas de que se queixam os pais e mesmo os pacientes. Citemos algumas queixas: o pequeno paciente não conseguiu se conformar com o nascimento de uma irmãzinha; ou um irmão nasceu quando o paciente em questão ainda era ele próprio um bebê; ou o irmão adquire um protagonismo que deixa o paciente que recebemos à sombra; ou ainda, quando o irmão – neste caso – gêmeo, é um suporte importante e é impossível ficar muito longe dele, uma referência inseparável.

Bernardo, por exemplo, fala como seu irmão é "um chato", está sempre "enrolando" e provocando atrasos aonde quer que a família vá. Na escola foi flagrado brigando feio com o irmão e não sabe explicar por que ele o irrita tanto. "Viveria muito melhor se ele não existisse", desabafa finalmente.

Rafael, por sua vez, já num momento decisivo de sua adolescência, tem que enfrentar a dura separação em relação a seu irmão gêmeo que vai estudar em outra cidade. Vem à análise por sintomas de despersonalização, parece que é difícil viver a realidade sem esta posição de exterioridade em relação a si mesmo que o distanciamento do irmão provoca.

Todos esses exemplos põem em relevo um aspecto essencial da constituição subjetiva, ainda muito pouco considerado teoricamente: o lugar do irmão, do coleguinha, do par, nesse processo.

O fato de essa questão não ser ainda suficientemente explorada nos estudos sobre o processo de constituição do sujeito é surpreendente, tendo em vista que nos textos dos mestres psicanalistas não deixou de ser abordada. Tanto Freud quanto Lacan, bem como Winnicott, Françoise Dolto e Maud Mannoni, para citar os clássicos, escreveram sobre o papel dos irmãos para o psiquismo das crianças.

Por que nos tempos atuais tanto as situações clínicas quanto as escolares nos incitam a pensar melhor sobre o papel do semelhante-par para a criança?

Uma hipótese seria de que a criança do século XXI é essencialmente uma criança social, sendo a escola o lugar social por excelência na infância, instituição na qual as crianças entram cada vez mais cedo, em sua maioria no tempo de bebês. E na escola as vivências são coletivas e colocam à prova o tempo todo a relação com o outro semelhante.

Ademais, o tempo de convivência familiar das crianças tornou-se mais restrito, com os pais em sua maioria trabalhando fora. Nas relações familiares rápidas e entremeadas de obrigações e agendas apertadas, ficou mais difícil construir – como precisa ser o caso – as relações entre irmãos.

Estas relações, em nossa opinião, têm uma importância tal que propomos denominá-las *função do semelhante*. Alçar esta relação ao estatuto de conceito e, mais ainda, com um papel determinante na constituição subjetiva requer uma precisão teórica, uma vez que são várias as diferenciações a serem feitas para destacar de que exatamente estamos falando.

Foi a partir de uma experiência de pesquisa[1] em escolas de educação infantil e início do ensino fundamental que a proposição *função do semelhante* tomou forma para nós. Foi um achado dessa pesquisa o fato de que que algumas crianças, ao serem avaliadas, respondiam de modo muito diferente quando estavam na presença de um coleguinha com quem tinham uma relação privilegiada, em relação aos momentos em que estavam longe deste coleguinha. Pôde-se concluir que, para algumas crianças, o suporte de um coleguinha era um aspecto fundamental na sua experiência escolar. Para elas, poder usufruir de modo pleno desta experiência dependia da sustentação do amiguinho.

Esta constatação nos levou a propor um quinto eixo de investigação da constituição psíquica, justamente a *função do semelhante,* ao lado dos demais eixos *presença/reconhecimento do sujeito, o corpo e sua imagem, o brincar e a fantasia e função paterna,* para compor o instrumento APEGI, que foi validado na referida pesquisa. Sendo assim, o eixo *função do semelhante* já foi objeto de trabalhos anteriores (Kupfer & Bernardino, 2022b; Fonseca et al., 2022; Bernardino, 2020). No entanto, articular a *função do semelhante* ao lugar do irmão ou seus representantes no processo de constituição psíquica vai nos permitir, acreditamos, precisar ainda mais o conceito.

Como sabemos, a teoria lacaniana obedece a um *princípio estrutural,* no que se refere ao processo de constituição do sujeito, ou seja, trata-se de "um sistema de elementos governados por leis internas" (Dor, 2011, p. 17). Assim, como aponta Dor, "basta que um único elemento se mova para que a lógica reguladora do conjunto de todos os outros também se modifique". Nesse contexto, Lacan propôs a *função paterna* e a *função materna* como constituintes da subjetividade. Nossa proposta é de que, ao lado dessas duas funções, já bastante estudadas

1 Trata-se da pesquisa de validação do instrumento APEGI – Acompanhamento psicanalítico de crianças em escolas, grupos e instituições, realizada entre 2017 e 2020. Ver Kupfer e Bernardino (2022a).

teoricamente, teríamos a *função do semelhante,* levando em consideração que *os semelhantes são fonte de identificações e participam da constituição psíquica.*

O presente texto tem por objetivo elaborar teoricamente essa proposta a partir dos seguintes pontos:

1. Algumas distinções necessárias entre complexo do semelhante, função do semelhante, complexo familiar, entre semelhante e próximo e, finalmente, entre função do semelhante e laço fraterno.
2. O laço social de uma criança com outra é feito pela falta.
3. O outro, o semelhante, difere do outro adulto.

Para, finalmente, responder à questão:

4. Como pensar o amor e o ódio entre irmãos na contemporaneidade?

Interrogação pertinente, se nos remetermos ao texto lacaniano que situa na relação entre irmãos "a gênese do sentimento social", ideia que, como veremos a seguir, já estava presente no texto freudiano.

Complexo e função do semelhante, laço fraterno, próximo

Em *Projeto de uma psicologia para neurólogos* (Freud, 1895[1950]/1996) podemos acompanhar a primeira referência a essa função, que Freud chama de "complexo do ser humano semelhante". Podemos também acompanhá-la com uma referência à dialética, digamos, do semelhante e do diferente.

Vejamos primeiro o que Freud diz sobre a percepção do outro para um sujeito, para entender melhor de onde vem esse complexo do semelhante de que falam os psicanalistas depois de Freud, por exemplo, Kaës (2008),[2] para quem o complexo fraterno é um verdadeiro complexo, ao lado do complexo de Édipo e o de castração.

---

2 Kaës afirma que o complexo fraterno não se limita ao complexo do intruso, que seria seu paradigma. E acrescenta: "Enfim, faço uma distinção entre o complexo fraterno

No *Projeto*, podemos acompanhar tanto a primeira referência a essa função como a essa dialética semelhante/diferente, que estamos aqui ressaltando. Ali aparece a expressão "complexo do semelhante", ou *Nebenmensch* – o tradutor francês do *Projeto* observa que o termo "semelhante" corresponde ao termo *Nebenmensch* em alemão. No trecho da edição brasileira em que está discorrendo sobre o "complexo perceptivo", Freud escreve:

> *Suponhamos que o objeto que compõe a percepção se pareça com o sujeito – um outro ser humano. Nesse caso, o interesse teórico [que lhe é dedicado] também se explica pelo fato de que um objeto semelhante foi, ao mesmo tempo, o primeiro objeto satisfatório [do sujeito], seu primeiro objeto hostil, além de sua única força auxiliar. Por esse motivo, é em relação a seus semelhantes que o ser humano aprende a conhecer. Os complexos perceptivos emanados desse ser semelhante serão então, em parte novos e incomparáveis – como, por exemplo, seus* traços, *na esfera visual; mas outras percepções visuais – as dos movimentos das mãos, por exemplo – coincidirão no sujeito com a lembrança de impressões visuais muito semelhantes, emanadas de seu próprio corpo, [lembranças] que estão associadas a lembranças de movimentos experimentados por ele mesmo. (1895[1950]/1996, p. 393)*

Neste trecho, vê-se que, diante do outro, o sujeito teria que enfrentar essa dissonância entre a percepção do mesmo e do diferente. As identificações são entendidas aqui como processos psíquicos que produzem uma diferenciação eu/Outro, na medida em que permitem à criança perceber a menor diferença entre ela e o outro quando integra

e o laço fraterno: o primeiro organiza o segundo, cujos efeitos são particularmente sensíveis, estando além da família, nos grupos e nas instituições" (Kaës, 2008, p. 383).

o traço do outro "que eu não tenho". Este jogo está presente desde o início para a criança, e é referido por Freud a partir do *Projeto*. É por meio desse jogo, segundo Freud, que o bebê consegue distinguir entre objeto alucinado e objeto real para notar a diferença entre eles. Quando esse objeto é parecido, mas não idêntico, ajuda a definir sua própria imagem: "Eu sou o que o outro não é".

Também nesse fragmento do *Projeto*, vemos a referência ao complexo do *Nebenmensch*, e ele ainda não é o fraterno ou o próximo.[3] É o pequeno outro, que encarna o Outro Primordial, responsável pela subjetivação do *infans*. Ainda não é o complexo do semelhante propriamente dito.

Façamos agora algumas distinções entre os termos complexo, complexo fraterno, laço fraterno, complexo familiar e complexo do semelhante, para que possamos distingui-lo de função de semelhante, termo que usamos no lugar do termo "complexo".

Para Freud, um complexo é um conteúdo de representações ligadas por associação (Delrieu, 2008, p. 171). É também um tecido de representações com o afeto a elas ligado (Delrieu, 2008, p. 172).

Mas Freud não é nada preciso ao falar de complexos. Ainda de acordo com Delrieu (2008) em seu verbete "complexe", ficamos sabendo que ele se referiu várias vezes a esse termo, sem, no entanto, torná-lo uma noção ou um conceito, exceto pelos complexos de Édipo e castração. Ele chegou a manifestar desconfiança em relação ao termo, ainda que tivesse feito tentativas de instituir outros complexos, como o familiar. Lacan (1938) o seguiu escrevendo sobre complexos familiares, porém também o abandonou mais tarde.

---

3 É preciso lembrar que Freud não fez uma distinção entre outro semelhante e Outro, como propôs Lacan. Assim, o *Nebenmensch* pode ser traduzido por semelhante, embora possamos dizer que se trata mais propriamente de um Outro, chamado por Lacan de Outro Primordial.

Por que esse termo *complexo* foi aqui abandonado e substituído pelo termo *função*? Trata-se de olhar para a estrutura, como já afirmamos anteriormente. Na psicanálise lacaniana, a noção de função refere-se a uma ordem psíquica, independentemente da entidade que a incorpora. Quando o pai a exerce, encarna-a fazendo-a operar à sua maneira, como um pequeno outro, submetendo-se à lei geral da função paterna. Se Lacan, portanto, deixou de lado os complexos paterno e de desmame, substituindo-os pelas funções paterna e materna, é porque quis destacar, acreditamos, seu aspecto estrutural, matemático. Propomos então, do mesmo modo, substituir o complexo de intrusão pela função do semelhante.

No texto sobre os Complexos Familiares (Lacan, 1938), ainda encontramos o que Lacan diz sobre um complexo é

> *uma representação inconsciente, referida como imago. Os complexos e a imago revolucionaram a psicologia e, especialmente, a da família, que provou ser o lugar de escolha dos complexos mais estáveis e típicos... Os complexos têm se mostrado como 'organizadores' no desenvolvimento psíquico. (p. 29, tradução nossa)*

E é nessa qualidade que ele apresenta os complexos de desmame, intrusão e de Édipo. É interessante observar que no complexo do desmame, é da imago materna que se trata; no complexo de Édipo, trata-se da imago paterna; e no complexo de intrusão, trata-se justamente da imago do irmão!

Mais um comentário sobre os Complexos Familiares. Lacan, nesse texto, observa que a forma do semelhante é percebida como uma unidade mental, em referência ao domínio do especular, e também em referência ao texto do *Projeto*. Mas essa unidade, embora ajude na formação do eu, não é suficiente, porque o sujeito se funde com ela, sendo alienado por ela primordialmente. O contraponto à alienação aparece mais claramente no Seminário 11 (Lacan, 1964/2008), com a noção de separação, que poderia muito bem ser associada à segunda vez em que Freud fala de diferenciação no texto do *Projeto*. Mais uma vez, encontramos essa questão do "semelhante/diferente".

Agora, trata-se de nos atermos à distinção entre semelhante e próximo, que não está colocada por Freud em *O mal-estar na civilização* (Freud, 1930/1996), que ali discute, sobretudo no capítulo V, a questão do amor ao próximo, servindo-se apenas deste termo.

Mas vemos que a distinção se impôs. Beaumont procede a alguns esclarecimentos. Primeiro, cita Simone de Beauvoir que escreve: "Não *somos* próximos de alguém, mas *fazemos* do outro um próximo por um ato". Não se trata, portanto, segundo ele, de uma relação recíproca, como a do semelhante, que também é de ordem imaginária, no espelho. Beaumont afirma ainda que, diferentemente do outro da relação dual, o próximo é compreendido apenas em relação a um terceiro.

Aqui, podemos supor que o termo semelhante se abre quer para considerações no campo clínico e na relação outro/Outro, enquanto o termo "próximo" se abre para considerações em torno do laço fraterno e, portanto, em torno do campo social. Trataremos então, agora, da dimensão do laço fraterno e sua relação com a falta.

O papel da falta no laço entre os irmãos

Em "Psicologia de grupo e análise do ego" (1921/1996), Freud afirmou que, de fato, o sentimento coletivo encontra sua origem no ciúme da criança em relação ao irmão rival. Quando a criança descobre que não há nada que possa fazer para dele se livrar, ela decide que, se não puder receber o amor exclusivo de seus pais, ninguém mais o terá. E, na escola, a repercussão desse sentimento será visível. "Todos sabemos", diz Freud, "do modo ruidoso e implacável como essa reinvindicação é apresentada na escola. Se nós mesmos não podemos ser os favoritos, pelo menos ninguém mais o será" (Freud, 1921/1996, p. 123). Assim nasce, como formação reativa, uma identificação com a criança rival e o sentimento coletivo entre as crianças. Mas por que isso ajudaria? Porque a identificação que ali se constrói é a dos semelhantes que precisam confraternizar *em sua falta*, por assim dizer. Assim, todos são solidários porque não têm o privilégio. A identificação é então baseada na marca de uma ausência, que possibilita suportar a angústia.

Nessa passagem de "Psicologia de grupo e análise do ego", vemos o início da discussão em torno não apenas da função do semelhante, mas em torno do vínculo *fraterno,* esse elo que, segundo Freud, permitiria o laço social e que o fundaria. Vejamos um pouco melhor o que Freud diz sobre essa ligação, operando no social de uma maneira geral, mas que é preciso entender melhor em se tratando das relações entre crianças e apenas entre crianças.

Outros autores têm enfatizado essa função da falta, visando, sobretudo, ao vínculo fraterno.

Tostain (2003) se baseia no texto freudiano sobre os dois princípios do devir psíquico para afirmar que não é a convergência de interesses o que aproxima os homens,

> *mas nem mais nem menos do que o reconhecimento de uma falta. A vinculação de uma comunidade é apenas o reconhecimento da falta comum e respectiva que a funda: a igualdade de seus membros, todos respectivamente faltantes, erigida como princípio constitutivo (da democracia). (pp. 76-77)*

Yann Tostain (2003) também propõe uma leitura do famoso fragmento sobre Santo Agostinho, citado por Lacan nos *Complexos*. Esse autor o divide em duas etapas e escreve: "Devo então dar dois tempos lógicos, senão diacrônicos, ao mito agostiniano, onde o vínculo fraterno é, antes de tudo, a alienação do inimigo íntimo, onde nada de falta é colocado" (p. 77, tradução nossa). Neste primeiro momento, ele escreve novamente que é uma contemplação, um ver. "Santo Agostinho menciona apenas esse ciúme ligado ao impulso escópico: trata-se de ver o comércio com a Coisa, de cobiçar esse comércio" (p. 78, tradução nossa). A segunda etapa, Tostain a chama de "o tempo da igualdade, o do reconhecimento de uma negatividade constitutiva partilhada", isto é, o tempo em que o irmão é arrancado do peito, em que "a falta é colocada ao irmão por sua vez, dá o seu sentido à igualdade e à fraternidade: a falta é partilhada" (p. 78, tradução nossa).

Moresco (2023) afirmou, de forma muito precisa: "o que é intolerável no próximo seria essa coisa idêntica que nos habita e que é a falta" (p.12, tradução nossa). Essa dimensão do intolerável poderia ameaçar, segundo ela, a própria possibilidade de laço social, o que é evidenciado pela crueldade, pela guerra, e pelas atrocidades que os homens cometem com seus semelhantes.

Mas não podemos então dizer, a partir desse caminho, *que é porque se odeia o próximo*, justamente porque há a falta e o ciúme apontados por Santo Agostinho, que a função do semelhante pode ser constitutiva e estar também na base do laço social?

Criança e adulto

Partimos de outro ponto de referência: a função do semelhante se desdobra na horizontalidade dos vínculos estabelecidos pelas crianças com seus pares e diz respeito ao que *só* uma criança pode fazer pela outra. Esse é um achado clínico: as identificações das crianças com os adultos em posição de semelhantes (pequenos a) e com outras crianças em posição de semelhantes não se desenvolvem, não se sustentam da mesma forma.

Perguntamos, então: qual é, do ponto de vista psicanalítico, a diferença entre uma criança e um adulto em posição semelhante? Em outras palavras, existe diferença entre uma criança semelhante e um adulto semelhante, entre *uma* criança e um adulto?

Há, naturalmente, diferenças em razão de elementos contingentes: tamanho, idade etc. Mas haveria também uma diferença estrutural?

É também o que indaga Michel Silvestre (1983), sobre a existência de uma neurose que não é infantil, mas da criança. A neurose infantil seria peculiar ao adulto, e a criança teria direito a uma neurose própria, manifestada no próprio momento da infância, "situável na estrutura de tal forma que possa ser distinguida da neurose do adulto" (p. 56, tradução nossa). Silvestre não quer trabalhar com essa distinção entre adulto e criança, que ele reputa como "vaga e inconsistente" (p. 63, tradução nossa) – trata-se, em seu artigo, de refletir sobre a existência de uma psicanálise das crianças distinta da dos adultos – e aí ele prefere propor uma distinção a partir da sexualidade. Ele escreve: "a sexualidade infantil é uma sexualidade que não traz consequências – a consequência sendo para Freud o objetivo da reprodução" (p. 59, tradução nossa). Aqui não se trata apenas de uma questão de reprodução biológica, mas é que as crianças ainda não são, efetivamente, pais e mães, e então só podem imaginar essas funções.

Freud nos dá pistas sobre essas imaginações em seu texto "Escritores criativos e devaneio", de 1908. Não sendo o objetivo do texto, ele nos ajuda, porém, a esclarecer as diferenças entre adultos e crianças. A criança, segundo ele, brinca para se tornar o adulto que ainda não é, e o faz sem vergonha, como o pequeno Hans, ou seja, sem que a repressão tenha cumprido plenamente seu papel. O brincar compartilhado é, portanto, o traço da infância, e o adulto que viria ao encontro das crianças para brincar de mãe/pai seria visto com estranheza: ele não ocupa aí um lugar, a não ser como semblante.

Em "Psicologia de grupo e análise do ego", uma outra indicação de Freud (1921/1996) aponta para essa diferenciação adultos e crianças. A formação do sentimento coletivo se baseia nas identificações entre as crianças. Ele observa: "assim, no grupo de crianças, desenvolve-se um sentimento comunal ou de grupo, que é ainda mais desenvolvido na escola" (p. 123), o que reforça o peso que deve ser atribuído às relações entre as crianças, e não apenas entre adultos e crianças, para sua constituição como sujeitos no laço social. Há, portanto, uma diferença a ser estabelecida entre crianças e adultos.

Falemos agora das identificações que se fazem entre pares, por um lado, e, por outro, entre criança e adulto. Seria fácil afirmar que o pequeno semelhante, o par, situa-se para a criança no eixo *a* - *a'*, e que as identificações seriam imaginárias, deixando para o adulto o lugar do Outro de onde emanariam as identificações simbólicas. Mas há também identificações simbólicas entre crianças, bem como identificações imaginárias entre uma criança e um adulto. Tudo depende do lugar ocupado por esse outro.

Então, do ponto de vista simbólico, o que está em jogo são os traços que uma criança toma da outra, que pode ser uma criança ou um adulto; mas, certamente, os traços – sempre marcas simbólicas – extraídos de outra criança desempenham um papel mais importante devido à proximidade entre elas, e aí, a diferença de idade desempenha seu papel, como observou Freud na XXI conferência da Introdução à Psicanálise (1916/1996) ou como observou Lacan (1938), em Complexos Familiares, ao se referir à necessidade de haver um pequeno intervalo entre as crianças para que a imago dos semelhantes desempenhe um papel. De fato, diz ele:

> *Qual é então a estrutura dessa imago do semelhante? Uma primeira indicação é dada pela condição acima reconhecida para uma adaptação real entre parceiros, ou seja,* uma diferença de idade *[entre eles] muito estreita. Se nos referirmos ao fato de que esse estágio é caracterizado por transformações da estrutura nervosa rápidas e profundas o suficiente para dominar as diferenciações individuais, entenderemos que essa condição equivale à exigência de semelhança entre os sujeitos. Parece que a imago do outro está*

> *ligada à estrutura do próprio corpo e, mais especialmente, às suas funções relacionais, por uma certa semelhança objetiva. (Lacan, 1938, p. 13)*

A criança de 7 anos admira a criança de 9 anos, mas também a vemos começar a se expressar como ela, a andar como ela, atestando que são características e não imagens que foram enfatizadas e incorporadas pela criança.

Mas é do ponto de vista do Real que está a diferença, que é, de fato, estrutural: a posição na sexuação faz o divisor das águas entre a criança e o adulto, como mostrou Silvestre. Para a criança, é uma posição que não extrai consequências, nem do ponto de vista biológico, que talvez pudesse ser chamado de real do corpo, nem do ponto de vista simbólico (a criança não pode exercer nem a função paterna nem a função materna), nem do ponto de vista imaginário – o brincar não é o mesmo.

Se há, portanto, uma sexualidade infantil, que não é apenas negatividade, já que é específica da criança, então pode haver um *tipo de laço social que é específico e exclusivo das* crianças, que une as crianças, porque todas elas têm a mesma posição diante do sexual, posição que o adulto não ocupa mais.

Winnicott (1982/2012, p. 149) também se refere à diferença entre a relação da criança com um adulto e com uma outra criança, seu par, ao referir-se à "riqueza de experiências" que uma criança pode ter com seus irmãos e irmãs: "há muito na brincadeira das crianças que os adultos não conseguem apreender; mesmo que a compreendam, não podem participar dela por períodos tão prolongados quanto a criança gostaria". E ele aponta o fator diferencial: "se os adultos brincam com uma criança, a loucura natural da brincadeira infantil torna-se demasiado evidente". Em outros termos, e mais simples, vemos que Winnicott concorda com a argumentação de Silvestre.

Amor e ódio entre irmãos

Em 1916, Freud fez uma tentativa – que ele não retomou – de ampliar o complexo de Édipo, referindo-se a um "complexo familiar", no qual ele incluiu os irmãos (Freud, 1916-1917/1996).[4] Ali, ele afirma que as crianças nos primeiros anos de vida são egoístas e amam a si próprias em primeiro lugar. Ela não ama necessariamente seus irmãos, mas ao contrário, ela os odeia como rivais. Ele afirma em seguida que o complexo de Édipo se expande para o complexo de família quando chegam os irmãos ou irmãs, junto com sentimentos hostis a eles dirigidos. Mais tarde, poderão tornar-se mais afetuosos: a irmã pode virar objeto de amor no lugar da mãe, o irmão mais velho um substituto para o pai, a irmã mais nova substituir o filho que ela mesma desejou ter do pai e tantas outras situações similares.

Na obra de Lacan, a relação entre irmãos é um tema antigo e bastante retomado. Em sua tese de doutorado sobre a Psicose Paranoica (1932/1987), enfatiza a entrada invasiva da irmã de Aimée em sua casa, seu casamento e seu papel de mãe como um dos elementos desencadeadores da crise psicótica. Já nesse trabalho, Lacan propõe que o conhecimento só é possível por meio do outro, o semelhante, na medida em que o que é visto no outro permite saber algo sobre si próprio.

Em seu texto sobre o Estádio do espelho (1949/1966), essa mesma ideia é precisada em termos de uma identificação à imagem do semelhante, no sentido de que é no próprio desconhecimento que reside o eu, alienado que está nessa ilusão de unidade percebida na visão desse outro que ele mesmo é no espaço especular.

No artigo sobre os Complexos Familiares (1938), como afirmamos acima, esse outro não é mais imagem, mas presença: está encarnado no irmão menor que, lactente, remete o mais velho a um tempo anterior e

4 Freud (1913/1996) também escreve sobre um complexo parental, como nota na página 163 de Totem e Tabu, mas simplesmente para se referir a toda a família e, portanto, ao grupo familiar.

já recalcado pelo desmame. Isso que, por um lado, retorna como perda irremediável (a falta à qual nos referimos acima), por outro, aparece como alívio de se saber a salvo do risco da completude com o Outro Primordial. É por isso que o irmão pode ser ao mesmo tempo objeto odiado, a ser destruído, e encarnação da falta; mas também objeto de identificação, de amor, enquanto assegura um eu próprio pela diferença de posições.

No escrito sobre a agressividade em psicanálise (1948/1966), Lacan correlaciona o desejo de destruição do outro a uma identificação primeira: há primeiramente uma assunção desse outro como eu, e num segundo momento desejo de morte dirigido a ele para preservar o eu. Foi o que permitiu a Lacan afirmar que "o irmão fornece o modelo arcaico do eu" (p. 40, tradução nossa).

Finalmente, em *O mito individual do neurótico* (1978/1987), Lacan afirma: "a relação narcísica ao semelhante é a experiência fun damental do desenvolvimento imaginário do ser humano"... "É em primeiro lugar num outro, mais avançado, mais perfeito que ele que o sujeito se vê" (p. 73). Como observa Lacan, diante deste outro aparece "uma profunda insuficiência" (p. 74), o que o leva a concluir: "É por este fato que em todas as relações imaginárias, o que se manifesta é a experiência da morte" (p. 74). Esse ponto é crucial para Lacan situar a humanização do homem em relação ao seu semelhante, algo que ele denomina de "progresso" (p. 75) e que nos auxilia em nossa reflexão sobre o ódio presente de modo intrínseco na relação com o irmão um pouco mais velho: "para que a dialética da luta de morte, da luta de puro prestígio possa simplesmente iniciar-se, é necessário que a morte não seja realizada, é necessário que ela seja uma morte imaginada" (p. 75). Assim, entendemos que a passagem do ódio ao amor precisa de uma regulação não só imaginária, mas também simbólica, algo que podemos situar na regulação propiciada pelo terceiro elemento, que é da ordem da função paterna, como expressa Joel Dor ao referir-se à estrutura: "a lógica dessas diferentes regulações constitui precisamente a expressão da função paterna" (p. 17).

Em todo esse percurso, acompanhamos Lacan desenvolvendo a relação – apontada por ele - entre fraternidade e gênese do eu. Verificamos a importância do semelhante, enquanto par, na definição da imagem própria, do valor atribuído a esta imagem enquanto narcísica e na luta que se travará para desembocar em uma identificação singular.

Nessa relação de amor e ódio a agressividade tem um papel fundamental na operação necessária de identificação, pois sem a encenação do desejo de destruir o outro não se arma a separação necessária da imagem desse outro como outro propriamente dito.

Nessa trajetória que acabamos de apresentar podemos destacar a função do semelhante encarnada pelo irmão (ou seus representantes) como crucial, na medida em que é nessa relação que se desenrola o giro necessário ao processo civilizatório: das pulsões agressivas ao amor. É um trabalho de sublimação que está em jogo, e que precisa ser promovido por um agente do Outro.

Essa encenação do ciúme desenrola-se diante dos pais e outros terceiros: depende da suportabilidade deles e dos significantes que aí vão circular, a partir deles, a fim de se produzir uma significação para a criança. Só assim o jogo imaginário adquire as consequências simbólicas da nomeação que permite ao pequeno sujeito situar-se em um lugar.

Se as manifestações de ciúme são toleradas, tratadas com humor ou com "palavras justas", como dizia Maud Mannoni (1967/1980, p. 30), a agressividade vai ser rapidamente absorvida pelos jogos e pelos dizeres: vai estar sob o controle do significante. Os atos terão como limites as palavras. Está aberto o caminho da sublimação das pulsões de destruição.

Como dizia Françoise Dolto com respeito à manifestação do sofrimento ligado ao ciúme entre irmãos, é importante "tratar, lastimar, encorajar e nunca se meter a julgar os beligerantes" (1999, p. 77). Trata-se de pôr a dor em palavras e não de resolver a questão!

É um desafio que os pais enfrentam na educação de seus filhos, e ao qual naturalmente só poderão responder com os elementos de sua história: como manejar a agressividade dos filhos de forma que a dar lugar para a expressão do desejo de destruir o outro – em palavras, brincadeiras, chistes –, sem dar significações de intencionalidade; para facilitar essa elaboração das pulsões de morte, propiciar o espaço para o amor pelo outro e, portanto, abrir caminho para a socialização.

Desafio que é também o da escola: como lidar com a agressividade entre pequenos colegas sem inibir a autoexpressão, para poder realmente fazer do ciúme a gênese do sentimento social.

Quando isso não é possível, geralmente a questão se desloca para os consultórios. Quando é de uma escuta analítica que se trata, o caminho para a imaginarização e simbolização estará aberto!

Considerações finais

Partindo de demandas surgidas em nossos consultórios e de nossas observações de pesquisa, percorremos um caminho para definir com mais precisão um construto teórico: a função do semelhante, a fim de refletir sobre o amor-ódio presente nas relações entre irmãos.

Ao recuperar o texto freudiano sobre o próximo assegurador, o *Nebenmensch*, identificamos que o semelhante de que nos ocupamos na função do semelhante não é o adulto, não se trata do *pequeno a*, agente do Outro Primordial. Tampouco podemos referi-lo ao próximo enquanto tal, aquele que está ao lado, por proximidade, por contiguidade. Devemos aproximá-lo, isto sim, com o pequeno outro, par, sendo a imago do irmão a mais precisa para descrevê-la.

Ao pensar no laço social constituído a partir desse semelhante-par, irmão ou seu representante, destacamos a falta aí inerente, a insuficiência que se apresenta num primeiro momento entre o pequeno sujeito e o pequeno outro que lhe aparece como imagem de si mesmo em uma experiência de completude, mas que, num segundo momento, torna-se uma falta que ambos partilham, uma vez que o irmão também passará pela experiência da separação.

Ressaltamos ainda, com Lacan, a questão da morte presente na destrutividade própria desta relação entre iguais, para, enfim, demonstrar a referência da função do semelhante à função paterna, função por excelência da estrutura simbólica e sem a qual não se pode nem imaginarizar a rivalidade sem colocá-la em ato e nem a simbolizar para retirar daí as consequências identificatórias.

Finalmente, destacamos a importância do brincar e das palavras para dar significação a essas questões tão complexas quanto importantes para o processo identificatório como o ciúme e a rivalidade entre irmãos (e representantes).

Referências

Beaumont, J.-P. (2019). Le prochain, le semblable et le désir du psychanalyste. *Journée ALI-EPhEP*, février 2019. https://www.freud-lacan.com/getpagedocument/27755#:~:text=Le%20prochain%2C%20%C2%AB%20c'est,est%20son%20%C3%A2me%20propre.%20%C2%BB

Bernardino, L. F. (2020). A função do semelhante na escola inclusiva. In M. E. Pesaro, M. C. Kupfer, & J. Davini, Práticas inclusivas II: desafios para o ensino e a aprendizagem do aluno-sujeito (pp. 91-102). Escuta/Fapesp.

Delrieu, A. (2008). *Sigmund Freud. Index Thématique* (3a ed.). Economica.

Dolto, F. (1999). *As etapas decisivas da infância* (M. E. Galvão Trad.). Martins Fontes.

Dor, J. (2011). *O pai e sua função em psicanálise* (2a ed, D. D. Estrada Trad.). Zahar.

Fonseca, P., Lacet, C., & Barouch, J. (2022). A função do semelhante: o que só uma criança pode fazer por outra. In M. C. Kupfer, & L. F. Bernardino, *APEGI: acompanhamento psicanalítico de crianças em escola, grupos e instituições: um instrumento para o trabalho com a criança-sujeito* (pp. 181-197). Escuta/Fapesp.

Freud, S. (1996). Projeto para uma psicologia científica. In S. Freud, *Edição Standard Brasileira das Obras Psicológicas Completas de Sigmund Freud* (Vol. I, J. Salomão Trad., pp. 338-483). Imago. (Trabalho original publicado em 1895[1950])

Freud, S. (1996). Escritores criativos e devaneio. In S. Freud, *Edição standard brasileira das obras psicológicas completas de Sigmund Freud* (Vol. IX, J. Salomão Trad., pp. 133-146). Imago. (Trabalho original publicado em 1908[1907])

Freud, S. (1996). Totem e tabu. In S. Freud, *Edição standard brasileira das obras psicológicas completas de Sigmund Freud* (Vol. XIII, J. Salomão Trad., pp. 17-167). Imago. (Trabalhooriginal publicado em 1913)

Freud, S. (1996). Conferência XXI: o desenvolvimento da libido e as organizações sexuais. In S. Freud, *Edição standard brasileira das obras psicológicas completas de Sigmund Freud* (Vol., J. Salomão Trad., pp. 325-342). Imago. (Trabalho original publicado em 1916-1917)

Freud, S. (1996). Psicologia de Grupo e análise do ego. In S. Freud, *Edição standard brasileira das obras psicológicas completas de Sigmund Freud* (Vol. XVIII, J. Salomão Trad., pp. 74-146). Imago. (Trabalho original publicado em 1921)

Freud, S. (1996). O mal-estar na civilização. In S. Freud, *Edição standard brasileira das obras psicológicas completas de Sigmund Freud* (Vol. XXI J. Salomão Trad., pp. 65-151). Imago. (Trabalho original publicado em 1930)

Kaës, R. (2008). Le complexe fraternel archaïque. *Revue française de psychanalyse, 72*, 383-396. DOI: 10.3917/rfp.722.0383

Kupfer, M. C. & Bernardino, L. F. (2022a). *APEGI: acompanhamento psicanalítico de crianças em escola, grupos e instituições: um instrumento para o trabalho com a criança-sujeito*. Escuta/Fapesp.

Kupfer, M. C. & Bernardino, L. F. (2022b). O instrumento APEGI. In M. C Kupfer, & L. F. Bernardino, *APEGI: acompanhamento psicanalítico de crianças em escola, grupos e instituições: um instrumento para o trabalho com a criança-sujeito* (pp. 15-42). Escuta/Fapesp.

Lacan, J. (1938). La famille: le complexe, facteur concret de la psychologie familiale. In J. Lacan, *Autres écrits* (pp. 23-84). Seuil.

Lacan, J. (1966). L'agressivité en psychanalyse. In J. Lacan, *Écrits* (pp. 101-124). Du Seuil. (Trabalho original publicado em 1948)

Lacan, J. (1966). Le Stade du miroir comme formateur de la fonction du Je. In J. Lacan, *Écrits* (pp. 93-100). Du Seuil. (Trabalho original publicado em 1949)

Lacan, J. (1987). *Da psicose paranoica em suas relações com a personalidade* (A. Menezes, M. A. C. Jorge, & P. M. da Silveira Jr. Trad). Forense Universitária. (Trabalho original publicado em 1932)

Lacan, J. (1987). *O mito individual do neurótico* (B. Cunha, F. Bernardo, M. Medeiros, & T. Cunha Trad.). Assírio & Alvim. (Trabalho original publicado em 1978)

Lacan, J. (2008). *O seminário, livro 11: os quatro conceitos fundamentais da psicanálise* (2a ed.). Jorge Zahar Editor. (Trabalho original publicado em 1964)

Mannoni, M. (1980). *A criança, sua 'doença' e os outros* (2a ed., A. C. Villaça Trad.). Zahar. (Trabalho original publicado em 1967)

Moresco, M. (2023). *El otro, el prójimo, el semejante, la fratria*. Seminário proferido no quadro do Seminário de Paris, da Association Analyse Freudienne, no dia 08 de março de 2023. Inédito.

Silvestre, M. (1983). La névrose infantile selon Freud. *Ornicar? Bulletin périodique du Champ Freudien*, 26-27, 55-65.

Tostain, Y. (2003). Liberté, égalité, fraternité, ou la mort. In P. Lévy (Org.), *Cahiers de l'Infantile Tome 2: Le lien fraternel* (pp. 73-84), l'Harmattan.

Winnicott, D. W. (2012). *A criança e seu mundo* (6a ed.). LTC. (Trabalho original publicado em 1982)

10. O amor nas infâncias em jogo: diagnóstico, autismo, amizade e comunidade[1]

Esteban Levin

Não há infância sem futuro, não há futuro sem infância, mas também não há juventude sem passado, nem passado sem juventude, em que se origina a experiência do desejo e do amor. Ao brincar, as crianças descobrem e inventam, ao mesmo tempo, uma dimensão secreta e íntima, que não tem a finalidade de conhecer, mas de habitar a sua existência amorosa. A infância é o destino.

Como resgatar sua sensibilidade, a imagem do corpo, a amorosidade, se as crianças não conseguem ou têm dificuldades para brincar? É possível diagnosticá-las sem brincar com elas?

Brincar é uma forma de existir em que as crianças se tornam aquilo que não são, afora no artifício ficcional. Repletas de ambiguidade, circulam entre a fantasia e a realidade, transitam e compõem a experiência infantil. O ritmo desigual, multiforme, nômade, compõe um movimento psicomotor, irregular, inusitado pelo impensado e plural pela plasticidade. O ato lúdico implica aceitar a metamorfose da transformação e a desmedida do gesto no qual as crianças colocam em ação o amor e a imagem corporal.

1 Tradução de Clara R. Santos.

O gesto pode ser a rebelião de uma ficção em movimento. Toma o corpo, entrelaça a postura e articula a motricidade na linguagem. É um jogo móvel, corpóreo, erógeno, libidinal, que significa mais do que diz e diz além da significação. Vai além e aquém da palavra, torna-se parte dela, a antecede e a sucede em uma sequência heterogênea dada a ler a um outro e a outros com quem se desdobra e incorpora o incondicional do amor.

Na infância, as mudanças e metamorfoses dão origem a novas possibilidades e relações secretas íntimas entre as coisas, as palavras, os movimentos, enfim, entre o que experimentam e o que acontece com eles. Deste modo, compõem analogias, correspondências, metáforas, significados ainda por correlacionar em cada cenário. Vivem a novidade do novo da ficção como uma instância originária e, ao mesmo tempo, original que comove a afetividade amorosa do universo infantil.

Ao criar a ficção, são criadas por ela, entrelaçam a ocasião de uma deslumbramento inicial sobre o mundo que as rodeia, querem saber e conhecer o que acontece em seus corpos com a natureza, as coisas e as imagens. Acham fascinante qualquer circunstância para questionar o porquê, como é, para que serve. Nessa experiência do desejo de desejar, não se cansam de brincar com o tempo, vão e vêm com o brilho da curiosidade, em permanente busca. Quando tomam certa consciência, a imaginação já aconteceu e o tempo volta a se dividir em ficcional, virtual, imagem-cristal, como diz Deleuze, em que o passado, o atual e o futuro coexistem.

O movimento das cenas ficcionais durante a infância não se detém, potencializa novos possíveis, possibilidades que de outra maneira não existiriam; nelas, as crianças usam a imagem do corpo, abertura e mistura de sensações das quais surge um estilo que depois, com o tempo, será o próprio. A ficção cria outro território, sai do corpo (enquanto organicidade), salta sem saber onde cairá, confia e sustenta a crença sem esperar chegar a algum lugar, guiados pela curiosidade e pelo enigma.

Ao brincar, as crianças criam a subversão do sentido comum. Isso requer um movimento, uma certa velocidade rítmica, a pulsação constitutiva da subjetividade, e, ao fazer isso, quebram a descrença e acreditam nos sonhos, no impossível de cada aventura. Constroem uma quimera cênica, irreal e real ao mesmo tempo. O imaginário, assim como o alucinatório, leva as crianças a um mundo fantástico. O artifício as coloca na fronteira entre a realidade e a imaginação, fronteira na qual elas precisam vagar. Criam uma experiência que, por sua vez, as unifica na sensação imaginada. Na infância, o real, o imaginário e o simbólico são amarrados e articulados enquanto dom amoroso.

Propomos um modo de diagnosticar a experiência infantil através da plasticidade que implica o ato de brincar. Observamos o olhar da criança desde a fronteira onde se reflete a imagem corporal sem esconder o desconhecido, pelo contrário, procuramos produzi-lo junto com ela. Lemos na ação, uma atividade corporal, um movimento, uma cena desde uma posição em que a perplexidade do "entre-dois" tem primazia. Justamente por isso é provisória a construção de sentido e não há um método que garanta de maneira fiel e objetiva o que acontece com as crianças menores.

A perplexidade no que fazer com as crianças nos surpreende e nos convida a inventar o impensado. Recordemos que a raiz etimológica de perplexidade surge do termo "perplexia" que significa tortuoso, emaranhado, como um labirinto repleto de voltas. A palavra também se origina do grego "plecto": amarrar, enrolar, trançar e entrelaçar. É o que acontece ao brincar nessa zona fronteiriça do "era uma vez" e o tempo fundador do futuro anterior. Tudo isso é um relato do trabalho em rede em que se dá a experiência do desejo e do amor na infância.

As crianças descobrem, não sem fascínio e imaginação, um primeiro desejo em comum: desejam brincar. O comum é o diferente. Compartilham a esperança de poder brincar com outros; ao realizar esse desejo, criam um espaço, alargam o tempo, pois, nele, ao brincar, coexiste o passado com o que acontece agora. A rede do desejo de desejar brincar configura a primeira comunidade; ela se apaga cada vez mais com os objetivos, conteúdos ou lemas que permeiam o universo das crianças. Para eles, brincar é inquietação, pensamento e símbolo em cena.

Não há opção: brincam com a plasticidade da imagem do corpo, exploram espaços, movimentos, objetos, sensações: tudo ocorre simultaneamente e sem ser proposto com antecedência. Brincando com elas, intuem a vibração do amor, cantarolam o imaginário e entram disponíveis na brincadeira da fantasia. Donas e senhoras desse espaço, no limite indomável entre a realidade e o fantástico, tecem o mundo infantil. Nele, se fazem de monstros, super-heróis, piratas, animais, princesas e reis, sem esperar nada em troca.

Nossa posição ética nos leva a enfatizar a incerteza diante da certeza de um diagnóstico ou a fiel garantia de um prognóstico; o heterogêneo diante do uniforme e homogêneo de um objetivo, currículo ou conduta. Diante da rigidez, da elasticidade ou da flexibilidade, oferecemos a plasticidade, efeito de um acontecimento que, no geral, implica sustentar a diferença no tempo, a expansão de um espaço vazio, em rede, suscetível de entrelaçar-se a outra experiência cênica. A rede acontece entre-dois-vazios, buracos brancos; na verdade, a vida de um texto perdura naquilo que há entre as letras, frases e palavras.

O jogo do desejo e o desejo de jogar são as duas faces de uma mesma moeda afetiva que vibra simultaneamente e que está em constante desequilíbrio. Não se trata de diagnosticar o prazer ou o desprazer, o amor ou o desamor, pelo contrário, pensamos o diagnóstico jogando com a transmissão simbólica de uma herança que, se soubermos ler, se mantém viva e se decanta em prazer e amor como experiência.

No território do "entre-dois" de brincar com a criança, se cria uma ponte afetiva, única, vivaz e inverossímil. Neste território se entrecruzam as gerações, o rio do tempo passa por cima e por baixo, o essencial da ponte transcorre no cruzamento geracional, entrelaçado na chama do devir brincando, a força inadiável da amorosidade, do desejo, e a potência no ato da plasticidade simbólica.

Diante da certeza do poder do momento para diagnosticar a vida de uma criança – e determinar a de seus pais, a escolar, a integração ou exclusão cultural – defendemos a incerteza da dimensão desconhecida e o provisório do diagnóstico. Para resgatar a amorosa intensidade fundamental da experiência infantil, retomemos o começo: A infância é o destino.

O outro é uma existência em cena, as crianças são sensíveis a sensibilidade que se transmite como herança em vida, que transcende qualquer ação e se introduz na linhagem gestual de toda cultura comunitária em que um sujeito se constitui. Sem dúvida, o outro é a linguagem e um mundo possível, sensível e existente na experiência que se apresenta pela primeira vez às crianças. A infância encarna o nascimento do novo, que implica deixar para trás a experiência anterior e passar para outra.

A subjetividade nasce do encontro amoroso e sensível entre pais e filhos, em que acontece o impensável ou indeterminado da nascente relação. Para as crianças, a experiência amorosa do mundo adulto requer do momento desejante das legalidades e limites que dependem da relação libidinal e pulsional do amor.

Amar outros (voz ativa), amar-se a si próprio (voz neutra) e ser amado pelo outro (voz passiva) constituem uma experiência pulsional fundadora para os mais novos contanto que estejam atravessados e enodados pelo prazer do desejo de desejar. Esse prazer, por um lado, está sempre em falta, o que gera o vazio próprio do desejo e de uma rede que sustenta e abriga hospitaleiramente o outro. Por outro lado, coexiste simultaneamente com um vazio que produz a usina móvel de experiências sensíveis e heterogêneas que constituem o universo infantil e o mundo afetivo relacional da nova geração dos recém-chegados a este mundo.

A experiência desejante se diferencia da experiência do amor, pois ela não se representa a si mesma, escapa de qualquer apreensão e apropriação. O movimento amoroso tende a completar-se no outro e com o outro, enquanto o desejo está sempre em fuga, insatisfeito, mas é justamente aí que aparece o prazer de sentir prazer na relação afetiva que recebe e doa como dom de amor. Para as crianças, é tão essencial receber amor quanto doá-lo, sentir a intensidade de deixar a amorosidade para outros que, como elas, iniciam a vida; como diz o filósofo Spinoza, a potência de afetar e ser afetado, de dobrar o amor do outro e desdobrar, ou seja, deixar-se despojar de si mesma pela com-paixão que os demais geram nela. Constitui-se assim o desejo de acreditar e confiar nos outros.

Quando existe sofrimento, a própria experiência de sofrer paralisa o tempo que, longe de dividir-se em passado, presente e futuro, permanece, dura, defendendo-se do exterior. Sem poder sair do corpo, encarna o impossível do sofrimento de um amor que não consegue abrir-se ao outro, o afeto gozoso o "possui" de tal maneira que o reenvia ao mesmo lugar de onde partiu.

O sofrimento encarna dramaticamente nas crianças o redobramento do amor, que detém o vai-e-vem desejante e potencializa a impotência, defendendo-se de qualquer outra experiência que implicaria eximir-se da tensão sofrente, pois, paradoxalmente, lhe concede uma consistência afetiva que tende a totalizá-lo na realização que produz.

Nas crianças, o sofrimento amoroso não sai do corpo, afetando-o a tal ponto que não se compartilha. Sem diferenças em jogo, encarna a temporalidade de uma historicidade limitada, defendida na sua reprodução, cuja força absorve o ritmo de tornar-se para se encapsular num cenário singular que procura anular qualquer outro possível.

O outro lado do amor, o sofrimento, contém uma experiência fechada e dolorosa cada vez que alcança um sentido único e pleno que não varia nem pode sustentar a plasticidade sensível e a transformação do movimento desejante. Deste modo, tende a isolar-se do outro (social, grupal, comunitário) que o confrontaria com a sua própria impotência, a qual em seus pontos mais extremos está ligada à pulsão da morte que anula a potência da recepção para sustentar-se no espaço de sofrimento que habita em um movimento consolidado em si mesmo repetidamente. Neste sentido, a tristeza inunda o acontecer infantil.

Quando conseguimos entrar e ressoar na vibração afetiva e sensível que as crianças nos apresentam, podemos subtrair sentido, localizar uma diferença no idêntico da experiência. Criar uma passagem, uma passagem que não só esvazie (no sentido pleno), mas também gere simultaneamente outra dimensão. Muitas vezes, em um primeiro momento é caótica, necessária para doar tempo e espaço à recepção. O dom e a ficção coexistem no "entre-dois" da cena transferencial do fazer clínico.

Ao entrar nessa nova dimensão, as crianças inventam amores inexistentes até esse momento. Podem perder o ponto fixo que os sustentava no sofrimento a partir de uma diferença que sinaliza outra cena (como diz Lacan, "ponto de capitonê") a partir do qual é possível voltar a entrelaçar a experiência, uma nova pontuação, um nó, sem um texto definido ainda. Nessa ressonância rítmica, a outra cena segue se repetindo na diferença como repetição significante de uma experiência que coloca em cena e potencializa o uso performativo da imagem do corpo e o pensamento. A experiência plástica do amor nas crianças implica a intensidade do comum, indissociável da imagem do corpo e do laço social que o constitui.

No "entre-dois" da cena transferencial com as infâncias em jogo, se vitaliza e se cria a alteridade do diferente, que enerva o campo da imaginação, as fantasias e as representações das crianças. Sem dúvida, se entrecruzam a experiência do desejo, que sempre envolve a legalidade, com a do amor, enquanto investidura libidinal e pulsional que dá lugar à subtração, à geração do vazio próprio do prazer e do desejo de desejar, que, simultaneamente, coexiste com a dimensão do campo, de uma usina de produções, tarefas e exibições infantis (brincadeiras, ritmos, personificações, rabiscos, canções, narrações, desenhos, colagem...) conjugados com outras tarefas que fazem parte do laço social constitutivo. É aí que a infância cria o sentimento amoroso de compaixão pelo outro, é a origem da amizade, da identificação ao próximo e o pertencimento à cultura de sua época.

Juan: a experiência do amor e do desejo

Juan é um menino de 5 anos. O olhar reservado, fechado em si mesmo, cabisbaixo. Revela uma fragilidade e inibição que ainda não consegui decifrar. O corpo trêmulo, o olhar evasivo, a postura inquieta, movimentos que tendem a se inibir no encontro com o outro, se defende de qualquer mudança ou situação que o perturbe ou que demande seu olhar, palavra ou relação.

Seus gestos evidenciam o sofrimento que a abertura ao outro e às outras coisas que acontecem ao seu redor implicam para ele, então se inibe e se defende do exterior. Busca lugares onde se refugiar, às vezes são suas canetas ou o corpo de seu pai, outras são seus brinquedos que ele coloca sempre na mesma ordem ou algumas frases que pode repetir. Toda sua postura e atitude tensional é defensiva, se defende desse exterior que pode perturbá-lo, ou melhor, que o desloca, desorienta e questiona.

Juan se sente questionado por esse exterior e fica preso em um modo de existir sofrido, naquilo que conhece, que lhe dá segurança e que lhe permite resistir à mudança. Deste modo, inibido, retraído, desolado, tem dificuldade em se relacionar com os demais, fala pouco, se relaciona com o que conhece e não pode se abrir para brincar com as outras crianças que querem se relacionar com ele. Cria um mundo de relações, uma rede, estreita, restrita e tensa, sempre em alerta, como se pudesse romper-se a qualquer instante. Ao se defender desse exterior, em vez de estar disponível para receber o que o outro lhe tenta doar, seja um desejo, um pedido, um brinquedo ou um espaço, resiste e rejeita. Se fecha no sofrimento amoroso do qual não pode e nem quer sair.

Como entrar nesse mundo de sofrimento do outro? O que aconteceu ao pequeno Juan para que encontre, em sua experiência de desejo, esses referentes que se repetem e se reproduzem sem encontrar outros que lhe permitam seguir tecendo suas redes?

A partir do meu lugar no espaço clínico, nos perguntamos como captar a força, a potência do mundo e os gestos que Juan nos mostra.

Não o classificamos, nem colocamos um rótulo ou o diagnosticamos. Também não programamos o que temos que fazer ou que metodologia usar. Dispomos de brinquedos, de um espaço, de tempo, de objetos para tentar captar a potência na brincadeira, a força e o ritmo no sofrimento de Juan. Não só não o classificamos, mas todo o dispositivo que colocamos em prática não está previamente determinado, está aberto para aquilo que ele pode vir a produzir, fazer, dizer, desenhar, gesticular ou acionar.

Como entrar na maneira de existir desse menino, dessa história e dessa produção subjetiva?

A criação que ele realiza para não se abrir ao externo e manter essa imagem que reduz sua experiência, essa fixidez que o segura em um lugar, em uma relação e em uma maneira de se relacionar com os demais, que o permite existir e ser com seu sofrimento. Esse é o desafio, o enigma e o mistério que compreende a tristeza, o amor e o sofrimento de Juan.

Quando Juan era muito novo, com menos de 2 anos de idade, veio a pandemia. Diante dessa situação, a mãe, por sua ocupação contínua com o trabalho, se ausenta de casa e Juan fica aos cuidados de seu pai. Este vínculo se acentua, o pai trabalha muito no computador, portanto, o menino também fica muito tempo em frente à tela. O pai lhe ensina as letras, os números e, com menos de 3 anos, começa a ler. Assim como o pai, a criança passa muitas horas fazendo *home office* e, nessa época, acontecem várias situações familiares que implicam mudanças que o mantêm cada vez mais isolado.

Em uma ocasião, Juan está brincando com a mãe e, sem querer, bate em seu peito, a mãe fica dolorida e se preocupa porque se dá conta que tem uma rigidez na região, realiza uma consulta médica e verifica que se trata de um tumor. É diagnosticada com câncer, e os médicos não deixam de insistir na severidade e na gravidade da situação, é necessário fazer o tratamento correspondente de quimioterapia. Ao mesmo tempo, alguns meses antes, ela engravida e, diante dessa notícia do câncer e de seu respectivo tratamento (que implicava, além da quimio, a cirurgia) surge a preocupação porque não sabem se será possível continuar a gravidez, alguns médicos sugerem a interrupção voluntária da gravidez, já que não era compatível com o tratamento.

Toda essa situação do descobrimento da doença e, ao mesmo tempo, a gravidez, faz com que haja um movimento de extrema tensão e instabilidade ligado, por um lado, ao nascimento de um irmão e, por outro, à situação da doença e a dificuldade gerada por isso. Somado a esse clima familiar, umas das avós de Juan falece devido ao contágio por covid.

O tratamento da mãe tem que ser realizado em outra província, por isso ela se ausenta algumas semanas. Juan é deixado aos cuidados da outra avó. Tudo é vivido com muita angústia e sofrimento, circundando as temáticas da doença, infecção e morte. Finalmente, após ficar alguns meses internada, a mãe volta, depois de já ter realizando o tratamento e ter tido o bebê, isto é, o irmão de Juan. Passado quase um ano, voltam a ficar juntos. Juan, nessa situação, dorme com o pai enquanto o irmão recém-nascido dorme com a mãe – situação que se mantém até os dias de hoje.

Todo o contexto pandêmico, somado a toda situação familiar que isso acarretou – que implicou a morte da avó, a doença da mãe e o nascimento de seu irmão – gerou o sofrimento que sente hoje. Podemos pensar a partir daqui o sofrimento e a defesa desse exterior que também é parte do interior de Juan, porque sabemos que o externo constrói o interno e que o interior constrói o exterior. Dobras e redobras da experiência do desejo que se manifestam, talvez, no sofrimento e na tristeza de Juan, no jeito de amar que o menino construiu a partir de tudo que vivenciou.

Na escola de Juan, notam seu retraimento e isolamento, suas dificuldades em criar relações com outras crianças, no vínculo social e na aprendizagem, recomendam que realizem uma consulta com um neurologista. Na consulta, após vinte minutos, diagnosticam Juan com TEA e, ao mesmo tempo, indicam três tratamentos: terapia ocupacional, psicologia cognitivo-comportamental e fotobiologia. As terapias são realizadas em uma instituição especializada em TEA.

Para a criança, o desejo é uma experiência que há de se realizar. A experiência do desejo nas crianças implica colocar o corpo em jogo. As crianças não sabem o que têm que desejar, o que têm que fazer, brincar ou dizer. Também não sabem o que está por vir, qual será o futuro, ou sequer qual o passado que determinou essa experiência amorosa.

A experiência de desejo e da amorosidade na infância é central para todo o desenvolvimento psicomotor e toda sua estruturação subjetiva. É um acontecimento que cria e produz subjetividade. Não é apenas uma cena ligada ao que falta, mas àquilo que também se produz a partir do amor que desdobra nela.

A realização do desejo na infância implica acontecimentos que geram amorosidade e plasticidade. Não são pré-determinados, jogam com o indeterminado, já que dependem em grande parte do desejo do outro. Não existe experiência de desejo para uma criança sozinha, sempre está em jogo a alteridade. E quando falamos do desejo do outro, é central para a construção dessa experiência, que é paradoxal. Quais são os paradoxos dessa experiência?

Justamente, a partir da psicanálise, sabemos que o mais próprio de um sujeito é o desejo, mas que esse desejo é inconsciente. Isso significa que o desejo deseja mais que um eu. Ou seja, que o próprio, o desejo das crianças, não é algo que elas dominam, não é algo que elas possuem, mas, em um sentido paradoxal, são possuídas pelo embalo de seu desejo, que as leva construir o que não conhecem. E o fazem a partir da possibilidade de imaginar, de tornar a imaginação e a ficção seu mundo. Para isso, necessitam do amor do outro e brincar com os outros, os amigos.

Não existe desejo próprio, e sim desejo do outro que constitui a possibilidade de que a criança se aproprie do que é seu, daquilo que herda como dom amoroso. Herdar é uma experiência que deve ser vivida, realizada. E, como tal, tem uma raiz heterogênea. Por isso, Lacan nos diz que o desejo sempre vem do outro. Não apenas isso, mas também que está em falta. Que está em falta justamente porque não existe um objeto que cubra todas as necessidades de uma criança em seu desenvolvimento, o efeito rizomático desse circuito pulsional é a abertura sensível ao mundo, a outros e ao outro (o desconhecido, irrepresentável e impossível de prever).

Quando as crianças estão satisfeitas ao mesmo tempo, estão sempre insatisfeitas. E quando as crianças brincam e criam uma representação, por exemplo, de um monstro, de um super-herói ou de um pai, de uma mãe, sempre existe algo não representado nessa representação, que acaba por não coincidir com o que elas querem fazer, ou amar com o seu desejo. Já que o desejo, na infância, é performativo. E, como veremos, o sofrimento também o é. Porque, sem dúvida, o sofrimento implica amorosidade, como observamos no pequeno Juan. Sua tristeza, seu sofrimento, sua defesa do exterior implicam colocar em ação a historicidade dramática que o convoca.

Um dos paradoxos do desejo é que o sujeito não o domina, sendo dominado por ele, entre aspas, por um impulso desconhecido, que não tem ideia e não pode controlar, a moção pulsional é o que leva o sujeito a bisbilhotar, descobrir e produzir subjetividade. O movimento do prazer do desejo é sempre metonímico. Essa dimensão metonímica da experiência de desejo é justamente o que leva o sujeito a deslocar as coisas e seguir buscando. No entanto, quando encontra algo, segue curioso. Não se satisfaz inteiramente. E, quando encontra aquilo que não sabe, segue buscando algo que ainda não encontrou. Mas, quando encontra, coloca um véu, ou seja, descobre e, ao descobrir, encobre. São colocadas em um jogo a fragilidade e a humanidade no amor.

A experiência humana de amar humana é um paradoxo fundamental, crucial para a infância. Sempre desloca as coisas, uma coisa leva a outra e então essa outra pode desarmar e voltar a armar; além disso, existem muitas maneiras de armá-lo e desarmá-lo a partir do relacionar-se com outros que, como ele, descobrem o mundo por meio de um desejo que é central, o desejo de ficção.

Juan dramatiza, defendendo-se do externo, de receber coisas diferentes das que pôde construir, defende sua vida amorosa para poder continuar armando seu sofrimento, que o protege, o refugia, o defende e, por isso, repete, porque nessa maneira de existir há vida. A vida de sofrimento de um menino que não consegue abrir outra dimensão e permanece nessa realização subjetiva que é o sofrimento.

O pai relata que Juan tem uma relação particular com o cheiro, toca-o constantemente na axila e leva a mão ao nariz, sentindo o cheiro, reconhecendo seu pai no odor. Essa cena se repete várias vezes. Diante disso, o pai tenta dizer não, tenta se opor a essa atitude, mas como as tentativas são falhas e os limites não foram estabelecidos, o pai decide vestir camisetas de manga longa, como tentativa de eliminar o cheiro; porque se veste uma camiseta de manga curta, não pode sair dessa ação.

Diante da decisão do pai de usar camisas de manga longa, Juan começa a colocar os dedos nos ouvidos e cheirá-los depois. Busca esse cheiro, atitude que se repete com certa frequência, de maneira a buscar um cheiro familiar que o tranquilize (que unifique sua imagem corporal). Em um momento, tem essa conduta repetitiva na terapia psicológica que ele realizava na instituição. Diante disso e a pedido do pai de uma orientação perante a atitude que o filho está apresentando de cheirar o dedo que coloca no ouvido e depois levar a mão à boca, a terapeuta diz que essa conduta é uma conduta autista. O pai fica muito comovido pelo que disse a psicóloga, questiona o tratamento e decide fazer uma consulta comigo a partir da reação da psicóloga de classificar a conduta como autista.

A primeira vez que Juan chega ao consultório, está chorando no colo de seu pai, não quer ficar. Se joga no chão, empurra o pai para sair em direção às escadas. Respondo dando olá e dizendo, bom, vamos aonde ele quer. Descemos em direção ao carro, era o que Juan queria.

Acompanho Juan e o pai, entramos todos no carro, ali ele se acalma e eu explico que quero brincar com ele, que quero conhecê-lo. Digo que lá em cima tem vários brinquedos, que posso mostrá-los para brincarmos juntos. Ele me olha, para de chorar, mas se agarra a seu pai e, ainda assim, não quer descer do carro. Eu reajo, enceno um choro, um mal-estar porque Juan não queria subir para brincar e, como começo a chorar, ele segura o pai e fala para irem, porque não queria que eu chorasse. Portanto, pela compaixão de Juan, subimos.

O pai fica na sala de espera, diz a Juan que vai ficar ali, que não vai embora. O menino pega alguns potes de massinha de diferentes cores: verde, laranja, vermelho, marrom, preto, roxo, azul e me mostra, eu os pego e Juan começa, pega um dos potes, o abre e o mostra para mim. Por exemplo, quando me mostra o pote de cor roxa, eu exclamo "que cheiro! Cheiro horrível, cheiro de banana podre". Nesse momento, Juan morre de rir com a minha reação, fica surpreso e me mostra um pote vermelho, falo "cheiro de sangue, ai ai ai", outro pote, marrom, "cheiro de cocô" e ele começa a rir. A seguir, abre cada pote e, diante deles, grito de nojo do cheiro.

Nesse momento Juan, rindo, abre os olhos e fecha a porta. Diz tchau para o pai, Juan fica dentro do consultório e o pai do lado de fora. A partir daí começamos a fazer outras brincadeiras. Esse primeiro encontro foi central, Juan fecha a porta e começa a brincar comigo, com os cheiros. Lembremos da cena em que o cheiro foi tomado por outras colegas como símbolo de autismo. No entanto, tomá-lo de outro modo permite me relacionar como ele, entrar em seu mundo de cheiros, na rede, e, a partir daí, construir outra dimensão ficcional, amorosa e cômica. Uma experiência em que o desejo de ficção e o cheiro nos leva ao impossível, ao prazer de brincar com o nojo, com aquilo que produz o inusitado, o familiar e o entre-dois de uma nova experiência na qual Juan pode abrir-se para brincar em outros cenários. A transferência é um efeito, e não a causa do devir cênico.

A entrada ao mundo de Juan pela brincadeira com a massinha e com o cheiro colocou em cena a construção da ficção. Isso implicou uma abertura da nossa relação e da cumplicidade do entre-dois. Fazer do cheiro uma outra cena nos permitiu brincar e habitar um espaço de encontro, de um fazer performático diferente. Juan descobre na parede entalhes dispostos de maneira a possibilitar escalar colocando os pés e as mãos. Juan os vê e, imediatamente, apoia um pé, depois outro, se sustenta com as mãos e começa a subir. Ao fazer isso, me pede ajuda, sustento sua postura e sua atitude corporal, seguro-o, e ele finalmente tocar o teto na intensidade dessa aventura.

Juan fica confiante e desafia o espaço. Ele encosta a cabeça no teto, acompanhado de exclamações e gritos, superando o desafio da própria experiência e, em um esforço extremo, a cabeça finalmente toca o precioso teto. Em outro momento, propõe que eu também suba até alcançar o mesmo objetivo. Eu tento, apoio uma mão e um pé e, nesse momento, é Juan que me segura. Na realidade, ambos sustentamos a cena e o cenário composto por gritos, desequilíbrio, movimentos sensório-motores, atitudes posturais e gestuais que conectam o prazer da realização com a força cenográfica que produzimos juntos.

Ambos comemoramos conseguir encostar a cabeça no teto, na rede transferencial, a imagem do corpo de Juan e a de Esteban fazem um espelho móvel que permite entrar nele e dar espaço para a imaginação e que se articula com prazer sinestésico de pôr em jogo o esquema corporal.

Depois, Juan se dirige a uma pequena cama elástica, sobe e começa a pular, a alegria dessa realização explica o desejo de vencer o peso da gravidade para sentir a sensação labiríntica de voar no ar e sentir a força que seu corpo pode alcançar, a cada salto, até à altura do inalcançável.

Sem dúvida, esse é um desejo que se afasta do sofrimento da angústia; ao contrário, é um desejo que abre novas gestualidades, em outro ritmo e outra potência proporcionada por cada salto. A partir dessa posição, brincamos de arremessar bolas dentro de um aro e também de chute ao gol e aí apareceu a malícia, a travessura e, com um gesto, ele fechou a porta para seu pai não aparecer.

Continuando a sessão, Juan vê algumas almofadas e começa a arremessá-las. Em pouco tempo, aquilo se transformou em uma brincadeira que consistia em lançar as almofadas de um lado para o outro. Dividimos o consultório em dois e, quem terminasse com mais almofadas, perdia.

No caminho, encontrou alguns espaguetes de piscina (aqueles que as crianças têm para flutuar) e, imediatamente, se transformaram em espadas. Dessa maneira, começamos uma luta com esses objetos, que também faziam muito barulho quando os batíamos na parede ou no chão. Juan queria continuar produzindo o som dos golpes, então batia com eles no escorregador. Cada cadeira produzia um som, rimos e comemoramos a sonoridade. Em um momento, ele disse taekwondo e demos chutes. Depois, ele viu umas canetas, pegou uma folha e tentou desenhar a luta.

Em seguida, nós nos sentamos com folhas para desenhar. Ele faz quadrados e retângulos e rapidamente coloca seu nome. Pede para que eu desenhe a luta; com sua ajuda faço um desenho e, ao terminar, ele me pede para pendurá-lo na parede. Certamente é uma dobra que conecta o exterior com o interior, ou, dizendo de outro modo, se configura uma topologia do dentro e do fora e vice-versa. Muito entusiasmado com as canetas, quer pintar outra coisa e me ocorre oferecer um espelho (que pego da parede) como uma superfície para desenhar. Ele pega uma caneta e começa a colocar seu nome no espelho, que se transformou em lousa. Em dimensões diferentes, escreve letras, desenha espadas, bolas, almofadas. Algumas letras como o "o" se transformam em um rosto, a letra "b" em um corpo e a letra "i" arma um caminho.

Os desenhos que fazemos no espelho adquirem transparência e identidade. Transformar essa superfície em uma lousa duplica a imagem, dá um movimento e uma forma, muitas vezes, insólita. Sem dúvida, se brinca com o que denominei "a plasticidade simbólica". Os traços do espelho passam então para as mãos e para o corpo, tornam-se insígnias do ato de brincar. Desta forma, o interior se dobra numa produção subjetiva que permite a Juan sair do confinamento do exterior. Nesses cenários topológicos se constitui o espaço do "entre-dois" transferencial, essencial para a mudança de experiência cênica que Juan vai realizando.

Juan começa a se sentir melhor na escola, o pai me envia um vídeo em que está brincando com as crianças na rua e também relata que, quando saem de férias, o pai aproveita para que Juan comece a dormir em outro quarto e que não dependa tanto dele.

Para o pequeno Juan, a experiência do desejo é central, constitui a realização de um vazio que simultaneamente é uma usina de cenas a realizar. Em um primeiro momento, em seu sofrimento, Juan se defende de tudo que acontece com ele (pandemia, doença da mãe, nascimento do irmão). Refugia-se em experiências fixas que repete e reproduz constantemente, retrai-se nos lugares e situações que lhe dão um lugar de reconhecimento e onde constituem imagens que o completam, e não pode suportar a ruptura dessa experiência (por exemplo, a do cheiro do pai).

Ao poder entrar no laço de amor transferencial que estabelecemos com Juan, por exemplo, na experiência de cheirar, pudemos, por um lado, nos relacionar com o seu mundo e, por outro, abrimos a possibilidade de perder o cheiro como puro referente paterno que lhe permitia sustentar-se diante do impossível da situação que vivia. O sofrimento como modo de existir possibilitou que Juan gerasse uma imagem à qual pudesse se segurar, mas o impedia de construir qualquer outra que provocasse um desequilíbrio.

O desejo implica inquietude, ruptura de uma certa homeostase, mas, ao mesmo tempo, a possibilidade de acessar e receber outras relações sem que sua imagem corporal seja questionada. A amorosidade está antes orientada pelos lugares que conquista e pelos quais é conquistado. Essa experiência provoca transformação. O prazer de desejar brincar com outros, imaginar, fazer ficção e constituir novos lugares nos que se pode ser outro sem perder o que lhe é próprio.

A experiência de desejar na infância é muito mais metonímica que metafórica, mas é necessário um limite. Esse deslocamento constante de um objeto a outro contém o limite amoroso que permite criar uma dobra, a alteridade que possibilita uma criança como Juan fazer o uso da imagem do corpo, colocar em jogo o circuito pulsional do amor (amar, amar-se e ser amado por outro) e realizar o infantil de toda a infância.

Bibliografia

Agamben, G. (2006). *Lo abierto*. Adriana Hidalgo.

Agamben, G. (2007). *Infancia e historia. Destrucción de la experiencia y origen de la historia*. Adriana Hidalgo.

Alba Rico, S. (2015). *Leer con niños*. Random House.

Barthes, R. (1982). *Fragmentos de un discurso amoroso*. Siglo XXI.

Barthes, R. (2003). *Cómo vivir juntos*. Siglo XXI

Bataille, G. (1971). *La literatura y el mal*. Taurus.

Bene, C., & Deleuze, G. (2020). *Superposiciones.* Cactus.

Benjamin, W. (1990). *Infancia en Berlín hacia 1900.* Alfaguara.

Blanchot, M. (2007). *La amistad.* Trota.

Blanchot, M. (2008). *La conversación infinita.* Arena.

Cochia, E. (2020). *Metamorfosis.* Cactus.

De Certeau, M. (2000). *La invención de lo cotidiano. Uno: antes de hacer.* Universidad Iberoamericana.

Deleuze, G. (2002). *Lógica del sentido.* Editorial Nacional.

Deleuze, G. (2015). *La subjetivación, curso sobre Foucault* (Tomo III). Cactus.

Deleuze, G. (2017). *Francis Bacon, la lógica de la sensación.* Vagantes fabulae.

Deleuze, G. (2018). *Cine III. Verdad y tiempo, potencias de lo falso.* Cactus.

Deligny, F. (2015). *Lo arácnido.* Cactus.

Derrida, J. (1998). *Políticas de la amistad.* Trota.

Derrida, J. (2016). *Psyché, la invención del otro.* La cebra.

Derrida, J., & Dufourmantelle, A. (2000). *La hospitalidad.* Ediciones de la Flor.

Dufourmantelle, A. (2018). *En caso de amor. Psicopatología de la vida amorosa.* Nocturna.

Foucault, M. (2010). *El cuerpo utópico, las heterotopías.* Nueva Visión.

Freud, S. (1986). Más allá del principio del placer. In S. Freud, *Obras completas* (Tomo XVIII). Amorrortu.

Freud, S. (1989). El malestar en la cultura. In S. Freud, *Obras Completas* (Tomo XXIII). Amorrortu.

Han, B.-C. (2016). *La sociedad del cansancio.* Herder.

Jullien, F. (2016). *Lo íntimo lejos del ruidoso amor.* El cuenco de plata.

Jullien, F. (2021). *Una segunda vida.* El cuenco de plata.

Lacan, J. (1992). *Seminario XVII: El reverso del psicoanálisis*. Paidós.

Lacan, J. (2002). *El seminario VII. La ética del psicoanálisis*. Paidós.

Lacan, J. (2010). *El seminario X. La angustia*. Paidós.

Lacan, J. (2012). *El seminario XX. Aún*. Paidós.

Lapoujade, D. (2001). *Potencias del tiempo*. Cactus.

Levin, E. (2005). *La experiencia de ser niño. Plasticidad simbólica*. Nueva Visión.

Levin, E. (2013). *La función del hijo. Espejos y laberintos de la infancia*. Nueva Visión.

Levin, E. (2017a). *Autismos y espectros al acecho. La experiencia infantil en peligro de extinción*. Noveduc.

Levin, E. (2017b). *Constitución del sujeto y desarrollo psicomotor: la infancia en escena*. Noveduc.

Levin, E. (2017c). *Discapacidad: clínica y educación. Los niños del otro espejo*. Noveduc.

Levin, E. (2018a). *Constitución del sujeto y desarrollo psicomotor*. Noveduc.

Levin, E. (2018b). *¿Hacia una infancia virtual? La imagen corporal sin cuerpo*. Noveduc.

Levin, E. (2019). *La dimensión desconocida de la infancia. El juego en el diagnóstico*. Noveduc.

Levin, E. (2020a). *La niñez infectada. Juego, educación y clínica en tiempos de aislamiento*. Noveduc.

Levin, E. (2020b). *Las infancias y el tiempo. Clínica y diagnóstico en el país de Nunca Jamás*. Noveduc.

Levin, E. (2020c). *Pinochos, marionetas o niños de verdad*. Noveduc.

Levin, E. (2021a). *La clínica psicomotriz. El cuerpo en el lenguaje*. Noveduc.

Levin, E. (2021b). *La rebeldía de la infancia. Potencia, ficción y metamorfosis.* Noveduc.

Levin, E. (2022). *La amistad en las infancias. Una experiencia fundante.* Noveduc.

Levinas, E. (1993). *El tiempo y el Otro.* Paidós.

Maillard, L. C. (1992). *La creación por la metáfora.* Anthropos.

Maillard, L. C. (2010). *Filosofía en los días críticos.* Pre-textos.

Malabou, C. (2011). *La plasticidad en espera.* La inodia.

Meschonnic, H. (2007). *La poética como crítica del sentido.* Mármol izquierdo.

Montes, G. (1999). *La frontera indómita. En torno a la construcción y defensa del espacio poético.* FCE.

Montes, G. (2017). *Buscar indicios, construir sentido.* Babel.

Mujica, H. (2014). *El saber de no saberse.* Trotta.

Nancy, J. L. (2007). *Cincuenta y ocho indicios sobre el tiempo.* La cebra.

Nancy, J. L. (2013). *La partición de las artes.* Pre-textos.

Nancy, J. L., & Van Reth, A. (2015). *El goce.* Pasos perdidos.

Quignard, P. (1996). *El odio a la música.* Andrés Bello.

Quignard, P (2017). *Sordidísimos.* El cuenco de plata.

Recalcatti, M. (2015). *Ya no es como antes.* Anagrama.

Sztulwark, D. (2019). *La ofensiva sensible.* Caja Negra.

Serres, M. (2015). *El parásito.* Co-lectora.

Zambrano, M. (1998). *Los sueños y el tiempo.* Siruela.

11. O ódio suficientemente bom: sobre mães que amam demais

Rosa Maria Marini

Não só quem nos odeia ou nos inveja
nos limita e oprime; quem nos ama
não menos nos limita.
Fernando Pessoa, 2006

Estando diante deste desafio de organizar e contribuir com um livro sobre o amor e as crianças, fui revisitar as já velhas gavetas de experiências clínicas e acadêmicas na esperança de encontrar inspiração para a tarefa.

Mas a gente nunca encontra o que procura, porque nunca sabemos o que procuramos até achar.

Deste tempo, resgato importantes discussões sobre casos clínicos atendidos pelos estagiários de psicologia clínica do curso de Psicologia da PUC-PR, onde exerci a docência por mais de 20 anos, há mais de 10 anos!

Assim, poder dar contorno literário a esse material nada mais representa do que meu desejo e nostalgia por esse tempo, em que, sabendo ser odiada por tantos, me permiti ser amada por alguns que forjaram meu percurso e que me ensinaram um pouco sobre o que é o amor.

A eles dedico meu afeto com essa escrita.

***

A chegada de um filho para uma mulher é tanto um ganho narcísico quanto um ônus. Na tessitura do laço entre ambos, os fios do ódio e do amor dirigidos à cria vão se amarrando e costurando o tecido de suporte da relação mãe-bebê. Ambivalência esta necessária na construção da estrutura psíquica do bebê. Porém, encontrar uma justa medida entre amor e ódio coloca o outro cuidador em cena neste difícil cálculo, que, por ser humano, jamais será exato. É sobre os elementos subjetivos desta árdua matemática subjetiva o que se pretende discutir aqui, a partir de um diálogo teórico inicial sobre a relação mãe-bebê e tendo como cenário um atendimento clínico de uma criança e sua mãe.

Já pudemos nos debruçar inicialmente sobre o tema (Ferreira et al., 2011) e buscaremos avançar na discussão ainda mais, mais ainda.

De Freud à Lacan: o narcisismo no amor e no ódio

Em seu texto dedicado ao Narcisismo, Freud (1914/1996b) escreve que "há um caminho que eleva ao amor objetal completo" (p.96). Para algumas mulheres, um filho pode representar um importante passo nesse percurso, na medida em que conduz seu narcisismo – secundário – ao amor objetal. Em outros termos, partir de seu próprio narcisismo é uma via que permite à mãe dar ao filho um amor objetal completo, visto que a criança é tanto parte do próprio corpo materno, quanto confronta a mãe com um objeto estranho.

Isso é observado por Freud através da atitude afetuosa dos pais para com seus filhos, na qual domina a supervalorização, estigma narcisista da escolha objetal: os pais se encontram sob a compulsão de atribuir todas as perfeições ao filho, ocultando e esquecendo as deficiências dele. Isso implica em uma tendência parental de suspender o funcionamento de todas as aquisições culturais que seu próprio narcisismo foi forçado a respeitar – as leis da natureza e da sociedade serão de algum modo ab-rogadas em favor da criança – de modo que os pais também renovam suas reivindicações aos privilégios narcísicos por eles abandonados. Pela leitura de Freud, portanto, é preciso reconhecer que, quando amam seus filhos, os pais revivem e reproduzem seu próprio narcisismo primário um dia renunciado: "O amor dos pais, tão comovedor e no fundo tão infantil, nada mais é senão o narcisismo dos pais renascido, o qual, transformado em amor objetal, inequivocamente revela sua natureza anterior" (Freud, 1914/1996b, p. 97)

> *Sabemos que o traço característico do narcisismo é amar-se a si próprio e que, à medida que o objeto ou o sujeito for substituído por um estranho, a finalidade ativa de amar ou passiva de ser amado surge na economia psíquica do sujeito. (Freud,1915/1996a)*

Um filho serviria, portanto, de estímulo externo a uma atitude ativa da mãe. Isso, que contextualiza o amar, é vivido em antítese com dois opostos: odiar e, o já mencionado, ser amado. Uma terceira antítese também aparece, mas esta considera o amar e odiar em conjunto, como oposto à condição de desinteresse ou indiferença.

O autor ainda explica que é a antítese amar/ser amado que correspondente à transformação da atividade (amar) em passividade (ser amado), remontando a uma situação narcísica subjacente, anterior, de amar-se a si próprio. Já a antítese amor-ódio não mantém entre si uma relação simples. A palavra amor aparece em conexão íntima com o prazer sexual e a função reprodutora, o que não acontece com o ódio. Este tem a relação de desprazer como decisiva, de modo que o ego odeia, abomina e persegue, com intento de destruir, "todos os objetos fonte de sensação desagradável para ele, não levando em consideração que isto signifique uma frustração seja da satisfação sexual, seja da satisfação das necessidades autopreservativas..." (Freud, 1915/1996a, p. 143).

Ao considerar a perspectiva da criança, é preciso esclarecer que, de início, os impulsos sexuais estão ligados à satisfação do ego, o que leva Freud (1914/1996b, p.94) a dizer que "em relação à escolha de objeto nas crianças de tenra idade (e nas crianças em crescimento) o que primeiro notamos foi que elas derivavam seus objetos sexuais de suas experiências de satisfação." Em outros termos, a relação de apoio entre a criança e sua mãe ou cuidador está subordinada à vinculação entre as moções sexuais e as do ego. Desse modo, o primeiro objeto sexual da criança são as pessoas que se preocupam com sua alimentação, cuidados e proteção, proporcionando a ela experiências de satisfação.

Se em sua origem o amor é essencialmente narcísico, para depois dirigir-se a objetos externos; se sua fonte não é a mesma do ódio; se sua relação com o prazer e a sexualidade está articulada a três opostos, então caberia situar o que pode ser chamado de ambivalência materna a partir de Freud apresentada neste artigo. A teoria freudiana (1915/1996a) situa a ambivalência na coexistência entre o amor e o ódio para com o mesmo objeto. Como comenta Benhaïm (2007) a propósito desta questão em Freud:

> *Se um dos destinos da pulsão da pulsão é a transformação do amor em ódio, estamos aqui no centro da ambivalência, chamada por Freud de 'ambivalência do sentimento', fundada sobre a existência de desejos contraditórios. Ambivalência e não oposição, pois o amor não se opõe ao ódio, mas sim à indiferença. (p. 44)*

A partir disto, parece claro que a mãe não só é ambivalente para com seu bebê, no sentido de ter por ele amor e ódio investido, como também vivencia com sua cria outros dois opostos: ser amada, e a indiferença. Todavia, se a indiferença é antítese da conjunção entre amor e ódio, então, caberia sustentar como inevitável a existência do ódio para com o objeto. Neste contexto, o popularmente dito "amor materno verdadeiro" é mito, de um amor inteiramente devotado ao objeto. A ambivalência materna é, portanto, uma necessidade estruturante.

A releitura lacaniana da obra freudiana permitiu dar um passo a mais nesta questão, a partir das considerações teóricas a respeito do objeto *a*. Mais do que saciar falicamente a mãe, um filho passa a ocupar o estatuto de objeto causa do desejo, escancarando com sua presença a falta materna, ou melhor, o real da existência. Marca-se aqui com muita precisão a diferença entre existir a partir de um vazio e existir a partir de uma perda. É assim que Lacan define esse conceito, que vai servir para expressar uma ausência, aquilo que da experiência de perda resta e se transforma em falta. O objeto *a* se define como o objeto que pode assumir certas formas que vêm a ser os significantes que o sujeito extrai de sua própria substância para sustentar diante dele precisamente esse buraco, essa ausência de significante no nível da cadeia inconsciente. Para ele, o objeto a "acha-se, de algum modo, na posição de condensar nele o que se pode chamar de as virtudes ou a dimensão do ser, pode vir a ser esse verdadeiro engodo do ser que é o objeto do desejo humano" (Lacan, 1958-1959/2002). Deste modo, mesmo que um filho seja revestido de um brilho fálico, sua condição de objeto o retira de um estatuto meramente especular, de algo que é no mundo representável. Consideração importante ao se refletir sobre o comentário que Lacan tece e que aqui se apresenta com pertinência: "Eu te amo, mas, porque inexplicavelmente amo em ti algo mais do que tu – o objeto a minúsculo, eu te mutilo" (Lacan, 1963-1964/1979, p. 249).

Melanie Klein: ódio, culpa e reparação

Os escritos de Melanie Klein são uma elaboração teórica extraída da observação criteriosa da experiência clínica. Por essa razão, Nogueira (1993) afirma ser difícil aproximar-se de forma puramente conceitual dos postulados kleinianos como se fossem produtos de pensamentos e não de experiências emocionais. A investigação pretendida aqui busca encontrar nessa teoria recursos suficientes para pensar sobre o amor e o ódio materno, a partir da relação que esse sujeito estabelece com seus objetos internos – traço teórico fundamental em Klein –, e as possíveis repercussões desta dinâmica na sua interação com o objeto externo bebê.

A ênfase no conflito psíquico é característica fundamental da obra de Klein, herança fiel recebida de Freud. Em "Amor, Culpa e Reparação" (1937/1996), ela reafirma suas ideais sobre a existência de uma constante interação entre amor e ódio no psiquismo: "O amor e o ódio lutam entre si na mente da criança, essa luta continua presente de certa forma pelo resto da vida e pode se tornar fonte de perigos nas relações humanas" (Klein, 1937/1996, p. 349). Os sentimentos de amor e as tendências de reparação se desenvolveriam em ligação com os impulsos agressivos, ou apesar deles. Essa afirmação é referência à transição da posição esquizo-paranoide para a depressiva, ou seja, da relação de objeto parcial para uma relação de objeto total. Como explicam Cintra e Figueiredo (2004), no primeiro tipo de relação de objeto há predominância da pulsão de morte, em que o objeto existe como passível de consumo, controle e submissão pelo sujeito. A relação de objeto total, por sua vez, é resultado da capacidade de reconhecer o outro como autônomo, predominando a pulsão de vida. "se, de um lado, o ódio e a destrutividade preponderavam nas etapas pré-genitais, de outro, o amor e a consideração estavam em alta na posição 'genital'" (Cintra & Figueiredo, 2004, p. 71).

Importante ressaltar que a passagem de uma posição para outra não é um ponto definitivo do desenvolvimento psíquico. O indivíduo, ao longo de sua vida, irá oscilar entre essas duas posições, podendo lidar com as situações que irão surgir dentro de cada um desses padrões. Em suma, a integração nunca é completa. Na posição esquizo-paranoide, predomina a angústia persecutória: o sujeito projeta seu sadismo sobre o objeto e teme retaliação. Aqui a preocupação essencial é com a preservação do ego. Quando é capaz de ver o objeto como um outro, surge a angústia depressiva, que consiste no temor de ter feito danos ao objeto amado, medo de que ele morra ou desapareça. (Cintra & Figueiredo, 2004, p. 71) É somente quando existe esse reconhecimento do objeto que poderão surgir os primeiros sentimentos de culpa.

A culpa é derivada de impulsos de ódio contra alguém amado. Nos estágios mais primitivos do desenvolvimento, as fantasias onipotentes estão em primeiro plano. Klein considerava estas como defesas contra a experiência da separação, dependência e inveja (Hinshelwood, 1992, p. 396). Assim, as fantasias destrutivas, na relação de objeto parcial, equivalem a desejos de morte e são sentidas como reais. Em apoio contra o medo de ter destruído o objeto, surgem fantasias onipotentes de caráter restaurador. (Klein, 1935, p. 349). Nota-se, portanto, conforme afirmam Cintra e Figueiredo (2004, p. 80), que durante a posição depressiva, a angústia paranoide continua presente. Ao temor pela preservação do ego, acrescentam-se temores pela integridade do objeto.

A ambivalência é, nesse sentido, conceito-chave na posição depressiva (Hinshelwood, 1992, p. 227). Nesta, "o sadismo encontra-se contrabalanceado por sentimentos amorosos e pelo desejo de preservar o objeto vivo. Isso é a ambivalência, a mistura de amor e ódio" (Cintra & Figueiredo, 2004, p. 81). Ao entrar na posição depressiva, o bebê sente-se culpado por sua agressividade contra o objeto, surgindo impulsos amorosos para repará-lo.

Dessa forma, a reparação surge da preocupação real com o objeto e busca-se, por meio de ações no mundo externo, restaurar o mundo interno. A possibilidade de se fazer renúncias e se identificar com o outro permite desempenhar o papel de mãe boa ou pai bom. Conforme afirma Klein (1937/1996, p. 354):

> *Nossos ressentimentos contra os pais por nos terem frustrado, aliados aos sentimentos de culpa e desespero oriundos*

> *desse ódio e dessa vontade de vingança, que nos dão a impressão de ter ferido os pais que ao mesmo tempo amávamos – tudo isso podemos desfazer em retrospecto na fantasia (afastando alguns dos motivos de ódio), desempenhando simultaneamente o papel de pais e filhos amorosos.*

A relação da mãe com seu bebê será matizada pela forma como se deu as relações dela com seu objeto primário. Para a autora (Klein, 1937/1996, p. 358), as crianças pequenas têm um forte desejo consciente e inconsciente de ter seus próprios bebês. Esses desejos permanecem até a idade adulta e têm grande influência para a força do amor que a mulher grávida sente pela criança dentro de si e pelo bebê ao qual dará à luz. A capacidade de se pôr no lugar da criança e encarar situação de seu ponto de vista é elemento essencial da atitude maternal. A capacidade de exercer essa função é, para Klein (1937/1996, p. 359), estreitamente relacionada ao sentimento de culpa e ao impulso de fazer reparação.

O caráter indefeso da criança desperta na mãe fortes desejos da fazer reparação, oriundos de diversas fontes. Esses desejos podem ser agora direcionados para a criança.

> *A gratidão pela criança que dá à mãe o prazer de poder amá-la acentua ainda mais esses sentimentos e pode levar a uma atitude onde a preocupação primordial da mãe será com o bem do bebê, de modo que sua própria satisfação passe a estar ligada ao bem-estar do filho. (Klein, 1937/1996, p. 359)*

Contudo, se o sentimento de culpa for muito intenso pode levar a mãe a uma total abnegação a sua cria em função de mecanismos maciços de identificação projetiva. Nesse caso, a criança não é realmente amada, já que não é percebida como outro separado de sua mãe.

Esse sentimento exagerado de culpa, como visto, tem origem em fantasias onipotentes de destruição. Assim, pode-se pensar que a mãe sente que seu ódio e agressividade são extremamente poderosos. Klein faz uma observação em relação às pessoas ditas com "complexo de inferioridade" que parece caber também a esse caso:

> *Esse sentimento surge do medo inconsciente de ser incapaz de amar os outros de verdade ou de forma suficiente e, principalmente, de não conseguir dominar seus próprios impulsos agressivos: essas pessoas têm medo de ser um perigo para aqueles que amam. (Klein, 1937/1996, p. 350)*

A reparação é ativada pelas defesas maníacas contra a angústia depressiva. Nas palavras de Cintra e Figueiredo (2004, p. 82), "as defesas maníacas expressam o desejo de anular todos os ataques sádicos realizados na posição paranóide e devolver a vida e a integridade a todos os objetos atacados". Desse modo, libertam o sujeito da culpa e do medo de aniquilamento, sendo que nesse tipo de defesa estão implícitas a onipotência e a negação. Quando as defesas maníacas prevalecem, o retorno à posição paranoide é inevitável. (Cintra & Figueiredo, 2004, p. 83)

Sendo assim, ao se pensar em uma mãe pressionada por intensos sentimentos de culpa, pensa-se também em uma mãe excessivamente reparadora. Essa reparação, no entanto, está fundada em uma onipotência infantil. A reparação maníaca, de acordo com Hinshelwood (1992, p. 460), surge da angústia de reparar um objeto totalmente danificado. Segundo Klein (1937/1996, p. 359), a atitude de total abnegação da mãe é muito prejudicial à criança. A criança atendida por uma mãe que despeja sobre ela um amor incondicional cresce com prejuízos para desenvolver uma capacidade adequada para amar. Essa mãe não se constitui como objeto adequado para acolher e mitigar as angústias do bebê. Isso tornará difícil para a criança elaborar suas angústias paranoides e depressivas.

Mães que amam demais: apresentação do caso

Conhecemos João, com 2 anos e 11 meses, quando chega para os atendimentos. A mãe de João se queixa de que o filho é muito agitado, e que não consegue lhe impor limites. Diz saber que aquilo que faz "não está certo [sic]", mas não pode fazer diferente. Após esse primeiro contato, se ausentaram durante dois meses. Ao retornarem, ficaram mais evidentes os aspectos de angústia da mãe e a reação do menino a estes.

Ao longo dos atendimentos, outras questões da relação da mãe com seu filho vão se tornando mais claras e podendo ser ditas. O nascimento dos filhos provocou nessa mulher uma perda de interesse pelo marido. Após o nascimento da primeira filha diz que "a mulher nela deixou de existir [sic]". Dedicava-se inteiramente a essa criança, afastando-se do marido e o impedindo de qualquer cuidado com a menina. Passou a sentir repulsa por sexo. Optou por ter outro filho, João, como tentativa de evitar ser mandada embora do lugar onde trabalhava. Contudo, quando se descobriu grávida já era tarde, pois já havia sido despedida. No início dessa gravidez teve uma ameaça de aborto e precisou ficar em repouso absoluto. Isso a impedia de dedicar-se à filha mais velha como antes fazia. Traz um intenso temor de que esta sofra, e medo do contato que homens, até mesmo o pai, possam ter com a menina. Um dia decidiu que não iria mais ficar na cama e levantou-se para dar banho na criança. Desejou conscientemente que o filho que esperava não existisse.

João nasceu com icterícia e, após o tempo previsto pelo médico, passou um mês internado na UTI neonatal. O médico, na época, informou que o menino poderia ter diversas sequelas. A mãe respondeu dizendo que aceitava essa condição, e assumiu que carregaria o filho com ela para onde fosse. Não trabalhou durante o primeiro ano do filho, pois refere que este exigia atenções constantes. Ela conta que João tem uma cama ao lado da dos pais, mas geralmente dorme na cama destes. Tem um intenso temor de que o filho morra, indo verificar sua respiração à noite o que a impede de dormir. Sente-se escrava do filho, dedicando a ele cuidados extremos. Contudo, no detalhe discursivo de sua palavra, se enunciam tropeços relacionais – ao relatar, por exemplo, ter se esquecido de escovar os dentes do filho durante uma semana – que com frequência são camuflados por uma preocupação invasiva com a criança.

Quando João tinha por volta de 7 meses, sua mãe o deixava em um "chiqueirinho" para que ele não se machucasse. Segundo palavras desta, ela o "prendia, mas ele escapou": um dia, ele conseguiu romper uma das paredes do "chiqueirinho" e saiu. Mesmo o menino tendo adquirido o controle dos esfíncteres há bastante tempo, a mãe já tentou, em algumas ocasiões, forçá-lo a usar fraldas novamente. A criança reage, e não volta a usar fraldas. João parece sentir e responder a essa invasão pelo corpo materno.

Ainda, apesar de não suportar a ausência da mãe por muito tempo – e sair da sala de atendimento a sua procura várias vezes durante a sessão – quando a reencontra ela o pega no colo, tentando tirar sua jaqueta ou limpar seu rosto, provocando nele uma espécie de irritação. Contorce-se, chuta e foge da mãe, escondendo-se encolhido atrás do espelho ou da poltrona. O menino fala poucas palavras, usando, em grande parte do tempo, uma linguagem que é somente compreensível para a mãe.

Amo em ti mais do que tu

A promessa fálica que o bebê representa mostra-se em esvaecimento. Jerusalinsky (2008, pp. 10-16) cita que, atualmente, a equação simbólica apresentada por Freud, pênis = falo = bebê, foi acrescida por outras equivalências fálicas como pênis = falo = trabalho = autonomia financeira = bebê, sendo a maternidade vivida imaginariamente como concorrente e oposta a outras realizações fálicas. Desta forma, tais realizações precisam sofrer desinvestimento para que a maternidade tenha sua vez, o que oportuniza a reedição da angústia de castração – na medida em que ser mãe pode devolver à mulher o lugar de assimetria em relação aos homens.

Sua condição faltante será ainda reafirmada quando a mãe se deparar que seu filho é outro separado dela. O amor possível de ser vivido está fundado na separação, a qual é possível devido a uma dimensão de ódio. A posição depressiva, originalmente descrita por M. Klein, é citada por Benhaïm (2007) como – além da integração do objeto bom e objeto mau, formando um objeto total – uma integração do eu tendo por base a síntese do amor e do ódio. Se a mãe e a criança não conseguem elaborar esse momento, ficarão cativas na impossibilidade de se separar. A angústia diante da separação é tão grande, que cada ausência da mãe é sentida pela criança com o temor de tê-la devorado, ou de tê-la odiado até a morte. Isso confirma que o ódio materno pode revolver-se como vital, quando originado das experiências de perda e castração implicadas no exercício da maternidade, ou como destruidor, o qual repousa na ausência/vazio de palavras na relação mãe-bebê (Benhaïm, 2007).

A ambivalência materna é, portanto, uma necessidade estruturante, sendo que sua ausência induz e pode evoluir para uma patologia no laço entre a criança e seu Outro Primordial. Winnicott (1956/2000) tece interessante comentário ao afirmar que a mãe "devotada comum", é aquela que alcança o "estágio especial de preocupação materna primária sem ficar doente" (Winnicott, 1956, p. 404), um estado que exigiria suficiente saúde psíquica da mãe para desenvolvê-lo e para desvencilhar-se dele. Uma espécie de "doença normal".

Segundo Winnicott (1951 como citado em McDougall, 2001, p. 201) a mãe "suficientemente boa" é aquela que vivencia um sentimento de fusão com seu bebê nas primeiras semanas de vida. Contudo, o próprio autor destaca que se a atitude fusional persistir além desse período, a interação se torna persecutória e patológica para o bebê.

A motilidade, a vivacidade emocional, a inteligência, a sensualidade e a erogenidade corporal do bebê só podem se desenvolver na medida em que a mãe investe positivamente nestes aspectos. No entanto, "ela pode, com a mesma facilidade, inibir a intensificação narcísica desses aspectos na estrutura somatopsíquica de seu bebê, se este estiver servindo para atenuar uma necessidade não satisfeita do mundo interno dela própria". (McDougall, 2001, p. 201)

Neste sentido, o objetivo na clínica psicanalítica com bebês e crianças também é o de permitir o encontro com essa ambivalência, para que possa ser elaborada quando necessário. Como quando o desejo materno permanece no estado infantil tornando-se o arbitrário do poder materno. Nestes casos, a mãe busca devotar à criança um "todo--amor", desprovido de matizes agressivas, apenas revelando, contudo, a face mortífera de um ódio que se disfarça na mãe "demasiadamente boa" (Benhaïm, 2007). No entanto, essa face única não se sustenta na medida em que a criança pode responder a esse poder materno excessivo pelo sintoma, que tem como efeito secundário inverter o contexto e colocar a mãe em estado de dependência da criança: uma completa devoção materna à criança doente.

> *Por causa de suas próprias angústias ou temores e desejos inconscientes, a mãe é potencialmente capaz de instalar em seu lactente aquilo que pode ser conceituado como um* relacionamento adictivo com a presença dela e suas funções de cuidados. *Num certo sentido, é a mãe quem está num estado de dependência em relação a seu bebê. (McDougall, 2001, p. 201, grifos nosso)*

Para McDougall (2001), essa modalidade de relação mãe-bebê afeta então o desenvolvimento dos fenômenos transicionais e cria um risco de que a criança não consiga estabelecer uma representação interna com a figura materna que cumpra as funções de conter e lidar com a dor psicológica e estados de superexcitação. Não havendo essa representação interna, a criança é incapaz de tranquilizar a si mesma. O pequeno não desenvolve a capacidade de "estar só", o que significa estar sozinho mesmo quando na presença da mãe. Busca sua presença a fim de lidar com qualquer experiência afetiva.

Observa-se no caso apresentado que a mãe parece sentir que seu ódio dirigido à criança é tão potente e destruidor, que o nega e evita, temendo constantemente a morte do filho. Ela se sente escrava dessa criança, estando sempre a seu dispor, ao mesmo tempo que impede que o filho consiga se separar dela. Isto é, a mãe invade o pequeno com cuidados desmedidos. A criança reage a isso com uma hiperagitação motora, também relacionada à ausência de uma lei que organize seus movimentos (Kupfer & Bernardino, 2009).

Retomando as considerações freudianas descritas, observamos que a mãe presentifica em seu laço essa porção "oral" de um amor voraz que é capaz de destruir o objeto em nome do amor. Benhaïm (2007) inscreve a psicose da criança no campo do excesso materno, a "mãe excessivamente boa", sempre devotada à criança. O desejo e a espera de uma criança reinauguram a representação desta no narcisismo parental. É a "morte" dessa imagem de "criança maravilhosa" que permite o nascimento do sujeito falante e desejante. Caso contrário, põe-se a criança no lugar de objeto parcial de posse, e no de objeto real, exclusivo do próprio desejo materno. A tomada desse pequeno como objeto real no fantasma materno deixa pressagiar a captura daquele na rede da psicose ou, ainda, da morte na realidade.

De acordo com Dolto (2005, p. 109), a mãe acredita erroneamente que está dando ao filho a segurança da qual necessita, ao dar tudo o que ele parece querer; o que é para a criança quase como um atestado de sua fragilidade. Assim, a superproteção e toda sua dificuldade em impor limites ao filho denotam uma forma de negar e compensar esse ódio que foi reconhecido e sentido como destruidor já durante a gestação.

> *A análise revela que a mãe violou os desejos da criança, satisfazendo-a além das necessidades, por medo que ela morresse de privação ou que buscasse fruí-los com outros, sem ela. Essa angústia vem do fato de que sua libido se engolfou nesse objeto que dela saiu, em vez de permanecer em relação com os de sua margem de idade, para ela, adultos de seu sexo e de outro sexo. (Dolto, 2005, p. 108)*

É fato de que algumas mães se veem assustadas por seus próprios impulsos mortíferos em relação a seus bebês e que é por intermédio do terceiro que se constrói uma espécie de barreira protetora, permitindo que, não só por causa da mãe, mas apesar dela, a criança sobreviva. É justamente o auxílio que a mãe encontra nessa função terceira que atua como atenuante de sua culpa. A fragilidade da função paterna no caso atendido não proporciona que a separação entre mãe e filho seja efetiva. A culpa é, então, elemento muito presente no discurso dessa mãe. Ao mesmo tempo que investe uma superproteção ao filho – que pode ser, hipoteticamente, uma forma de atenuar sua culpa – percebe-se implicada no sintoma da criança originado desse excesso de cuidados, e, portanto, culpa-se novamente.

Percebe-se no caso atendido que um movimento de ruptura tenta se instalar. O menino recusa a mãe e cria vínculos com outros. Existe um ódio estruturante que precisa ser mais bem reconhecido e verbalizado. No entanto, para que a criança siga nesse trajeto permeado por castrações que vai do nascimento à autonomia, é preciso que a mãe se adapte, a cada etapa, a um novo modo de relação com seu filho.

A partir dessa perspectiva, o ódio estruturante fundamenta a possibilidade de separação, desde o nascimento da criança. Ao ganhar sua cria, exige-se a realização de um luto diante da perda sofrida no real do corpo e no imaginário de seus fantasmas, em que o simbólico vem como possibilidade de amar o que é do outro e odiar porque é um outro. Se ser mãe é ser "suficientemente boa" para reconhecer as questões incestuosas contidas no processo materno, ser mãe é ser "suficientemente cheia de ódio" para não as realizar, isto é, para separar-se da criança (Benhaïm, 2007, p. 100).

O ódio destruidor, então, está relacionado à fusão entre a mãe e seu bebê, se aliando ao desejo de morte inconsciente: "o preenchimento da fusão é a morte" (Benhaïm, 2007, p. 51). Essas crianças, identificadas como objeto do fantasma materno, se veem investidas da missão de reparar a mãe de suas feridas narcísicas, chagas essas que sangram mais a partir do nascimento destes filhos.

Deste modo, lançamos a hipótese de que, o ódio em relação ao filho surgirá com mais intensidade se esta cria, em vez de servir de cenário para preencher o vazio materno em seus devaneios desejosos de mãe, apenas realçar o vazio a partir do qual é forjada, sendo convocada em sua concretude a obturá-lo. Um real bruto, sem intermediação simbólico-imaginária. Distinguem-se a partir daí duas dimensões por onde o ódio transita: a imaginária, que pode levar à criança a uma paralisação objetal no laço primordial, impedindo que a falta seja sentida e a simbólica, a partir de onde a mãe poderá elaborar o vazio.

> *O ódio simbólico é então, aquele que possibilita a mãe elaborar, re-elaborar, perlaborar não mais a perda no real, mas a falta estrutural, e fazer com que seu desejo recomece a encontrar meia-satisfação junto a um outro além da criança, outro em geral representado pelo pai (Benhaïm, 2007, p. 18).*

O ódio suficientemente bom

Quando se fala sobre uma mãe que acalenta e cuida fala-se, simultaneamente, sobre uma história de três milhões de anos de hominização. (Castoriadis como citado em Lobo, 2008, p. 67) Assim, ao se pensar na relação das mulheres com seu corpo, sexualidade e a vivência da maternidade, não pode ser deixado de lado o aspecto transgeracional a que se relaciona. Existem condições prévias a maternidade que viabilizam sua realização. Como exemplo, Freud cita o narcisismo da mãe como ponte ao amor objetal e Klein foca no modo como se deu as relações da mãe com seu objeto primário. Disto conclui-se que, como pontua Lobo (2008), para ser mãe deve haver dentro da mulher um trinômio bem administrado de relações complexas: mãe, mulher e filha.

Trabalhos atuais questionam a imagem idealizada da boa mãe, indicando que para algumas mulheres a maternidade pode ser vivida como fatalidade (Lobo, 2008, p. 72). Esse é o caso dos trabalhos de Benhaïm e Jerusalinsky, que serviram como base para o entendimento do caso apresentado. A partir disso, reconhece-se que o modo como as mulheres se constituem como mães não está em suas mãos, nem sob a égide de sua vontade.

> *A "mãe suficientemente boa" não dissocia os registros do sexual e do maternal, reconhece a própria ambivalência e identifica seu amor e sua raiva, sem nada fazer a respeito. Apenas a comporta, a tolera. Por isso é suficiente. Por isso é boa. Qualidades essas, nesse contexto, inseparáveis da submissão aos limites e do reconhecimento dos enganos. Mãe que depressivamente reconhece o equívoco como essencial à existência humana. (Lobo, 2008, p. 73)*

Fica claro, portanto, que ser mãe não se expressa num saber fazer, mas se revela justamente onde o não saber serve de bússola para que o inconsciente trabalhe em conjunto na difícil tarefa de educar. Isso desemboca na observação e descrição de Winnicott da relação mãe-bebê, excluindo qualquer intenção pedagógica disto. Desse modo, o profissional que auxilia este par deve estar advertido de que é preciso saber reconhecer uma "boa mãe", ou a mãe "suficientemente cheia de ódio" que propicia ao bebê desenvolver suas potencialidades, e que permite que ele seja.

Referências

Benhaïm, M. (2007). *Amor e ódio: a ambivalência da mãe.* Cia de Freud.

Cintra, E. M. de U., & Figueiredo, L. C. (2004). *Melanie Klein: estilo e pensamento.* Escuta.

Dolto, F. (2005). *A causa das crianças.* Ideias e Letras.

Ferreira, M. A. T., Silveira, R. B., & Mariotto, R. M. M. (2011). Mães que amam demais, questões sobre o ódio materno. *Revista da Associação Psicanalítica de Curitiba*, 23, 75-90. Juruá.

Freud, S. (1996a). Os instintos e suas vicissitudes. In S. Freud, *Edição Standard Brasileira das Obras Psicológicas Completas de Sigmund Freud* (Vol. XIV). Imago. (Trabalho original publicado em 1915)

Freud, S. (1996b). Sobre o narcisismo: uma introdução. In S. Freud, *Edição Standard Brasileira das Obras Psicológicas Completas de Sigmund Freud* (Vol. XIV). Imago. (Trabalho original publicado em 1914)

Hinshelwood, R. D. (1992). *Dicionário do pensamento kleiniano.* Artes Médicas.

Jerusalinsky, J. (2008, junho/dezembro). Angústia na pós-maternidade. *Revista da Associação Psicanalítica de Porto Alegre*, 35, 9-20.

Klein, M. (1996). Amor, culpa e reparação. In M. Klein, *Amor, culpa e reparação e outros trabalhos* (Vol.1). Imago. (Trabalho original publicado em 1937)

Kupfer, M. C. M., & Bernardino, L. M. F. (2009, março). As relações entre construção da imagem corporal, função paterna e hiperatividade: reflexões a partir da pesquisa IRDI. *Revista Latino-Americana de Psicopatologia Fundamental*, *12*(1), 45-58.

Lacan, J. (1979). *O seminário – livro 11: os quatro conceitos fundamentais da psicanálise.* Jorge Zahar. (Trabalho original publicado em 1963-1964)

Lacan, J. (2002). *O seminário – livro 6: o desejo e sua interpretação.* Associação Psicanalítica de Porto Alegre. (Trabalho original publicado em 1958-1959)

Lobo, S. (2008). As condições de surgimento da "Mãe Suficientemente Boa". *Revista Brasileira de Psicanálise.* 42(4), 67-74.

McDougall, J. (2001). As neonecessidades e as sexualidades adictivas. In J. McDougall, *As múltiplas faces de Eros: uma exploração psicanalítica da sexualidade humana.* Martins Fontes.

Nogueira, P. O. (1993). As teorias de M. Klein vistas por um psicanalista Klein-Bion/niano: uma tentativa de objetivação através de experiências emocionais (clínicas e do cotidiano). In P. O. Nogueira, *Uma trajetória analítica.* Dimensão.

Winnicott, D. (2000). A preocupação materna primária. In D. Winnicott, *Da pediatria à psicanálise: obras escolhidas.* Imago. (Trabalho original publicado em 1956)

12. Para que serve uma criança? Reflexões sobre o desejo de parentalidade e o mal-estar narcísico contemporâneo

Gabriel Inticher Binkowski

Da criança ideal aos imperativos na parentalidade

Durante uma entrevista para um programa matinal neozelandês,[1] o polêmico psicólogo canadense Jordan Peterson, arauto de uma radical faceta contemporânea do liberalismo, argumenta com a jornalista Anna Burns-Francis sobre a escolha dela de ter se dedicado a sua carreira e não ter tido, até aquele momento, filhos. A jornalista comenta ter se sentido aliviada pela sua escolha ao ver o que seus amigos da mesma faixa etária passavam quando na casa dos 30 anos. A resposta de Peterson seguia com a mesma linha de raciocínio utilizada em tantas outras entrevistas e comentários sobre cultura em geral, sentenciando sobre a suposta utilidade de se ter filhos a partir de uma certa idade, pois, caso contrário, a vida se tornaria muito isolada e sem sentido quando da ausência de laços familiares próximos.

Escolhi abrir esse ensaio com essa polêmica como referência porque se trata de uma discussão social relevante e que é abordada frequentemente nas sociedades ocidentais e, mais ainda, em um mundo de configurações societais, culturais e econômicas tão díspares e

1 Disponível em: https://www.youtube.com/watch?v=UTtAyfJ1CiI

segmentadas como no Brasil. Atuando junto a diferentes dispositivos de saúde e assistência, já pude escutar frases polêmicas de colegas e mesmo me pegar pensando sobre o desejo de ter filhos e o propósito da procriação para muitos usuários de serviços, os quais, com vida frequentemente marcadas pela miséria e segregações e exclusões simbólicas, discursivas e econômicas, *pareciam retirar da parentalidade força para nutrir suas próprias existências.*

Em outros tipos de contexto clínico e social, com a ampliação da oferta das técnicas de fertilização assistida e o alongamento temporal das possibilidades de procriação, *o desejo de ter filhos* vai sendo segmentado entre reflexões pessoais, coletivas e mesmo culturais sobre a disponibilidade para a parentalidade, o questionamento dos efeitos econômicos e ecológicos de se ter mais crianças no mundo, as dificuldades de se imaginar um futuro em um planeta com eminente colapso ecológico à vista e uma humanidade em falência com seu sistema de organização socioeconômico e industrial. O argumento de Peterson, contudo, acaba sendo ditirâmbico por dar peso central a essa discussão a partir de um argumento que anuncia o lugar da criança nos dias atuais, a saber, tornar a vida no mundo contemporâneo suportável. Dito de outro modo, numa lógica individual, egoísta e narcisista, a criança encarna a possibilidade de transcender a finitude do adulto, mas apostar na possibilidade de que o filho possa ser transformado no ideal da criança que ele não foi.

A partir de pontuações deixadas pelo pensador indígena e imortal da Academia Brasileira de Letras Ailton Krenak em seu *A vida não é útil* (2020), obra que despontou ainda nos primeiros movimentos da pandemia de covid-19 é possível subtrair duas ideias fundamentais: 1) A humanidade consiste em ir além do *Hommo sapiens* e levar em conta a imensidão das vidas excluídas, encontrando aqui a hipótese de Gaia de James Lovelock; 2) A necessidade de pôr em xeque a racionalidade econômica que sustenta a ilusão de cálculo e de utilidade em nossas ações, investimentos e nas perspectivas sobre o existir, mesmo num contexto em que o humano seria capaz de fazer a humanidade sucumbir.

A primeira das ideias que aqui recupero de Krenak remete ao trabalho de Eduardo Viveiro de Castro (2018) a propósito do *perspectivismo ameríndio* e do *multinaturalismo*, o qual visa desconstruir nosso paradigma monocultural ocidental e científico que, a termo, reduz a existência às possibilidades discursivas e mensuráveis de uma ideologia cientificista e colonial moderna. Já a segunda leva até mesmo às considerações de pensadores de um extremo Ocidente, como Adorno e Heidegger, pois descrevem os exageros e limites da razão ocidental a partir de seu empuxo ao autoritarismo, à falência da representação e às aporias da técnica. Assim, a fixação num horizonte de domínio da natureza e a nossa ideologia de separatismo em relação a ela nos levaria até nossa própria aniquilação. Isso se daria seja pelo poder nuclear, como sugere Heidegger em *A questão da técnica* (2007), ou pelo apelo ao idealismo ou a valores eternos e humanitaristas – para Adorno em *Educação após Auschwitz* (2003), há certos traços patológicos que podem ser conhecidos e limitados pela educação e o esclarecimento, contudo, que seguirão presentes conosco e que tendem a despontar quando deixamos a cargo do Estado ou da ideologia a gestão da vida social, cultural ou de nosso futuro.

Isso me parece andar lado a lado nas discussões sobre o desejo de ter filhos ou o desejo de maternidade e paternidade. Aliás, a propósito da distinção entre essas últimas expressões, Violante (2007) busca a hipótese de Piera Aulagnier de que o "desejo de maternidade" é um avanço psíquico em relação ao desejo de ter um filho. Enquanto o último liga-se a uma experiência centrada no complexo de Édipo e no desejo de ter um filho com o próprio pai, o desejo de maternidade aponta para uma repetição em forma especular da relação com a mãe. Isso implica uma possibilidade de transmissão do desejo de encontro com a vida psíquica naquilo que ela não se limita ao próprio indivíduo e, logo, ao reduto narcísico do eu.

Se para Aulagnier em *A violência da interpretação* (1979) o lugar do pai ainda é dado como um intermediário que legitima e também regula o gozo da mãe em relação à criança, àquilo que a mãe desejou inconscientemente transmitir e também à própria função do pai numa dada cultura. Em *Um intérprete em busca de sentido* (1990) a psicanalista apresenta considerações mais estremecedoras sobre o desejo de saber e de verdade e as relações deste com nossas práticas de transmissão, aquelas que se dão na experiência da parentalidade, na educação ou mesmo na vida das instituições, como é o caso da própria transmissão da psicanálise em suas regulações e desregulações institucionais. Como sugere Aulagnier ao ampliar as discussões sobre o eu (*Je*) a partir do estudo das psicoses, quando não há possibilidade de manter a relação intrincada entre Éros e Tanatos, o próprio corpo do sujeito se torna um inimigo a abater, com sofrimentos que não podem ser erotizáveis e, portanto, tratáveis pela via do discurso.

Trago aqui o tema do corpo porque esse parece congregar uma série de discussões contemporâneas sobre o desejo de ter filhos, maternidade e paternidade. Com efeito, como já prenunciava Aldous Huxley em *Admirável Mundo Novo* (2003), a renúncia da humanidade à concepção biológica e o surgimento de bebês desenvolvidos fora do corpo materno e sem uma filiação expressa, como é o que acontece na obra distópica em questão, é um dos elementos centrais para uma reorganização social família-fóbica, aversa à manutenção das relações monogâmicas e de casal e, por fim, na qual o vínculo pelo desejo não encontra possibilidades na reprodução. Na novela de Huxley, os humanos dedicariam seus dias a um hedonismo desconectado da alteridade e da própria possibilidade de que a repetição – de parceiros e dentro de uma história familiar – pudesse trazer algo de novo. O futuro seria, assim, uma sequência uniforme de dias de prazer e de reprodução do mesmo, numa promessa de vida sem conflitos, sem o drama da passagem das gerações e numa fantasia de eliminar a morte, a velhice e a doença.

A partir dessas pontuações iniciais, trazemos à tona a pergunta acerca do lugar da criança e da função do filho, que é colocada, repetidamente, em minha experiência, em diferentes meios sociais, econômicos e culturais, como se isso pudesse ser respondido e tamponasse o infinito da dúvida, do desejo e da própria relação entre pulsão de morte e pulsão de vida. Tal questão se recoloca na pergunta sobre o desejo de cada um de procriação e de encontrar no encontro com o real da biologia algo que abra para a continuidade enquanto nos coloque face a face com o enigma da sexualidade e da própria morte.

Com efeito, avancemos, estamos diante de uma pergunta que não funciona como uma equação a ser resolvida, uma vez que ter ou não ter filhos não a resolve, já que estamos constantemente nos deparando com a relação entre o nosso próprio desejo de viver e como esse se articula e se choca tanto com aquilo que recebemos das gerações anteriores como com aquilo que desejamos para as vindouras, quando não estivermos mais aqui. Logo, indico que essa questão trata de um mal-estar contemporâneo, mesmo que ela não seja nova, porém, a forma como ela nos interroga entrega muito do que temos sido e, especialmente, daquilo que tem sido o impossível para essa nossa era de paradoxo civilizatório.

O desejo de filho nos dias atuais

A partir de avanços tecnológicos e das lutas sociais e políticas feministas, do aperfeiçoamento dos métodos contraceptivos e da apropriação do próprio corpo, foram incontáveis as transformações que marcaram a existência das últimas gerações de mulheres nas mais diferentes culturas e sociedades, até mesmo naquelas mais retraídas em relação a esses desenvolvimentos. Contudo, há algo que ainda incide frequentemente como questão para as mulheres e que podemos constatar na clínica psicanalítica mais banal, tanto a dos consultórios privados como a dos dispositivos públicos: a pergunta sobre o desejo de maternidade vem seguidamente como demanda da outro, a qual arbitra sobre a necessidade de se ter filhos seja a partir da existência de um relacionamento estável e/ou mesmo da própria passagem do tempo.

Não se trata somente de uma pergunta que vem em tom chistoso por parte de tios e familiares, mas de uma injunção que parece se repetir na vida de muitas mulheres, atravessando entrevistas de emprego – e até como um critério obtuso para percursos de formação em tradicionais sociedades de psicanálise, como uma colega uma vez me confidenciou – e vindo com agressividade e soberba durante procedimentos médicos e até durante a preparação para cirurgias – "Você está chegando na idade crítica, já deveria estar grávida!", como contou uma conhecida sobre o que experimentou numa sala pré-cirúrgica, nua, deitada em uma cama e aguardando pelo efeito da anestesia.

Alargando o escopo social dessa questão, testemunhamos desde o começo dos anos 2010 discussões jurídicas, legislativas e midiáticas que culminaram com a equivalência jurídica entre relações, uniões estáveis e casamentos formados entre pessoas heterossexuais e parceiros de mesmo sexo. Eu não morava no Brasil durante os anos de idas e vindas da discussão do tema envolvendo o Supremo Tribunal Federal, o Superior Tribunal de Justiça, o Conselho Nacional de Justiça e outros órgãos, que avançaram sobre a legislação por inatividade de nossos parlamentares. À época, vivia na França e tinha como uma de minhas atividades clínicas o atendimento de imigrantes de primeira, segunda e terceira geração, o que significava, naquele contexto, a escuta psicanalítica de muitos casos envolvendo famílias imigrantes com crianças e adolescentes nascidos em solo francês e expostos a uma regulação xenófoba da diferença nas mais diversas camadas da sua vida social e educativa.

Vivia-se lá, entre 2011 e 2013, uma nova volta do preconceito contra muçulmanos, o que aparecia na proibição do porte do véu em espaços públicos da república, em críticas duras e seguidamente conspiratórias a propósito da transformação étnica da população europeia e campanhas contra elementos religiosos na educação de crianças. Além disso, já começava a despontar um certo sentimento cristão e católico em meio tanto a uma classe média dos pequenos municípios rurais como àquela urbana e gentrificada. Como exemplo, inúmeros colegas psicanalistas e criados num ambiente familiar ateu escolhiam por casar na igreja e por batizar seus filhos, no que sociologicamente era chamado de reconversão – converter-se para voltar às raízes, às origens, o que vinha ali incutido de um sentimento de ser francês da gema – *français de souche*.

Contudo, o que jamais esquecerei foi quando, nos primeiros meses de 2012, eu caminhava num domingo próximo ao Arco do Triunfo e me deparei famílias cristãs e muçulmanas juntas, carregando cartazes e avançando contra as forças da ordem com o intuito de adentrar à força na avenida Champs Elysées. Com efeito, manifestações e passeatas são extremamente comuns nas ruas de Paris, acontecendo praticamente todos os dias e passando até despercebidas aos olhos dos passantes. Aquela vez, todavia, tratava-se de uma manifestação espontânea e, por isso, não tinha seu trajeto autorizado previamente pela prefeitura e pelo comissariado central de polícia. Lembro de só ter percebido algo estranho acontecendo ao entender que famílias avançavam com crianças de quatro ou cinco anos contra policiais que jogavam bombas de gás lacrimogêneo e tentavam impedir a passagem da coorte.

A cena acima tinha uma série de inscrições que rompiam com um certo registro esperado nessas situações, sendo especialmente estranha a parceria entre famílias francesas católicas e famílias portando signos que remetiam ao islamismo, como mulheres com véu e homens em vestimentas tradicionais, o que parecia colidir contra todo o mal-estar pós-colonial que ainda reina na França e na relação do nacionais desse país com os descendentes de suas antigas colônias na África. Naquele dia, historicamente, ganhava corpo o que era o movimento *Manif pour tous* (Manifestação para todos), inflamado por uma bandeira rosa choque com quatro bonecos representando um homem, uma mulher e duas crianças. O movimento que militou diariamente durante meses a partir dali nas ruas de Paris e das grandes e pequenas cidades da França, e que existe enquanto associação até hoje, não visava exatamente lutar contra a discussão legislativa sobre o casamento homoafetivo, mas impedir o direito de constituir família, adotar crianças, realizar legalmente métodos de concepção artificial etc. Ora, o argumento do grupo se organizava em torno da ideia de que uma família só poderia ser composta pela união de um homem e de uma mulher e, portanto, o desejo de parentalidade só poderia ser socialmente acolhido nesses casos.

Não preciso aqui discorrer sobre os meses de bravatas, gritos e falas quase delirantes dos representantes desse grupo, pois convivemos com isso no Brasil também, de forma um tanto chocante – mesmo que nada surpreendente – na boca de certas autoridades religiosas e de parlamentares ligados a grupos evangélicos. De todo modo, foram avanços inigualáveis para pessoas LGBTQIA+ em todos os países onde tais mudanças foram efetivadas, desde poder dividir o plano de saúde da pessoa com quem se vive até legitimar o desejo de ter filhos. Sobre isso, aliás, um dos gritos de horror contrário à parentalidade por casais homoafetivos diz respeito a uma suposta impossibilidade de procriação e aos riscos de extinção da humanidade, como se já não tivéssemos crianças o suficiente à espera de adoção. Porém, o que me interessa neste escrito passa pelo sentimento de autorização que passou a ser experimentado por muitos homossexuais. Não que fosse impossível a realização dos sonhos de paternidade e maternidade anteriormente, contudo, a mudança da jurisprudência que permitiu esses avanços colocou para muitos sujeitos o desejo no centro da cena, melhor, a pergunta por seu próprio desejo.

Recordo-me à época, ainda na França, do quando isso foi significativo para pacientes homossexuais e especialmente para os jovens homossexuais que pareciam ter encontrado um certo alargamento de horizonte junto à sociedade e, especialmente, de suas próprias famílias. Um rapaz que fez seu *coming out* quando tinha cerca de 16 anos e que passara muito tempo temendo a reação de seu pai confidenciou: "achei que ele iria me contestar e ele simplesmente disse que estava tudo bem para ele se eu conseguisse ser feliz e que agora eu poderia ter uma verdadeira família se assim o desejasse". Acabou sendo muito marcante, na sequência dos atendimentos, tornar uma questão esse significante do pai, *uma verdadeira família*, uma vez que isso levou o jovem paciente a interrogar seu pai sobre sobre o desejo dele pela paternidade e o quanto o próprio pai havia sofrido enquanto filho bastardo, com fantasias de que qualquer família que tentasse fazer não seria uma *família verdadeira*.

A pergunta sobre o desejo é, por sua vez, como Lacan esboça a partir do grafo do desejo no Seminário *As formações do inconsciente*, a confrontação com a demanda do outro (Lacan, 1999). Dito isso, entendemos que é a recusa da necessidade que dá início ao processo de subjetivação, no caso, a subjetivação do próprio desejo de ter filhos, podendo levar o sujeito ao desejo de maternidade e/ou paternidade. A propósito disso, Vera Iaconelli (2023) é cirúrgica:

> *Alguns dirão que se trata de um imperativo da espécie pela transmissão da carga genética. Outros, que se trata de uma aspiração narcisista e de identificação com o próprio pai e mãe. Outras ainda afirmarão que a prole responde a anseios mais pragmáticos: ajuda no trabalho, cuidados na velhice e aspiração por mobilidade social depositada na próxima geração. Mas entre a vontade manifesta e o acontecimento existe uma diferença que, se escutada, pode talvez revelar o desejo inconsciente que nos move. Se amaremos ou*

> *não a criança que nos chega, sempre incapaz de responder a todos os nossos anseios, só saberemos a posteriori. De qualquer forma, permanece nossa responsabilidade ética em garantir-lhe um futuro.* (p. 213)

Isso leva à contestação que muito se observa, na neurose, sobre a legitimidade da possibilidade do desejo de filho e da transmissão. O excesso de modalidades de promoção de ofertas de encontros sexuais e amorosos funciona quase que de maneira geral como um lembrete constante da perda e da castração. Não é incomum nos dias de hoje encontrar jovens adultos na casa dos 30 ou 40 anos que jamais tiveram relacionamentos duradouros, mesmo que fantasiem sobre isso constantemente. Já na ciranda do feminino, parece ser uma vivência bastante dura para muitas mulheres o quanto seus investimentos de carreira, relações de amizade e no cultivo de si corre o risco de ser deslegitimado pela contestação do outro sobre o desejo de ter filhos e os limites biológicos da procriação. Ora, a reflexão sobre a possibilidade de congelamento de óvulos tem sido seguidamente vivida mais como uma chamada atroz do supereu do que como uma extensão das condições de procriação. Por conta disso, muitas vezes o medo da solidão no futuro acaba obliterando uma carga de grande solidão no presente, com a demanda do outro – ser bem-sucedida na carreira, manter-se jovem e desejável, poder ter uma vida social movimentada, enfim, ter um filho – não se transformando naquilo que é parte essencial do desejo de maternidade – como do de paternidade –, que é o desejo de um outro que deseje, no caso, a criança que pode ser lançada no mundo.

Em seguida, associo sobre um paciente homem que, ao terminar um relacionamento homoafetivo muito investido do ponto de vista familiar e material, atravessa um longo período de luto, tangenciando pensamentos suicidas que culminaram em uma experiência descrita como a do vazio de desejo. Entre os inúmeros projetos e sonhos do casal rompido não se encontrava a evocação da paternidade. Constatar isso e contestar tal suspensão levou o paciente, logo depois de *adotar um animal de estimação* – um vira-lata –, a produzir uma série de sonhos envolvendo crianças deformadas que eram encontradas perdidas nos diferentes andares do prédio em que habitava. Pensar sobre o eventual desejo de paternidade revelou tanto o incômodo com o ex-parceiro e suas dificuldades em pensar na possibilidade de "doar-se para uma criança" e, especialmente, jogou luz sobre o medo de, ao optar pela adoção, ter um filho feio e que "partilharia características genéticas de pessoas pobres, de uma mãe prostituta e mulata, uma criança concebida pela necessidade financeira e gestada sem carinho e cuidados", fantasia que encontramos com frequência entre sujeitos que cogitam a adoção. O avanço da análise do paciente foi revelando a presença de *um homem encalacrado na posição de filho de sua mãe, tentando agradá-la e retirá-la de uma posição constante de queixas sobre seu estado anímico, sua depressão. Parecia ser a própria mãe do paciente que o enxergava deformado como um espelho de sua própria desvitalização.*

O reencontro com o amor infantil e o infantil na infância

Acima, portanto, destacamos essas dúvidas que assolam o íntimo que o sujeito que receia não poder ter filhos ou não conseguir, sobretudo quando tal dúvida ainda habita uma dimensão muito fantasiosa sobre o próprio desejo, quando o ato de tentar ainda não encontra condições na realidade do sujeito. Tal configuração difere muito quando vemos pessoas solteiras ou casais planejando e/ou tentando, seja pela via da procriação natural, da adoção ou de métodos artificiais.

O psicanalista Michel Tort apresenta na obra *Desejo frio. Procriação artificial e crise dos referenciais simbólicos* (2001) a leitura de que foram as transformações identitárias do Ocidente o que levou a uma afetação das formas de parentesco, da filiação e dos próprios sistemas simbólicos, o que ganha nova força a partir do surgimento das formas artificiais de procriação. Mesmo que cada sujeito em sua singularidade enfrente as perguntas sobre sua origem, seu desejo de continuidade e o real do sexo e da morte a partir de sua estrutura – neurose, psicose ou perversão, com as "invenções" do sujeito sendo regidas e ordenadas pelas possibilidades de sua constituição lógica – as positividades históricas e as variações sobre a filiação e seus discursos e instituições nos ensinam que há muito de arbitrário nas determinações históricas e sociológicas.

Seguindo com Tort, o que cabe aos psicanalistas é, primeiro, trabalhar para que a psicanálise não seja uma ortodoxia que busque restaurar certas referências simbólicas que já caducaram – pois isso equivaleria, na prática, a usar a psicanálise para repressão do inconsciente, ou seja, do desejo. Em seguida, não podemos cair no conto da liberação sexual e da multiplicação das modalidades de procriação como um amém biomédico a um suposto desejo desenfreado e ilimitado, como se fosse possível derrubar a castração e os limites. Dessa forma, as transformações do simbólico e nossos dispositivos de intervenção no real do corpo deveriam nos levar a repensar a metapsicologia psicanalítica, a teoria da sexualidade (sexualidade aqui remetendo ao infantil e se mostrando como polimorfa e perversa) e a própria teoria freudiana da cultura, uma vez que eles – os dispositivos de intervenção no real do corpo – têm consequências e que respondem tanto aos furos do real e a modalidades de mal-estar atuais.

Tais tramas discursivas e conceituais ganham bastante densidade quando saímos dos casos em que o sujeito se interroga sobre o desejo de ter filhos e o medo de perder o tempo para isso, vivendo a maternidade ou a paternidade como algo que se alterna entre o querer ter e o receio de perder a possibilidade, e partimos para o caso dos tentantes, como são conhecidos aqueles em processo de tentar (por vias somente naturais ou apoiados na tecnologia) e também aqueles que se encontram no longo processo da adoção. A decisão de ter filhos – mesmo quando uma gravidez já está em curso – é um ato jubilatório por revisitar elementos da formação do eu enquanto instância de unificação narcísica, diante do outro, e como instância simbólica de mediação, diante do outro.

Essas situações podem nos ajudar a rever a metapsicologia freudiana e o bojo teórico do complexo de Édipo. Markos Zafiropolous (2012), ao se perguntar sobre o que seria uma criança no ocidente contemporâneo, aponta que a criança demasiadamente amada, a criança-majestade, veio dando lugar a uma criança que carrega abismos de angústia, pois o desejo do outro parental seria um desejo descoberto e, adicionamos, brutal, de devoramento. A criança habitaria então uma zona de excesso e de falta, entre a demanda do outro e a falta de estofo para fazer-se outro. Disso decorre as dificuldades contemporâneas de criar condições e rever como pensamos a educação e a gestão das diferentes passagens e transformações envolvendo crianças e adolescentes hoje.

Ainda, encontramos, com essas interrogações, lastro para pensar sobre as configurações contemporâneas da subjetividade, ou seja, do surgimento do sujeito e de um mal-estar contemporâneo, o da difícil passagem entre a pergunta sobre o desejo de ter filhos e a questão da parentalidade. Discorrendo sobre a infertilidade de mulheres e os impasses envolvendo o desejo de ter filhos quando do recurso às técnicas artificiais de procriação, Lanius e Souza (2010) colocam em relevo que a infertilidade parece servir como índice de que somos seres de linguagem e que muitas vezes o desejo inconsciente não condiz com a demanda consciente que se dirige à medicina – querer ter um filho. Com isso, o trabalho analítico busca situar o objeto causa do desejo – uma falta – a partir do lugar de enunciação do sujeito. Com efeito, a ciência biomédica e nossos artifícios tecnológicos podem servir para obturar a falta. Aqui é preciso fazer uma distinção: mesmo que muito sofrimento decorra das dificuldades de ter um filho ou das tentativas de elaborar a impossibilidade de ter ou mesmo de se decidir sobre isso, buscamos aqui dar um lugar metapsicológico e, portanto, estrutural à questão do mal-estar contemporâneo sobre o desejo de parentalidade.

Lanius e Souza (2010) discutem primordialmente a partir dos casos de infertilidade enigmáticos, naqueles em que há a inibição da função reprodutora enquanto um sintoma a ser entendido como que dotado de especificidade e sentido inconsciente. Quando da incidência de uma escuta psicanalítica, torna-se possível entrever como a maternidade no real passa a ser uma miragem (ou seja, uma promessa imaginária) de restituição subjetiva da assunção do sujeito sexuado feminino, com a criança como falo e a ciência médica fazendo as vezes de Nome-do-Pai.

Não desejo me deter nos casos de infertilidade explicitamente, pois os comentários desta seção se atêm mais especificamente nas transformações dos referenciais simbólicos no tocante às questões de filiação, aliança, sexuação e como estas remodelam as perspectivas e possibilidades de pensar o desejo de ter um filho e a passagem para o desejo de maternidade/paternidade e o que o sujeito contemporâneo vai encontrando nessa travessia. Assim, sobre o desejo de filhos, delimitei três questões que se colocam para o sujeito no eclipse da experiência desejante causada pelo deslocamento e pelo trabalho de subjetivação circunscrito sobre o desejo de filho.

Como primeira questão, evoco o *não ter mais tempo*, em que o desejo de ter filhos permanece involucrado por uma referência seja ao biológico, ao cronológico ou a uma série de passagens em que o sujeito teme não ser mais possível seja pelo envelhecimento do seu sistema reprodutor, pela sua suposta falta de vitalidade em relação às demandas de se criar uma criança, a inexistência de uma rede de apoio e afins. Aqui o limite é colocado na distância em relação ao outro, alteridade que impede e que frustra o sujeito. Nessas situações, de um ponto de vista clínico, a queixa se torna um lugar comum que concentra os esforços do sujeito, o qual pouco avança na subjetivação de suas próprias questões sobre a maternidade e/ou a paternidade.

Quanto à segunda, aponto o *não poder ter, o qual se* situa na experiência de infertilidade real ou fantasiada, o que habita tanto o espaço subjetivo de casais como de pessoas que consideram que só poderiam ter uma criança com um parceiro que o deseja quanto pela reunião de condições materiais, financeiras, encontrando barreiras em algo como a suposta impossibilidade de se dedicar a isso em meio a uma carreira proveitosa e também por conta do próprio envelhecimento orgânico. Aqui o estacionamento subjetivo é delimitado pela privação, com o outro subtraindo do sujeito a possibilidade de ascender ao desejado lugar de pai ou mãe. Diferentemente da questão anterior, *não ter mais tempo*, em que a distância do outro também é aquela em relação ao objeto-criança, nessa segunda situação a queixa dá lugar para uma perda que pode se melancolizar ou mesmo retirar do sujeito condições de desejabilidade em relação a outros ideais de eu. Com efeito, não poder ser pai ou ser mãe vira seguidamente um processo de rebaixamento do sujeito.

Por último, a questão sobre *o tempo certo*, marcando um momento em que se tem dificuldades de apostar na ultrapassagem da distância em relação à demanda do outro – ter um filho, fazê-lo com certas condições, estar preparado etc. – e da queda de certas idealizações a propósito da paternidade ou da maternidade. Isso implica um tratamento da relação entre o sujeito e a castração que aparece quando um sujeito se liga com o próprio desejo. Clinicamente, penso que seja um tempo cuja parada peça que o sujeito se implique a partir de seu amor infantil, desobstruindo toda uma série de fixações do eu e de imagos parentais que cobram por amor, por dedicação e por entrega.

Desta forma, realizando apontamentos fundamentais que abordam questões clínicas e sociais acerca do amor da criança, considero fundamental interrogar de qual criança se trata qual se encontram arduamente demandadas hoje, cobradas de serem uma reserva de futuro e de amor que, na verdade, elas não podem ter como oferecer. Ao retomar questões fundamentais relativas ao mal-estar envolvido na questão, retomo Freud no clássico *O mal-estar na civilização* a fim de assinalar esse resto não simbolizável que Lacan tratou como da ordem do real a partir da falta que habita o sujeito.

No contemporâneo, seja na clínica como nos discursos que circulam por aí, produzindo subjetividade e laço social, as crianças são faladas constantemente a partir de um registro objetal, como objetos que devem ser satisfeitos e dar satisfação numa formulação sempre condenada ao fracasso. Nesse sentido, deposita sobre certas famílias e crianças, especialmente aquelas que são marginais e que habitam as zonas sociais mais vulneráveis, as torna um alvo privilegiado de um narcisismo infantil que não mede esforços para destratar, desvalorizar e destruir qualquer criança que não confirme a imagem *The majesty the baby* no espelho, que para a grande maioria das crianças implica, literalmente, ser espoliada da vida pela falta de políticas públicas e de um lugar social e discursivo em nome de um ideal infantil do adulto.

Referências

Adorno, T. W. (2003). Educação após Auschwitz. In T. W. Adorno, *Educação e Emancipação* (pp. 119-138). Paz e Terra.

Aulagnier, P. (1979) *A violência da interpretação: do pictograma ao enunciado*. Imago.

Aulagnier, P. (1990). *Um intérprete em busca de sentido.* Escuta.

Castro, E. V. de. (2018). *Metafísicas canibais.* UBU Editora/n-1 edições.

Freud, S. (2010). O mal-estar na civilização. In S. Freud, *Obras Completas* (Vol. 18, pp. 13-123). Companhia das Letras.

Heidegger, M. (2007). A questão da técnica. *Scientia e Studio.* 5(3), 375-398. https://www.revistas.usp.br/ss/article/download/11117/12885

Huxley, A. (2003). *Admirável mundo novo.* Editora Globo.

Iaconelli, V. (2023). *Manifesto Antimaternalista.* Companhia das Letras.

Krenak, A. (2020). *A vida não é útil*. Companhia das Letras.

Lacan, J. (1999). *O seminário livro 5: as formações do inconsciente*. Jorge Zahar.

Lanius, M, & Souza, E. L. A. (2010, março). Reprodução artificial: os impasses do desejo. *Revista Latinoamericana de Psicopatologia Fundamental*, *13*(1), 53-70.

Tort, M. (2001). *Desejo frio. Procriação artificial e crise dos referenciais simbólicos*. Civilização Brasileira.

Violante, M. L. V. (2007, junho). Desejo de ter filhos ou desejo de maternidade ou paternidade? *Jornal de Psicanálise*, *40*(72), 153-164. http://pepsic.bvsalud.org/scielo.php?script=sci_arttext&pid=S0103-58352007000100011&lng=pt&nrm=iso

Zafiropoulos, M. (2012). Qu'est-ce qu'un enfant? De l'enfant phobique à l'enfant-fétiche, *Figures de la psychanalyse*, *2*(24), 51-63. DOI: 10.3917/fp.024.0051.

13. A violência materna e o traumático na infância

Michele Kamers

Se tu procuras, ó mísera, até onde deve chegar
o ódio, pode medi-lo sobre o amor

Medeia

A partir do pressuposto de que a ambivalência materna é uma necessidade estruturante, buscamos discutir de que maneira a não elaboração deste ódio originário no inconsciente materno se apresenta sob a forma de tirania de uma mãe na constituição psíquica de seu rebento. Por meio da retomada da teoria do trauma em Freud e da apresentação de alguns casos clínicos, sustentamos que um outro em posição de poder absoluto encarna para a criança a posição de soberano, o que o autoriza a cometer excessos, na medida em que reduz a criança a um corpo passível de inúmeros abusos de seu poder. Os casos que escutamos na clínica cotidiana com crianças e adolescentes nos convocam a pensar, minimamente, no quanto a possibilidade da mãe em reconhecer e suportar sua ambivalência e a do filho – sentimentos de amor e ódio – são condições para que ela não produza, mesmo que inconscientemente, a morte de ambos.

De uma maneira geral, as mães colocam sua ambivalência a serviço da castração, na medida em que, ao reconhecer o ilimitado presente no excesso de demandas da criança, produzem uma interdição que lança a criança no confronto com a renúncia à satisfação imediata da pulsão e sua organização a partir de um registro simbólico que não é da mãe nem da criança, mas um registro terceiro que passa a ser, não apenas o regulador da relação entre ambas, mas o registro a que ambas estão submetidas.

Nesse sentido, ser mãe de um filho consiste em associar os registros do sexual e do materno na relação. Por isso, a ambivalência não é um acidente ou uma patologia, mas, justamente, uma necessidade estruturante, na medida em que lembra à mãe que ela é uma mulher e que seu filho não é objeto único de seus investimentos. Entretanto, segundo Benhaïm (2007):

> *Todas as vezes em que se encontra uma impossibilidade de simbolização deste ódio originário como amor materno, a análise da mãe nos conduz a um obstáculo na elaboração da posição narcísica desta última, a uma relação particular com a castração, ou seja, à superposição de um luto não realizável e uma perda não integrável. (p. 11)*

De acordo com Benhaïm (2007), um luto não realizável consistiria na fantasia materna de que a mãe é toda para a criança e a criança tudo para sua mãe. Uma lógica de completude agenciada por uma fantasia infantil que prescinde de um terceiro. Uma mãe e um filho sem faltas, completos e que em troca, só poderiam desejar completar sua completude. Assim, se nada é simbolizado, vem à tona uma (hiper)idealização com o objetivo de contornar o ódio necessário como estruturante do amor, já que é o ódio que poderia estruturar o amor como um amor que autoriza mãe e criança a viver. Um ódio que poderia significar que podemos amar sem destruir, nem sermos destruídos por ele.

Como assinala Freud (1931/1996), sendo desmedido, o amor da mãe e da criança requer exclusividade, não se satisfaz com frações. Amor sem meta que, incapaz de alcançar plena satisfação, está condenado a acabar em decepção, dando lugar, inevitavelmente, a uma atitude hostil. O problema é quando a mãe e a criança ficam capturadas como objeto causa de "todos" os desejos de ambas, o que, inevitavelmente, conduzirá a uma experiência de dessubjetivação radical, assumindo a marca de uma melancolia representada pelo desligamento pulsional em direção a outros objetos.

Conforme assinala Hassoun (2002), a mãe, em uma posição totalitária, se ausenta de sua posição de sujeito, de mulher, e passa a estar inteiramente ocupada e ao mesmo tempo submetida à criança. Deste modo, estando à mercê da criança, ela se sente tudo e nada, já que, ao dar-se *toda* para o filho, ela não encontra retorno proporcional a seu investimento incondicional, e por isso, queixa-se infinitamente, tornando o filho a causa fundamental de seu drama. A partir do autor, poderíamos dizer que a mãe, nessa posição, se coloca como causa de desejo para seu filho, buscando nele a suplência para todas as suas frustrações e castrações malsucedidas.

Para Dolto (2010), essa tentativa de suplência está relacionada com a própria história pessoal da mãe que, enquanto filha, não conseguiu superar a castração primária e impõe a seus filhos o estatuto de fetiches, *mantendo-os presos aos ritmos maternos,* ambos marcados por um prazer corporal representativo do incesto. Trata-se de mães que se colocam como "pai e mãe" de seus filhos ao mesmo tempo, em que geralmente a criança dorme na cama parental e o lugar do pai está completamente forcluído. Posição que mantém a criança numa condição fantasmática incestuosa em que a criança faz UM com a mãe: "*Nós dois somos um*".

De acordo com Coutinho Jorge (2010), o amor tenta preencher essa falha, esse "não todo" que o sexo não consegue colmatar. É por isso que o amor rivaliza constantemente com o gozo sexual, na medida em que é por este gozo que o sujeito se confronta com o impossível da relação sexual. Enquanto o amor abre a possibilidade para o incesto, na medida em que, sendo narcísico, visa ao apagamento da diferença buscando de dois fazer UM numa lógica de completude e complementaridade, o gozo sexual lança o sujeito ao confronto com a impossibilidade de completude, por isso, o impossível da "relação sexual" descrita por Lacan.

Entretanto, Freud (1905/1996b) adverte que os cuidados com a criança também derivam da própria vida sexual da mãe. Por isso alerta que esses mesmos cuidados tão ternos e inocentes implicam em um exercício da sexualidade na relação mãe-criança, que se não interditada, conduziria ao incesto, à relação fusional e corporal entre mãe e filho. Ocasião em que a mãe, ao mesmo tempo que legisla e superprotege o filho, é dependente e indissociável dele.

Contexto em que a mãe, nas palavras de Dolto (2010) é 150% mãe. "Ela age como uma mãe umbilical, gestante, parasita e tutelar" (p.178). Ela age não apenas desvalorizando a presença da alteridade de seu marido, mas, fazendo de seu filho o substituto do mesmo. O que só poderia ocorrer em nome de uma ilusão de "fraternidade familiar". Condição assinalada por Dolto (2010) no clássico caso Dominique: "Como nos entendemos perfeitamente bem, as crianças não vêem a diferença, estando o pai em casa ou não". Acrescentando:

> *Ela não diz também que na cama, desde que tenha o calor de um corpo, dá no mesmo deitar com um dos filhos ou com o marido? Seu horror à solidão, já sabemos, foi a motivação de seu casamento e não o desejo assumido de vida sexual ou maternidade. (Dolto, 2010, p. 180)*

Para a autora, trata-se de uma mãe que se comporta inconscientemente como uma masoquista e pederasta de seus próprios filhos, ao mesmo tempo numa Branca de Neve em meio aos seus anões dependentes e destinados ao celibato. E o pai de Dominique? Nada diz? Não intervém? Sobre o pai de Dominique, Dolto (2010) assinala que este, ao ter encontrado um trabalho que lhe exigia muito e o mantinha longe de casa, se defendia da invasão familiar, mantendo-se, nos raros momentos de sua presença, em um isolamento bem defendido.

> *Quando a angústia da criança perturba a harmonia do casal, quando as preocupações e reações educativas ganham mais importância de que os interesses do companheirismo e da vida criativa ou social dos pais, é impossível para a criança superar o drama do desejo edipiano e a angústia de castração que ele suscita na economia inconsciente de sua libido. (Dolto, 2010, p. 232)*

Sobre esta questão, Dolto (2004) salienta que o sintoma da criança responde aos desejos reprimidos de pais insatisfeitos em sua vida conjugal e social que esperam de sua progenitura a cura ou a compensação para o seu sentimento de fracasso. Pais que recalcam seu desejo genital e se reduzem a exclusivos trabalhadores e pais de seus filhos. Criam os filhos na puerilidade e na angústia de uma sexualidade sentida como perigosamente culpada. Pais que negam a seus filhos o direito a um desenvolvimento libidinal extrafamiliar e por isso impedem sua autonomia. Contexto em que a mãe, acompanhada da cumplicidade silenciosa do marido, vive, de médico em médico, a incessante busca de um diagnóstico e tratamento para seu filho. E o que ela busca?

> *A cura do filho? Ela não acredita nisso; e a criança lhe pertence; dá-la está fora de questão. Um diagnóstico? Já foi estabelecido numerosas vezes por especialistas eminentes. A verdade então? Mas que verdade, se só a mãe* sabe? *Que sabe ela exatamente? A mãe quer saber, sobretudo, nada saber e nada receber desse médico a quem vem pedir – o quê?*

> Nada, *no que diz respeito ao filho. Um pouco, no que diz respeito a ela. A mãe deseja obscuramente que a sua pergunta nunca receba resposta, para que possa continuar a fazê-la. Mas precisa de força para continuar, e é isso que ela vem pedir. Precisa de uma testemunha, uma testemunha que sinta que por trás da fachada de tranquilidade, ela não aguenta mais. Uma testemunha que, se for preciso, saiba que ela tem vontade de matar. (Mannoni, 1999, p. 3)*

Relação mãe-filho marcada por essa ambivalência, frequentemente recusada e disfarçada de amor sublime. Violência e infanticídio velados que passam despercebidos aos olhos alheios por justamente tocarem num ponto recalcado no discurso social. Para a mãe, é melhor que o filho esteja morto para não correr o risco de perdê-lo. Salvá-lo de sua mãe seria separá-lo dela, o que é insuportável e ela não permitiria. Insuportável na medida em que ela depende desse filho para viver.

Para Mannoni (1999), desejo de morte que se torna evidente nos casos em que mãe e filho fazem UM. Logo, toda depreciação da criança é sentida como depreciação de si mesma. Contexto em que o amor se torna mortífero, na medida em que a criança é incorporada ao eu da mãe.

> *A história da origem e das relações do amor nos faz entender como ele tão frequentemente se apresenta como "ambivalente", quer dizer, acompanhado de moções de ódio contra o mesmo objeto. Esse ódio mesclado ao amor provém em parte das fases preliminares, não totalmente superadas, do amar; de outra parte, fundamenta-se também nas reações de repúdio das pulsões do eu que, nos frequentes conflitos entre os interesses do eu e os do amor, podem provocar, motivos reais e atuais. Em ambos os casos, portanto, o ódio mesclado remonta à fonte das pulsões de conservação do eu. (Freud, 1915/2013, p. 63)*

Desde Freud (1915/2013), o ódio provém de fases não superadas do amar, mas, fundamentalmente, a partir de *conflitos entre os interesses do Eu e os do amor* que podem provocar motivos reais para seu advento. Se a relação amorosa visa à unidade e completude, o ódio aparece como fundamental e estruturante na medida em que reinstaura, para ambos os amantes, a distância necessária para suas vidas psíquicas. Separação necessária que, na relação mãe-criança, autoriza a possibilidade de inúmeros reencontros amorosos: da mãe, com seus outros amores, e da criança, com seus futuros amores. Mas, se a mãe e a criança não consentirem com essa separação?

A mãe não consente justamente por esperar que a criança venha a dar conta das frustrações e renúncias amorosas que ela teve que realizar em sua vida. Por isso, é como se a mãe, em seu sofrimento e solidão, estivesse decidida a não deixar a criança escapar. Mantida como objeto incondicional de seu amor, ela dá tudo para a criança na esperança de ser tudo para ela. Numa aposta de que a criança nunca se separe, já que ela depende radicalmente de seu filho. Relação incestuosa e mortífera que visa a um estado de completude, de gozo e ausência de todo e qualquer mal-estar inerente à vida civilizada.

Tirania, trauma e violência

Desde Freud, sabemos que a psicanálise reconheceu no trauma a fonte de inúmeros sofrimentos psíquicos. Para Endo (2009) a violência sexual e traumática aparece desde o princípio na obra freudiana como uma violência exercida por um outro que se impunha sobre o corpo da criança, que imobilizada em sua capacidade erógena, impõe a ela uma experiência de alheamento e excesso. Entretanto, para Freud, essa experiência não era suficiente para explicar o traumatismo histérico, na medida em que a histeria era a expressão de um traumatismo interno e não exógeno, pela fantasia sexual com um adulto. A paciente histérica não havia sido abusada *na realidade* por um adulto, mas teria desejado a aproximação sexual com este e se castigado por isso. O corpo da histérica revelava o desejo e a proibição sexual com uma cena incestuosa e violenta, presentes na fantasia. De um lado, o que permitiu que a psicanálise pudesse começar a se ocupar dos sofrimentos que o sujeito é capaz de se impor a si mesmo. De outro, reconhecimento levou Freud a abandonar, de 1913 a 1920, qualquer preocupação com a incidência de fatores exógenos traumáticos sobre o psiquismo.

Para Endo (2009), foi após esse imenso período de silêncio e de recalcamento do trauma na teoria e na clínica psicanalíticas que Ferenczi produziu um segundo retorno do recalcado na teoria, realizado a partir do texto "Confusão de línguas entre o adulto e a criança", em que este mesmo retoma o papel do agente sexualmente violento na gênese do trauma, descrevendo a dimensão invasiva do outro na gênese do trauma sexual e o caráter *extra* e intrapsíquico do traumatismo. A força do traumático se constitui pela intensidade exógena que o psiquismo, sem escolha, tem que assimilar. Por isso, a intenção, a constância e a presença maciça do outro se colocam com tal intensidade que podem levar o psiquismo a formações psíquicas deformadas e paradoxais, obrigando-o a não ter outra ocupação que não sua própria sobrevivência. Na experiência do traumático se revela um excesso em que o sujeito, destituído de sua condição psíquica, fica reduzido a *corpo*.

Sobre esta questão, a reflexão que Endo realiza em seu texto "A ressurgência da tirania como elemento originário da política" (2011a) nos parece extremamente relevante para refletirmos sobre a relação entre exceção e excesso. Dito de outro modo, em que medida a exceção constitui excesso para o psiquismo?

Ao retomar a reflexão sobre o ponto de intersecção entre o modelo jurídico-institucional e o modelo biopolítico de poder a partir de Agamben, Endo (2011a) sustenta que o estado de exceção repousa sobre as bases da biopolítica, que reduz o sujeito ao estatuto biológico. "Para Agamben a figura da soberania revela-se como particularmente evidente no seio daquilo que se pode nomear como o estado de exceção e que, orientados psicanaliticamente, poderemos reconhecer na exceção a forma e a expressão do excesso" (p. 495). Exceção que constitui excesso para o psiquismo na medida em que esta é a condição para que o sujeito seja reduzido a puro corpo, naturalizado biologicamente como corpo privado de sua diferenciação.

> *Poder sobre vida e morte que Freud tão bem reconheceu na estrutura familiar e no estado de horda, cujo herdeiro imediato é o complexo de Édipo e os perigos de aniquilamento psíquico que estão em seu bojo: vida e morte psíquicas como presenças constantes na trama edipiana fundada numa autorização prévia e consagrada: os pais têm poder absoluto sobre seus filhos. (Endo, 2011b, p. 499)*

A partir do exposto, sustentamos que o outro, ao encarnar a posição de poder absoluto, plenitude e poder, não apenas encarna a posição do soberano, da exceção, como se sente autorizado a cometer excessos em relação a seu filho. Ou seja, "o pai da horda – o velho orango, como o disse Lacan – não era pai, de modo algum, mas mãe incestuosa embebida em seu próprio gozo" (Endo, 2011b, p. 69). Excesso que se constitui como traumático para a criança, na medida em que o infantil da mãe, ao não reconhecer a criança como um sujeito diferenciado de si, a reduz a um corpo passível de inúmeros abusos.

A agressividade e o corte dos ligamentos que ainda ligavam o sujeito à vida

Trata-se de um adolescente que, devido a problemas no parto, teve parte de seus membros inferiores paralisados, por isso, necessitava, para sua locomoção, do auxílio de cadeira de rodas. Apesar da impossibilidade de caminhar, esse adolescente tinha acesso à parte dos movimentos das pernas e os movimentos dos braços completamente preservados, o que lhe permitia que realizasse com destreza numerosas atividades da vida diária.

O fato é que, por mais que ele pudesse "sozinho" fazer inúmeras atividades, estava completamente impedido. Não podia escovar os dentes pois sua mãe, que *sabia* o que era melhor para ele, sustentava que os dentes não ficariam limpos. Não o deixava tomar banho, pois a higiene não seria adequada. Não podia fazer os temas escolares sozinho para não correr o risco de cometer erros e por aí adiante. Na realidade, esse adolescente de 14 anos era cuidado e tratado por sua mãe como um deficiente absoluto, que estava impedido de se fazer cargo de si e de seu corpo.

Entretanto, a pedido da escola, esse adolescente foi encaminhado para atendimento em uma clínica de psicologia onde passou a frequentar um grupo de adolescentes. Nesse grupo, na medida em que ele ia falando de seu drama, passou a ser indagado pelos outros adolescentes sobre o motivo de suas roupas serem escolhidas por sua mãe, de ser banhado por ela, de sua dependência absoluta, o que de imediato produziu nele uma atitude agressiva com a mãe na tentativa de se defender dos excessos e da invasão materna.

Em poucos encontros, ele começou a se posicionar diante da sua mãe, não permitindo, por exemplo, que ela lhe desse banho, escovasse seus dentes ou escolhesse sua roupa. E a mãe, definitivamente, entrou em colapso. Começou, desesperadamente, a fantasiar a morte do filho por uma bactéria dentária que o mataria, já que agora ela não escovava mais seus dentes, assim como, nos horários de banho, passou a "literalmente" invadir o banheiro para garantir que ao menos as partes mais importantes consideradas por ela fossem lavadas adequadamente, a saber, o ânus e o pênis do adolescente. Para se defender, o adolescente começou a agredir a mãe. Deitado na banheira, conseguia fechar as pernas tentando impedir que ela tocasse em seu pênis.

Em pouco tempo, a mãe nos procura dizendo que iria interromper o tratamento, na medida em que, para ela, este só prejudicou o estado psíquico de seu filho, que, a seus olhos tinha se tornado um monstro. Queria seu filho de volta!

O tratamento foi interrompido e ficamos sabendo, poucos meses depois, que essa mãe tinha conseguido, por meio de uma intervenção médica, realizar o corte dos ligamentos que possibilitavam ao adolescente fechar as pernas e impedir que ela lavasse seu pênis. De agora em diante seu filho será completamente seu. E para isso, pôde contar com a ajuda de um médico, que em nome de sua formação higienista e sua preocupação com a "saúde" do garoto, realizou o corte dos ligamentos que ainda o ligavam a vida.

O diagnóstico e a medicalização como objetalização do sujeito

Esse caso não é muito diferente do anterior, com algumas variantes. Trata-se também de um adolescente que, a partir de seus laços escolares, começou a interditar sua mãe por uma importante agressividade. Fomos procurados pela mãe justamente no momento em que o convívio entre os dois se tornou insustentável. O grande dilema era o seguinte: como esse adolescente, também com 14 anos, segundo a mãe se alimentava muito mal, ela não apenas não permitia que ele escolhesse o que iria comer no horário das refeições, como era ela quem definia a quantidade que colocava em seu prato. Ele era obrigado a comer literalmente *tudo*, numa espécie de jogo em que, se ele não comesse, não poderia usar computador nem jogar videogame. De manhã, como do ponto de vista da mãe ele não se agasalhava direito, era ela quem separava o uniforme da escola, assim como invadia o banheiro durante o banho para "revisar" o banho, visando garantir uma higiene adequada do garoto. Por isso, entrava no banheiro, lavava "novamente" o cabelo do garoto e refazia o banho por meio de uma esponja. O fato é que isso era possível porque o adolescente, capturado num jogo de sedução com sua mãe, permitia às vezes que ela o invadisse, pois, em troca, não apenas tinha acesso aos objetos que queria, mas ganhava os objetos que solicitava. Como assinalava a mãe: "eu dou tudo para ele".

Começamos a escutar esse adolescente, e depois de pouco tempo vindo as sessões, ele começou a interditar sua mãe. Passou a proibir que ela escolhesse suas roupas, não permitia mais que ela fizesse seu prato na hora das refeições, assim como começou a trancar o banheiro no horário do banho.

Entretanto, imediatamente fomos procurados por sua mãe que estava desesperada com a "piora" do seu filho. Segundo ela, ele estava muito mais "agressivo" e "descuidado" do que antes, pois agora ele não permitia mais que ela "cuidasse" dele. Para ela, ele estava em "risco", pois ao não se alimentar direito poderia ter um quadro de anemia e ela não permitiria isso, já que ele era "tudo" para ela. Tentamos manejar com essa mãe, apontando a importância de que esse adolescente pudesse aprender a cuidar de si mesmo e de seu corpo, o que fez com que ela decidisse esperar um pouco mais antes de interromper o tratamento.

Entretanto, antes da sessão seguinte, fomos informados por telefone que o adolescente não viria mais. Ao indagar o motivo, a mãe nos relata o seguinte: "Como ele não permitia mais que eu lhe desse banho, fiz uma cópia da chave e entrei no banheiro para 'revisar' o banho." Nesse momento, o adolescente foi tomado por uma fúria absoluta e empurrou a mãe para fora do banheiro. Ela cai, chora, se desespera e diz que o filho estava em surto. No mesmo momento, agendou uma consulta psiquiátrica de urgência que "garantiu" a medicação necessária para devolver a "sanidade mental" de seu filho. Agora, com a medicação, ele estava tão calmo e doce que ela não via mais necessidade de nenhum tratamento.

A amamentação "eterna"

O terceiro caso é de uma menina de 9 anos encaminhada por uma pediatra devido a um quadro de alopecia e dermatite grave, que, segundo a pediatra que nos encaminhou, era tão severa que a garota, além das feridas provocadas pela dermatite, não tinha mais nenhum pelo no corpo, inclusive sobrancelha. O encaminhamento da pediatra se deu devido ao conflito que a alopecia e a dermatite estavam produzindo na menina, que, confrontada com a puberdade e adolescência de seus colegas de escola, começou a se sentir uma *estrangeira*. Na realidade, essa "menina" parecia um grande "bebê", pois além de não ter nenhum pelo no corpo e ter toda pele irritada devido à dermatite, mantinha-se com todos os dentes de leite na boca.

Apesar de a pediatra fazer o encaminhamento tendo em vista sua preocupação com a menina, quem nos procurou pela primeira vez foi o pai, que na primeira sessão nos relata que está preocupado com a filha, pois nos últimos tempos ela tem apresentado comportamentos inadequados para sua idade, como usar escondida os batons de sua mãe, ou pedir que lhe compre vestidos e bolsas, o que, aos seus olhos do pai, eram demasiados femininos para sua idade. Assim, ao perceber o excesso de preocupação desse pai em relação a qualquer traço do feminino apresentado por sua filha, começamos a investigar um pouco a história pessoal dele.

Ele nos conta que sua infância foi muito tranquila até o momento da separação de seus pais, ocasião em que ele ficou morando com a mãe. Seus amigos começaram a frequentar sua casa e ele percebe que, pouco a pouco, sua mãe começou a manifestar comportamentos completamente adolescentes. Como a mãe ainda era jovem, começou a sair para as festas com ele e com os seus amigos, até o momento em que a situação se tornou insuportável para ele: numa ocasião, a mãe fez uso de maconha com ele e seus amigos, e nesse dia, começou a manter relações sexuais com seu melhor amigo. Como essa cena era excitante, não apenas para ele, mas para todo o grupo de amigos com quem saía, conta que, no momento em que a mãe já havia tido relações sexuais com seus quatro amigos, ele se deu conta de que só faltava ele. Por isso, nesse mesmo dia pegou as roupas e foi embora para outra cidade morar com seu pai. A partir desse relato, pudemos escutar a insuportabilidade desse pai diante de qualquer traço de feminilidade apresentado por sua filha, já que a possibilidade de ter tido relações sexuais com a mãe era, agora, atualizada pela possível entrada na puberdade da filha. O que lhe causava verdadeiro horror!

Após essa entrevista com o pai, decidimos chamar a mãe. Esta nos procura em uma posição, no mínimo, curiosa. Criticava as preocupações do marido em relação à filha, ao mesmo tempo que não reconhecia nenhum mal-estar psíquico da filha. Seu único incômodo parecia ser a alopecia e as feridas no corpo da garota: "coitadinha, ela deve sofrer muito". Apesar de sua fala, que aparentemente reconhecia o sofrimento da menina, tivemos a impressão de que, na realidade, não havia, de fato, nenhum mal-estar em relação à filha.

Quando perguntamos sobre a rotina familiar, a mãe conta que a menina é ótima. Além de muito obediente "faz tudo que eu peço", é extremamente apegada à mãe. Por isso ela acha um absurdo o marido criticar os interesses da menina. "Ela é muito boazinha, não sei porque ele implica tanto com ela". Insistimos em aprofundar um pouco mais a rotina até o momento em que a mãe decide nos revelar um segredo: "Desde que nasceu, ela mama." "Como assim?" Perguntamos. A mãe responde: "Ela mama até hoje." Nesse momento, fomos capturados por uma espécie de náusea e horror! E a mãe passou a nos descrever a rotina diária da "amamentação".

Desde que sua filha tinha 3 anos de idade, a mãe começou a ser criticada pelos vizinhos e familiares, que diziam que a menina já era muito grande para ser amamentada. Por isso, como a mãe "gostava muito de amamentar", fez um combinado com sua filha: ela seguiria amamentando, desde que a filha nunca contasse para ninguém. A partir desse momento começou um ritual que, desde os 3 anos de idade, cotidianamente, se repetia: após o almoço, as duas se trancavam no quarto e a mãe amamentava, diariamente, a menina. Quando perguntamos sobre o pai, o que ele achava disso, ela nos responde que ele não via problemas, já que do ponto de vista dele, a filha ainda era um bebê.

Como os pais literalmente "sumiram" após estas duas sessões, não tivemos mais notícias do caso. Mas, de fato, o que mais nos chamou a atenção é que a pediatra em questão, que vinha acompanhado desde os 5 anos de idade essa menina devido ao quadro de dermatite e alopecia, nunca tinha sequer desconfiado que a não melhora de sua pequena paciente tinha a ver com *isso*.

A partir dos casos esboçados podemos realizar algumas considerações, na medida em que os mesmos apresentam muitos pontos comuns. E são basicamente esses pontos que temos escutados em nossa clínica cotidiana com crianças e adolescentes:

1. Geralmente são crianças que têm seus hábitos de independência pessoal ou atividades de vida diária completamente comprometidos, já que suas mães, amparadas por razões corporais e de saúde, encontram "motivos" higienistas para seguir realizando-os: desde motivos nutricionais, odontológicos, médicos e até mesmo psicológicos, por exemplo, controlar, via condicionamento, a alimentação de seus filhos;
2. As mães geralmente apresentam a dependência como estando do lado dos filhos, mas, na grande totalidade dos casos, a dependência é delas mesmas;
3. Elas somente vêm procurar atendimento devido a um encaminhamento médico ou como tentativa de "docilizar" o filho que não tem se adaptado a suas exigências. Não existe uma preocupação,

de fato, com a criança, mas, com o desamparo que a separação poderia produzir nela mesma como mãe;

4. Na maior parte das vezes, a criança dorme com os pais, ou na cama do casal exclusivamente com a mãe. Ocasião em que o pai fica completamente excluído, por isso, impotente, dorme na cama da criança ou em outro cômodo da casa;
5. São mães que detém um domínio absoluto sobre a vida de seus filhos, e para isso, encontram razões médicas que o justifiquem. Por exemplo, por meio de um diagnóstico que explique não apenas as razões das visíveis dificuldades de seu filho, como um motivo para seguir se ocupando dele.
6. São mães absolutas. Se dedicam obstinadamente ao filho. Sua razão de viver se encontra no filho que, com muita dificuldade, consegue se defender dos investimentos maternos marcados por um excesso absoluto de tudo: se for possível, dão banho, comida na boca, dormem com seus filhos, fazem as tarefas escolares por ele, vivem a vida deles. Mas, ao mesmo tempo que se dedicam, se queixam, como boas cristãs, que o filho é a cruz que Deus lhes deu para carregar. E já que é um desígnio de divino, elas não podem renunciar. Afinal, coitadinho, o que seria de meu filho sem mim?

A partir das considerações realizadas, podemos nos perguntar: O que essas mães não podem perder? E mais, diante de um social que não apenas valoriza, mas, *hiperidealiza* essas atitudes maternas, poderiam elas renunciar sem serem acusadas de relaxadas e negligentes?

O fato é que atualmente a idealização da maternidade tomou proporções tais que poderíamos designá-la como uma verdadeira epidemia: em nome de uma mãe *toda* nos confrontamos com crianças que não comem, dormem na cama dos pais, têm tudo e ao mesmo tempo nada. Mimadas e poupadas dos interditos civilizatórios, vivem como pequenos animais adestrados e condicionados por suas mães. Aliás, não apenas por suas mães, mas, com a "ajuda" de inúmeros especialistas.

O médico prescreve, a mãe executa (Donzelot, 1986). Aforismo paradigmático que, desde os primórdios do higienismo, tem marcado as relações familiares. Assim, em sua campanha para estabelecer a família como trono da virtude, o higienismo, por meio dos especialistas, guardiões da moralidade e da higiene, insistiam sobre os perigos das ruas, da cidade, incitando os pais a buscar abrigo no santuário familiar. Entretanto, segundo Lasch (1991):

> *A nova religião da saúde, embora baseada na ciência e na tecnologia modernas, não se mostrava mais tolerante do que o próprio cristianismo para com as demais religiões. A modalidade médica de salvação, tanto quanto suas predecessoras, reivindicava direitos exclusivos sobre a verdade e a virtude. (p. 217)*

Nesse contexto, são os médicos os primeiros expoentes sobre a nova ideologia da família. Do ponto de vista médico, a boa vida familiar se resumiria a uma *intensa relação amorosa mãe-criança.* Assim, os médicos exaltam a família como função análoga à do hospital, manicômio e prisão em que a mãe exerce, assim como os técnicos, um controle policial em prol do filho, visando combater e aniquilar os vícios masculinos, na medida em que estes apoiam a *oposição* dos filhos contra o *engolfamento* materno. Dessa forma, a ideologia da saúde passou a sujeitar a família ao domínio da mãe e dos especialistas externos (Lasch, 1991).

Desta forma, podemos afirmar que o poder absoluto e soberano da mãe nos dias atuais não seria possível sem a redução da vida da criança às suas necessidades biológicas, realizada, nesse contexto, a partir da nova ideologia da saúde, que associa educação, saúde física, hábitos morais e higiênicos.

O insuportável da morte: a criança a matar e a criança morta

O nascimento de uma criança reativa nos pais fantasias relativas ao "bebê maravilhoso" que eles foram um dia, diga-se de passagem – absoluto e pleno, portanto, ideal – assim como o filho que não foram e gostariam de ter sido, a saber, o falo para o outro.

Para Leclaire (1977), a criança realiza o mais secreto e profundo de nossos anseios: A criança ideal, a criança maravilhosa que nos causa tanto fascínio quanto horror. Nesse contexto,

> *À luz dA-Criança, todas as crianças de carne e osso, sem distinção, passaram a estar em risco de que alguma coisa não lhes seja respeitada, ora no interior das famílias, ora nas escolas. Uma suspeita generalizada se abateu sobre todos os adultos. Assim, embora antes, nós, os adultos, pudéssemos ser sindicados por não estarmos cumprindo à altura das devidas circunstâncias o dever de proteger a infância e a criança, agora, somos instantaneamente suspeitos de estar simplesmente ameaçando algum aspecto do bom desenvolvimento dA-Criança. (Lajonquière, 2010, p. 19)*

A criança maravilhosa em Leclaire ou A-Criança em Lajonquière apontam para a nostalgia de um olhar materno, joia cintilante de poder absoluto, mas também criança abandonada, perdida numa total solidão moral frente ao horror da morte. Para Leclaire (1977), trata-se de uma representação inconsciente primordial que entrelaça os anseios e nostalgias de cada sujeito. A criança maravilhosa nos fascina ao ponto que renunciar a ela seria não mais encontrar nenhuma razão para viver, existindo para cada sujeito, uma criança a matar, um luto a cumprir de uma representação de plenitude e de um gozo imóvel. Para Lajonquière (2010) A-Criança apresenta uma dupla face: de um lado, o ideal imaginário, de outro, a criança abandonada. É na criança ideal que queremos nos ver. Queremos encontrar a criança que não fomos, mas que supomos ter sido a esperada pelos nossos pais, ou a criança maltratada por eles por não termos saído à altura do que eles esperavam.

É nesse contexto que podemos situar a pulsão de morte como a tentativa de manutenção dessa plenitude mãe-criança, em que a morte seria a conservação da criança nessa posição absoluta de gozo materno.

Freud (1930/1996a) denominou a pulsão de morte a tendência de retorno ao inorgânico, retorno a um estado de quietude absoluta e ausência das tensões próprias ao processo civilizatório. O retorno ao inanimado, na metáfora utilizada por Freud, para falar do mais além do princípio do prazer e da vocação inerente à pulsão de retorno a um estado anterior de absoluta quietude, o que se traduz aqui como retorno ao objeto primordial, lugar que nenhum objeto poderá ocupar caso *o objeto a* não tenha se constituído como perdido. Dito de outro modo, para Hassoun (2002), o objeto só aparece para a criança como perdido, desde que a mãe se configure como *objeto a*, objeto perdido, condição para que o objeto transicional descrito por Winnicott cumpra a função de substituto materno. Entretanto, na falta do objeto como perdido, portanto, na falta de uma separação com o objeto primordial, o sujeito é atormentado pela falta de nomeação e a impossível designação desta perda (Hassoun, 2002).

Nos referimos especificamente à perda do objeto ideal, o que para o sujeito se converteria em perder a nostalgia *d-A Família* que não teve, *d-O Filho* que não foi e *d-Os Pais* que não foram suficientes. Conforme Leclaire (1977), apesar de toda família tomar para si a tarefa de ocupar-se com essa imagem perdida de felicidade, nenhuma família poderia poupar o sujeito da própria morte – da morte que temos que enfrentar a partir do momento em que nascemos e que passaremos a conviver no decurso de nossas vidas. "A morte da criança maravilhosa ou terrível que fomos nos sonhos daqueles que nos conceberam ou viram nascer" (p. 12).

Para Leclaire (1977) não se trata apenas de matar os pais da infância – o que seria realizado no processo edípico – mas, é preciso matar a representação do menino-rei que vive e que nos remete à fantasia relativa ao que nossos pais esperavam.

> *Para viver, é preciso que eu mate a representação tirânica do* infans *em mim -, para que uma outra lógica apareça, comandada pela impossibilidade de realizar esta morte de uma vez por todas e pela necessidade de perpetrá-la toda vez que nos pomos verdadeiramente a falar, a cada momento em que começamos a amar. (Leclaire, 1977, p. 12)*

Leclaire (1977) se refere à criança que em nós se inscreve a partir da nostalgia suposta no olhar parental: criança ideal e perfeita, aquela que fomos e que não pudemos ser, mas que habita, via alienação, nosso psiquismo.

Em outras palavras, a vida da criança somente é possível a partir do desabamento do sonho materno, já que a vida se funda no sacrifício de um – o sonho – ou de outro – a criança. Nesse contexto, a criança será sempre o suporte daquilo que os pais tiveram que renunciar (Benhaïm, 2007).

Para Voltolini (2011) a pulsão de morte consiste nessa tentativa de gozo pleno presente na relação mãe-criança, que impede qualquer ordenamento realizado pelo social, na medida em que visa apagar e anular a distância entre os imperativos educativos e a resposta na criança. Assim como no caso Schreber, a criança correria o risco de ter que responder aos ideais parentais, e dependendo da intensidade e constância dessa tentativa de adequação educativa, estaria condenada à morte psíquica.

Desse modo, o ato educativo

> *se inscreve sempre num impossível entre um adulto, que espera ver reproduzido no outro uma ordem que ele representa e ama, apesar de tudo, e uma criança que resiste a ser mero objeto dessa investida educativa, que a anularia num nível absolutamente decisivo para sua vida, se bem-sucedida. (Voltolini, 2011, p. 72)*

Desta maneira, o que se tem de matar para que o sujeito possa viver é essa representação da criança maravilhosa que serve de consolo, criança imortal substituta viva de um morto no inconsciente materno. Caso contrário, uma criança morre no real. Morre na medida em que, diante da violência materna, desse excesso que se configura como traumático na infância, reduz a criança a um corpo passível de inúmeros abusos dessa violência materna e soberana.

Referências

Benhaïm, M. (2007). *Amor e ódio: a ambivalência da mãe.* Cia. de Freud.

Dolto, F. (2004). *Prefácio do livro A primeira entrevista em psicanálise de Maud Mannoni.* Elsevier.

Dolto, F. (2010). *O caso Dominique.* Editora WMF Martins Fontes.

Donzelot, J. (1986). *A polícia das famílias.* Edições Graal.

Endo, P. C. (2009). Elaboração onírica e representação na literatura de testemunho pós-ditadura no Brasil. In M. C. Perdomo, & M. Cerruti (Orgs.), *Trauma, memória e transmissão: a incidência da política na clínica psicanalítica.* Primavera editorial.

Endo, P. C. (2011a). A ressurgência da tirania como elemento originário da política. In N. V. de A. Leite, & J. G. Milán-Ramos (Eds.), *EntreAto o poético e o analítico.* Fapesp-Mercado das Letras.

Endo, P. C. (2011b). Um futuro sem origem: transmissão, autoridade e violência. In Comissão de Aperiódicos da Associação Psicanalítica de Porto Alegre (org.), *Autoridade e violência*. APPOA.

Freud, S. (1996a). O mal-estar na civilização. In: S. Freud, *Edição Standard Brasileira das Obras Psicológicas Completas de Sigmund Freud*. Imago. (Trabalho original publicado em 1930)

Freud, S. (1996b). Três ensaios sobre a Teoria da Sexualidade. In S. Freud, *Edição Standard Brasileira das Obras Psicológicas Completas de Sigmund Freud*. Imago. (Trabalho original publicado em 1905)

Freud, S. (2013). A pulsão e seus destinos. In S. Freud, *Edição Bilíngue das Obras Incompletas de Sigmund Freud* (P. H. Tavares Trad.). Autêntica. (Trabalho original publicado em 1915)

Freud, S. (1996). Sexualidade feminina. In Freud, *Edição Standard Brasileira das Obras Psicológicas Completas de Sigmund Freud*. (Vol. XXI). Imago. (Trabalho original publicado em 1931)

Hassoun, J. (2002). *A crueldade melancólica*. Civilização Brasileira.

Coutinho Jorge, M. A. (2010). *Fundamentos da psicanálise – de Freud a Lacan* (Vol. 2). Zahar.

Lasch, C. (1991). *Refúgio num mundo sem coração: a família: santuário ou instituição sitiada?* Paz e terra.

Lajonquière, L. de. (2010). *Figuras do Infantil: a psicanálise na vida cotidiana com as crianças*. Vozes.

Leclaire, S. (1977). *Mata-se uma criança: um estudo sobre o narcisismo primário e a pulsão de morte*. Zahar editores.

Mannoni, M. (1999). *A criança retardada e a mãe*. Martins Fontes.

Voltolini, R. (2011). *Educação e Psicanálise*. Zahar.

14. Um amor e quatro pistas sobre o amor de uma criança

Celso Gutfreind

Como amam as crianças?

Por que não respondê-lo?

Porque se trata de uma pergunta vigorosa, dessas que logo fazem de inimiga – e falsa – a sua resposta.

Mas por que não descrever o que vivemos e estudamos?

Porque as obras são abertas (Eco, 1962) e, entre elas, a criança, vida e obra em andamento, é de uma abertura ainda maior, pela essência posta no porvir, forma e conteúdo em vir-a-ser. Não que adultos não o sejam, mas são justamente lá onde são crianças.

Mas pode haver rastros, pistas e sentimos quatro, entre eles. Todos indiretos, inferidos, a salvo do *spoiler* de eventual resposta. Ainda bem.

Somos, afinal, e desde o começo, seres de linguagem, com sons e sentidos, estruturados por ela (Lacan), com uma identidade que é narrativa (Ricoeur, 2010), e não haveria como sermos diretos.

O amor – e nem que o de uma criança – é uma história possível desse amor. São pistas, quatro pistas. Não as explicaremos, mas nos implicaremos com todas elas, ou seja, as amaremos nas páginas ainda em branco que nos cabem. Contaremos, desde o começo, enfim.

E assim encerramos essa conclusão plena de perguntas, evocando Saramago,[1] ao apontar que o momento mais belo da vida de uma criança é quando ela começa a perguntar. E o mais feio é quando os adultos a convencem de parar, o que pode até mesmo ser uma outra pista: a criança ama, perguntando, restabelecendo a sua curiosidade sobre o mundo e sobre si mesma, objetivo, aliás, de uma análise com ela (Diatkine, 1994).

Um dos critérios de evolução de uma análise infantil, ao lado de voltar a brincar (o principal) é quando a criança retoma as perguntas.

Pista 1 – O amor da criança não existe sozinho

O amor supõe um objeto, este outro, segundo a psicanálise (Freud, Klein, Lacan).

Amar não é verbo intransitivo, apesar da liberdade poética utilizada por um grande prosador. E temos aqui o substrato de Winnicott, visionário ao descrever, clínica e poeticamente, que um bebê já não pode ser sozinho. Precisa ser visto (pensado, sentido) no contexto que o cuida. Contexto parental sustentado por uma comunidade.

Por que o seu amor, metade do que é a criança, fora a morte (ou mesmo dentro), não o seria?

Seria?

A psicanálise do bebê, no lastro de outros importantes autores, ao longo das décadas mais recentes, vem estudando a importância das interações precoces (o ritmo, a intersubjetividade), a partir do próprio Winnicott, que também a sustenta. Conhecemos e interessa-nos cada vez mais o nosso alicerce, as origens, o começo.

A criança não existe sozinha, enfim. Ao observar (pensar, sentir) o seu amor, precisamos fazer um exercício de observação dinâmica,

1 Comunicação oral não publicada.

a dois, a três, a muitos. A verdade novamente é subjetiva e, aqui, só a poesia poderia nos entender:

Até você querer por si,
eu vou querer por você.

Basta um na plateia
para o palco abrir
e ser estar brilhar.

Uma história só é
o que encontrou.

O que se teve não
pode ser o que é.

O que se é depois,
alguém antes foi.

Até você achar,
eu vou perder
por você.
(Gutfreind, 2023)

Na prosa, diríamos que uma visão isolada seria vã. Ou precoce. E, sustentada pela poesia, socorre-nos, igual e diversamente, a clínica: Joaquim tem seis anos e reencontra a mãe, à saída de sua análise. Foi uma sessão difícil, especialmente porque não aceita a combinação de permanecer um tempo sem usar o celular. No reencontro, recebe um abraço, durante o qual descansa, com um olhar dividido entre a mãe e o analista.

Desconfio de que está ali a prova cabal de que ama – e uma importante manifestação do seu amor –, ao reencontrar a possibilidade de ser amado por uma mãe que sustenta a sua análise e o acolhe à saída do encontro com um analista, como se lhe "salvasse" da ambiguidade (o ódio no amor), na qual encontra transferencialmente os meios para suportar o mesmo imbróglio, fora dali.[2]

Fora dali, a mãe, com continuidade suficiente, sustenta-o.

A criança ama mantendo seus padrões de apego (Bowlby, 1979/2006), organizados ou não. E mantê-los é outro indício de que está amando. Padrões desorganizados de apego, em um contexto turbulento, podem ser uma manifestação amorosa maior ainda. "Eu amo, apesar de", como na expressão de Clarice Lispector.

A criança Joaquim, no contexto de uma interação, dá uma pista de que ama ao ser amada. E deseja voltar para a próxima sessão, em um desejo só seu, diferente do dos pais, que também o desejam, embora menos, ou o suficiente para que ele volte.

Cada manifestação de diferenciação em Joaquim é outra pista de que está amando (o outro). Não posso me separar de quem não amo, com quem ficarei, até mesmo nas piores condições, dando sempre uma chance para que o amor aconteça.

Pista 2 – A criança ama brincando

A criança, sim, ama brincando. Isso chega a estranhar, de tão óbvio para quem a observa. Uma criança, sim, existe e se sustenta, forma-se e se desenvolve, brincando. Uma criança se constitui brincando.

---

2 Ocorre-me aqui, de forma um tanto exagerada, ainda que sustentada por uma clínica entre guerras do século passado, que uma das manifestações mais cabais do amor de uma criança é a sua própria sobrevivência, capaz de, com o perdão da redundância, sobreviver a uma desorganização tanática e psicossomática maior (Spitz, 1946).

Voltemos ao Joaquim, que volta para a sua próxima sessão sustentado pelo seu amor e o dos pais. Ao duvidar do amor de seus pais, desde que esses passaram a se dedicar fortemente a um bebê prematuro, apresenta dificuldades no sono e na alimentação.

Joaquim não quer comer nem dormir. São os seus chamados, identificados pelo analista e devolvidos (não diretamente) para ele e os pais.

Um chamado para verificar – a verificação de um amor – se ainda está sendo amado, ou se todo aquele amor, sem poder ser repartido, escafedeu-se na direção do irmão recém-nascido.

Apesar da tormenta de suas incertezas, Joaquim brinca. E monta no lego um monstro de muitas cabeças que destrói as figuras familiares (sem cabeça) que ele vem criando, nas últimas semanas.

Uma criança também ama odiando, o que pode parecer estranho, mas não para Freud que nos garantiu que o ódio precede o amor.

E há esperança no seu brincar.

Joaquim põe em cena a sua dor. Seu drama de se sentir não amado. E poder pôr isso em cena, ou seja, brincar, é, aos olhos interativos e contratransferenciais do seu analista, outra prova cabal de que ama. Ama, apesar da dúvida, da incerteza, da insegurança.

Sobrevive.

Sobrevive ao ódio do amor. Elabora-o, pois ama e já pode esperar a volta do amor de que é alvo.

Não brincasse, aí sim, o amor teria cessado, como em tantos casos bem mais graves do que o dele e que aqui não importam, pois observar onde crianças não amam seria muito mais difícil para nós, neste exercício estranho e necessário de refletir sobre como uma criança ama.

O amor em Joaquim, portanto, é mais evidente e facilita-nos a tarefa, por vezes difícil, ou mesmo impossível, no dia a dia do nosso trabalho. Joaquim, como todas as crianças, ama brincando.

Pista 3 – Limites

Se o amor de uma criança, como ela toda, é vir-a-ser e é porvir, precisamos observá-lo onde aparentemente não está, como a imagem do poeta, aquela do fogo que arde sem se ver. Para Joaquim, o caso do celular é um mote para a questão do limite. Esse que falta em sua casa, diante de pais chafurdados de trabalho na luta difícil pela vida contemporânea e culpabilizados pela pouca atenção que estão dando para ele, o que compensam ao suspender os enquadres.

Uma criança começa pedindo limites em casa. Continua na escola, casa revivida. Se receberá ou não, será decisivo em sua representação de ser amada. Não recebendo, o pedido pode expandir-se até chegar ao nome de algum diagnóstico ou de algum transtorno, como o de oposição desafiante (primeiro estágio) ou de comportamento, mais adiante.

Enquanto solicita (o limite), está amando e, aqui, podemos conversar com Freud, em sua ideia lúcida de um amor infantil tirânico, inconsolável, sempre insuficiente. Atender ao chamado desse amor é reduzir a tirania. Acolher o impossível com alguma possibilidade, diante do ideal malogrado.

Antes que as noções nos compliquem, que a poesia nos acolha novamente:

Olhar diminui o excesso
tocar diminui o excesso
falar diminui o excesso
cantar sem nem dançar
termina o excesso o excesso
é uma pergunta ao abandono
acompanhar é a justa medida
nada sobra, a falta vestida
beber comer dormir amar
a sobra da obra possível

só para contar com algo
entre o calor de agora e
o frio do novo segundo

Estar junto é a única
resposta que há no mundo
(Gutfreind, 2021)

Estar juntos para dar limites é o motor de todas as perguntas que vão sustentar a criança. E, como no editorial desta obra como um todo, sem a sustentação da falta, não poderia haver amor.

Estar junto e, muitas vezes, pedindo limites.

Pista 4 – Ser amado como se é

Aqui podemos retomar o diálogo com Freud, especialmente nos temas do amor como narcisismo primário e secundário.

Afinal, estamos tentando definir o amor (que não se define) como aquele processo permanente, em sua impermanência de, uma vez deposta a sua majestade o bebê, amá-lo como ele é.

O trajeto do amor desde um ideal de amor ao amor à realidade. O amor dos pais por um filho finalmente falho, como eles são, no contexto de uma ilusão de que o filho não seria.

Neste caso, quando Joaquim se opõe e lança o seu chamado para o amor, há na sombra do chamado a questão de se poderá ser amado, com o seu ódio. Se poderá seguir contando com o amor do outro para exercer o seu. E continuar brincando. E perguntando.

Joaquim continua brincando e perguntando, logo ama. E amará alhures, quanto mais puder ser amado como é agora.

Conclusão

Interminável, em constante transformação, na ciranda de outros amores, tal qual uma vida e uma análise, o amor de uma criança não toparia alguma conclusão. Mas, se alguma observação final não pode ser contada, talvez possa ao menos ser cantada:

Não se afobe, não
Que nada é pra já
O amor não tem pressa
Ele pode esperar em silêncio
Num fundo de armário
Na posta-restante
Milênios, milênios
No ar
...
Não se afobe, não
Que nada é pra já
Amores serão sempre amáveis
Futuros amantes, quiçá
Se amarão sem saber
Com o amor que eu um dia
Deixei pra você
(Buarque, 1993)

A propósito, um dedo de prosa: nos adultos, costumamos encontrar o rastro desse amor: onde esteve, onde faltou. *A posteriori*, no *après-coup*. Depois. Muito depois. Quando o que faltou, envolto ao que esteve presente, for cicatrizes fibrosas, em meio a poemas, performances, trabalhos, canções.

E ousadias, como essa de não esperar.

E surpreender o amor, aqui e agora, em sua própria fonte: disforme, desajeitada de amor.

Referências

Andrade, M. de. (2012). *Amar, verbo intransitivo*. Nova Fronteira.

Bowlby, John. (2006). *Vínculos afectivos: formación, desarrollo y perdida*. Ediciones Morata. (Trabalho original publicado em 1979)

Buarque, C. (1993). Futuros Amantes [Gravação]. *ParaTodos*. RCA Records.

Camões, L. de (n. d.). *Sonetos de Camões*. Livraria Tavares Martins.

Diatkine, R. (1994). *L'enfant dans l'adulte ou l'éternelle capacité de rêverie*. Delachaux et Niestlé.

Eco, U. (1962). *L'oeuvre ouverte*. Seuil.

Freud, S. (2004). À guisa de introdução ao narcisismo. In S. Freud, *Obras Psicológicas de Sigmund Freud* (L. A. Hanns Trad.). Imago. (Trabalho original publicado em 1914)

Gutfreind, C. (2021). *A arte que se baste*. Artes & ecos.

Gutfreind, C. (2023). *O auge de minha liberdade é quando não ando sozinho*. Artes & Ecos.

Ricoeur, P. (2010). *Tempo e narrativa*. São Paulo, Martins Fontes.

Spitz, R. (1946). *De la naissance à la parole – La première année de la vie*. PUF, Coll. Bibliothèque de Psychanalyse, 1979 (6ème éd.).

Winnicott, D. W. (2002). *Los procesos de maduración y el ambiente facilitador: estudios para una teoria del desarrollo emocional*. Paidós. (Trabalho original publicado em 1965)

Sobre os autores

Alba Flesler

É psicanalista. Analista e membro da Escola Freudiana de Buenos Aires, instituição da qual foi presidente em 1995 e onde ministra seu seminário anualmente. Foi supervisora de numerosas instituições hospitalares na Argentina e deu palestras e seminários em Paris, Nova York, Brasil, México, Chile, Barcelona e Dublin. É autora dos livros *A psicanálise de crianças e o lugar dos pais* (Zahar, 2012), *Niños en análisis: presentaciones clínicas* (Paidós Ibérica, 2019) e *A criança em análise e as intervenções do analista* (Discurso, 2021). Também publicou, em colaboração, entre outros livros, *Os discursos e a cura* (Companhia de Freud, 2001) *e Poetas, crianças e criminalidade... Sobre Jean Genet* (Companhia de Freud, 2005).

Adela Judith Stoppel de Gueller

Formada em psicologia pela Universidade de Buenos Aires. Mudou-se para São Paulo para cursar o mestrado e depois o doutorado em Psicologia Clínica pela Pontifícia Universidade Católica de São Paulo (PUC-SP). Em 2014, realizou um pós-doutorado com bolsa da Capes no Programa de Pós-Graduação em Psicanálise na Universidade Estadual do Rio de Janeiro (UERJ) intitulado "Escritas da clínica com crianças: história e transmissão da experiência". Desde 1999 leciona no curso de Especialização em Teoria Psicanalítica, na Coordenadoria Geral de Especialização, Aperfeiçoamento e Extensão (COGEAE-PUC-SP) e desde 2005 é professora e supervisora no curso de especialização em Psicanálise da criança, no

Instituto Sedes Sapientiae. É coorganizadora do *Psicanálise com crianças: perspectivas teórico-clínicas*, reeditado pela Editora Artesã, e organizadora do *Lacan com Melanie Klein: as crianças no jogo analítico*, de Marie-Claude Thomas, editado pela Zagodoni em 2024. É autora e organizadora de *Atendimento psicanalítico de crianças* e *Atendimento psicanalítico de gêmeos* ambos editados pela Zagodoni.

Ana Suy (org.)
É psicanalista, escritora e professora. Doutora em Pesquisa e Clínica em Psicanálise pela Universidade Estadual do Rio de Janeiro (UERJ), mestre em Psicologia Clínica pela Universidade Federal do Paraná (UFPR). Autora dos livros *A gente mira no amor e acerta na solidão* (Paidós), *Amor, desejo e psicanálise* (Juruá) e de vários livros de crônicas poéticas. Coautora de *O infamiliar na contemporaneidade* (Agalma).

Celso Gutfreind
Nasceu em Porto Alegre (RS). Publicou 48 livros, entre poemas, contos infanto-juvenis e ensaios sobre humanidades e psicanálise. Participou de diversas antologias no Brasil e no exterior, e seus livros *Narrar, ser mãe, ser pai* e *Tesouro secundário* foram publicados na França. Recebeu diversas premiações literárias e foi finalista do Prêmio Jabuti, além de escritor convidado do Clube Ledig House em Omi (Estados Unidos), em 1996. Tem especialização em psiquiatria, psiquiatria infantil, mestrado e doutorado em Psicologia, realizado na Universidade Paris 13. É psicanalista de adultos e crianças, membro titular com funções didáticas da Sociedade Brasileira de Psicanálise de Porto Alegre (SBPdePA).

Esteban Levin
Psicanalista e psicomotricista. Autor dos livros *A infância em cena* (2001), *A Função do filho: espelhos e labirintos da infância* (2001), *Clínica e educação com as crianças do outro espelho* (2005), *Clínica psicomotora: o corpo na linguagem* (2009) e *Rumo a uma infância virtual? A imagem corporal sem corpo* (2016) publicados no Brasil pela Editora Vozes, além de inúmeros livros lançados na Argentina, sendo o mais recente *¿Existe el autismo en la niñez? Nadie sabe lo que pueden las infancias cuando gritan* (Noveduc, 2024).

Gabriel Inticher Binkowski
Psicanalista e professor no Instituto de Psicologia da Universidade de São Paulo (IPUSP). Mestre em Clínica Transcultural e doutor em Psicologia pela Université

Sorbonne Paris Nord. Membro do Laboratório de Psicanálise, Sociedade e Política (PSOPOL). Editor associado da *Revista Psicologia USP*. Coordena o eixo de Clínica Psicanalítica Transcultural do Grupo Veredas: Psicanálise e Migração e é um dos coordenadores do Relapso – Grupo Interuniversitário de Pesquisa em Religião, Laço Social e Psicanálise.

Isabel Tatit

Psicóloga e psicanalista, doutora em Psicologia Clínica pela Universidade de São Paulo (USP) e mestre em Psicologia Social pela Pontifícia Universidade Católica de São Paulo (PUC-SP).

Jean-Michel Vivès

É psicanalista Toulon, professor de Psicopatologia Clínica na Universidade Côte d'Azur (Nice, França). Autor de inúmeros livros, cinco deles publicados no Brasil: *A voz na clínica psicanalítica* (Contracapa, 2012), *Variações psicanalíticas sobre a voz e a pulsão invocante* (Contracapa, 2018), *A voz no divã* (Aller, 2020), *Autismo e mediação* (Aller, 2021), *O teatro do inconsciente* (Aller, 2022) e inúmeros artigos em vários países (Argentina, Bélgica, Brasil, Estados Unidos, França, Inglaterra, Itália, México, Tunísia, Turquia, Ucrânia, entre outros).

Leda Mariza Fischer Bernardino

É psicanalista, analista membro da Associação Psicanalítica de Curitiba, doutora em Psicologia Escolar e Desenvolvimento Humano pela Universidade de São Paulo (USP), com pós-doutorado em Tratamento e Prevenção Psicológica. Autora do livro *As psicoses não decididas na infância: um estudo psicanalítico* (Casa do Psicólogo); organizadora e coautora – entre outros – do livro *Infâncias em tempos distópicos: o que pode a psicanálise?* (Ágalma). Exerce prática clínica na cidade de São Paulo.

Malvine Zalcberg

Graduação, mestrado, doutorado pela Pontifícia Universidade Católica do Rio de Janeiro (PUC-Rio/Université Paris VII). Graduação em Administração pela Fundação Getúlio Vargas (FGV-Rio). Professora adjunta (afastada) do Instituto de Psicologia da Universidade Estadual do Rio de Janeiro (UERJ) e do Serviço de Psiquiatria do Hospital Universitário Pedro Ernesto. Possui livros publicados no Brasil e na França.

Maria Cristina Kupfer

É psicanalista, professora titular senior do Instituto de Psicologia da Universidade de São Paulo e fundadora do Lugar de Vida – Centro de Educação Terapêutica. É bolsista de produtividade do CNPq. Cofundadora do Lepsi (Laboratório Interunidades de Estudos e Pesquisas Psicanalíticas e Educacionais Sobre a Infância), IP-FE/USP. Membro da Association Analyse Freudienne, na França, e editora da Revista Estilos da Clínica (USP).

Michèle Benhaïm

Psicanalista, professora de Psicopatologia Clínica e Psicanálise na Universidade de Aix-Marseille. Autora e cenógrafa teatral, roteirista e diretora de cinema.

Michele Kamers (org.)

É psicanalista, escritora, professora e coordenadora dos cursos de Pós-graduação em Psicologia Hospitalar e da Saúde, Psicopatologia Infância Adolescência e Psicanálise, Clínica e Cultura. Mestre em Educação e doutora em Psicologia pela USP. Coorganizadora dos livros *Por uma (nova) psicopatologia da infância e adolescência* (Escuta), *Desafios atuais das práticas em hospitais e nas instituições de saúde* (Escuta), *Psicanálise, clínica e cultura* (Agalma) e *Figurações do tirano e da tirania na atualidade* (Blucher, no prelo).

Renata Udler Cromberg

Psicanalista, membro do Departamento de Psicanálise do Instituto Sedes Sapientiae, onde é articuladora do Grupo Winnicott – estudos e pesquisa, e membro do grupo de estudos Comunidade de destinos – Ferenczi e Freud. É doutora e pós-doutora pelo Instituto de Psicologia da Universidade de São Paulo (IPUSP). Professora convidada do Curso de Teoria Psicanalítica na Coordenadoria Geral de Especialização, Aperfeiçoamento e Extensão da Pontifícia Universidade Católica de São Paulo (COGEAE/PUC-SP). É graduada em Psicologia e Filosofia pela Universidade de São Paulo (USP). Membro do Grupo Brasileiro de Pesquisas Sandor Ferenczi e da Associação Internacional de estudos sobre Spielrein. Autora dos livros *Paranoia, Cena Incestuosa – Abuso e violência sexual* (Artesã) e *Sabina Spielrein, uma pioneira esquecida da psicanálise, obras completas*, volumes 1 e 2 (Blucher).

Rosa Maria Marini (org.)

É psicanalista, doutora em Psicologia Escolar e do Desenvolvimento no Instituto de Psicologia da Universidade de São Paulo (IPUSP). Autora dos livros *Cuidar, educar e prevenir* (Escuta), *Como a gente vira gente* (Inverso). Organizadora e coautora do livro *Gênero e sexualidade na infância e adolescência* (Ágalma). Coautora e coorganizadora de diversos livros, entre os quais *Psicanálise e ações de prevenção na primeira Infância*; *Por uma (nova) psicopatologia da infância e adolescência* (Escuta) e *A vivência da morte e do luto na infância e adolescência* (Ágalma).

GRÁFICA PAYM
Tel. [11] 4392-3344
paym@graficapaym.com.br